Ric Fernández

DISTRITO PACHANGA

Crónicas de

Libros del K.O.

PRIMERA EDICIÓN: junio de 2025

Calle San Bernardo 97-99, entresuelo 8
28015 Madrid

ISBN: 979-13-87839-00-0
DEPÓSITO LEGAL: M-11029-2025
CÓDIGOS BIC: DNJ, WSJA, WTL
DISEÑO DE CUBIERTA: Artur Galocha y Lino Escurís
MAQUETACIÓN: María O'Shea
CORRECCIÓN: Melina Grinberg e Isabel Bolaños
IMPRESIÓN: Kadmos

El papel utilizado para la impresión de este libro ha sido fabricado a partir de madera procedente de bosques y plantaciones tratados con los más altos estándares de sostenibilidad, lo que garantiza una gestión de los recursos responsable con el medio ambiente y las personas.

IMPRESO EN ESPAÑA - PRINTED IN SPAIN

Las tipografías son League Gothic y Baskerville.

ÍNDICE

A Jalber, por calzarse las botas;
a Litis, por inflar el balón;
y a Valen, por confiar en la victoria.

ATARSE LOS CORDONES
Marta San Miguel

A veces lo pienso: cuando al cabo de un rato me miro la palma de las manos y tengo el surco de las uñas clavadas en el centro, qué dice de mí esa fuerza con que las aprieto al ver un partido. Parecen los dientes de un animal extinto, raro. Pero son mis uñas, clavadas entre las líneas de la mano, las de la vida y del amor. Durante unos instantes, las pequeñas media lunas son más profundas e inequívocas que las marcas con las que nací. Y todo por apretar. Todo porque el balón no quiere entrar, o porque se escurre por la banda o a unos centímetros del palo derecho, porque el fuera de juego es por el pespunte de la camiseta. Si me clavo las uñas solo por eso, me pregunto qué no sería capaz de hacer si ahí dentro, en el campo, estuviera yo.

Llega una edad en la que dejas de soñar con meter goles por la escuadra y empiezas a soñar con ver cómo los meten otros; supongo que esa edad coincide con la de escoger conciertos donde te aseguras una cama y no una tienda de campaña en un barrizal; esa edad en la que el coche pasa a ser un monovolumen y no el Rover heredado, tan antiguo que ya ni lo fabrican; esa edad en la que los viajes pasan a tener los días contados y también seguro y derecho a anular si te arrepientes, con vacunas administradas a pares, como las nalgas, y el neceser lleno de blísteres. Estoy en esa edad, también el autor de este libro, y probablemente tú, lector, (si no es así, sigue leyendo y no presumas, porque también te llegará), y sin embargo, a pesar de coleccionar errores y dolores nuevos, de alumbrar muertes cotidianas con cada despertador, a pesar de todo y de tanto, aún decimos que sí. Sí a los conciertos y a los viajes, sí a clavarnos las uñas, a mordérnoslas, y, sobre todo, sí al movimiento percutivo y liberado de un balón. Porque a cierta edad, empiezas a entender que la vida iba en serio, como decía Gil de Biedma, y por eso siempre será necesario echar una pachanga.

Qué término este, pachanga. Busco en la RAE y hasta la tercera acepción no se ponen serios: lo llaman partido informal de fútbol, pero creo que hay elementos mucho más definitorios, como un par de montañas de ropa haciendo de postes, o un par de mochilas. En la playa usábamos las palas de madera clavadas, he visto también calderos y cubos. Todo cambia según la latitud y el momento de la pachanga, sobre todo cambia el suelo, pero al final da igual el qué, el dónde, el cuánto, o cuántos, porque la pachanga se define precisamente por esa indiferencia a lo nominal, se define con lo repentino, con lo inesperado que sucede en cuanto se juntan los suficientes y aprietan las uñas y chutan con lo que tienen o como pueden, para meter un gol.

Ese es el viaje de este libro. Cuando todo lo demás se ha quedado quieto, la pelota te recuerda que aún es posible vivir jugando. «A cierta edad, no le puedes pedir más a una pachanga», dice Ric Fernández, y lo hace llevándote desde Vietnam a un puerto legendario del Mediterráneo por un itinerario que no se desvela sino que se descubre, para jugar entre militares que vigilan las aduanas y arrozales que amenazan con tragarse la pelota, ese milagro tozudo y redondo que representa los anhelos de toda una generación, la nuestra, que vivió en la calle lo que soñaba en casa.

Porque de eso va esta pachanga, de recorrer un mapa geográfico y emocional mientras suceden los pases, los tiros a puerta, los viajes en bus o en tuk tuk, el pares o nones, los trueques en los mercados, las violaciones silenciadas, los regímenes corruptos, la pestilencia, la bondad, la generosidad entre desconocidos, la amistad, las fronteras como líneas de banda. Al viajar, dice el autor, «tal vez haya quien sienta esa conexión a través de la comida, el baile o las nubes; yo lo hago con la pachanga, metáfora de cómo las personas nos necesitamos unas a otras para sobrevivir, porque no sé si jugar mejora o no a la humanidad, pero al menos, muestra que existe», y lo que parece una invitación a descubrir países, aldeas y culturas lejanísimas, es en realidad un pase al pie para atarte los cordones y seguir jugando a muerte. Qué paradójica manera de definir la vida.

TÚNEL DE VESTUARIOS

—¿Pares o nones?

—Pares.

—Venga: una, dos y tres.

—¡Cinco! —anuncio esperanzado.

—Y cuatro míos, nueve —resuelve Thanh, con la sonrisa del ganador.

Empezamos bien. Thanh se pilla al único portero disponible y eso, aparte de obligar a mi equipo a rotar de jugador bajo palos cada cinco minutos, supone quedarnos con el paquete. Porque siempre hay uno. El que nadie quiere en su equipo. El que no da más de sí, el que no puede y el que, aun así, reniega de su condición. La presencia del paquete, cuando éramos pequeños, daba más igual; primero, porque nadie se la pasaba a nadie, así que negarle el balón al paquete pasaba más desapercibido; y segundo, porque el paquete se sabía paquete. Lo asumía con naturalidad y eso era de apreciar, porque podías llamarle paquete a la cara, sin dobleces, sin hipocresía. Por desgracia, un día, tú, el paquete y todos los demás nos hacemos adultos y la honestidad se va al traste. Ya nadie tiene el valor de decírselo a la cara y, en consecuencia, el paquete empieza a creerse bueno, el mediocre pasa a creerse muy bueno y el medio bueno de verdad se convence a sí mismo de que si no llegó a profesional fue simplemente porque dio prioridad a los estudios. Es lo que hay. También aquí, como cada lunes a las siete de la tarde, cuando nos juntamos un mix de chavales vietnamitas del barrio, cooperantes expatriados de todo el mundo y los que yo llamo «misceláneos». Categoría que incluye, entre otros, a un piloto serbio de Vietnam Airlines, un modisto gallego o un diplomático luxemburgués, llamados todos a orbitar en torno al balón y a ese magnetismo del chutar hasta sentirnos vivos como el viento.

—Hoy meterás alguno, ¿no? —me dice Diego, el modisto, al poco de empezar el partido.

—Hoy cae *hat-trick* —contesto—. Para que nunca me olvides.

Esta es la última vez que juego en la cancha de Đặng Thai Mai. Tras varios años entre arrozales y junglas de bambú, he decidido volver a casa, así que, de alguna manera, este es mi partido homenaje. De hecho, ha venido incluso Huong, mi intérprete, para estar cerca de mí hasta el último momento. Ella ha sido mi mejor aliada desde que llegué a Vietnam; diminuta e inmensa, sus ojos negros de búfalo de agua contienen toda la sinceridad que cabe en dos pupilas; cuatro años después, sigue descubriéndome cosas de su país, de ella y de mí mismo. Una pena que yo se lo pague así, obligándola a ver esta morralla de partido.

—¡Falta, joder! —se lamenta Peter, un neerlandés comido por los triglicéridos que se empeña en intentar regates hasta caer asfixiado por la falta de fuelle y después pitar falta para disimular.

Diego, el gallego, al que irónicamente llamamos «el pistolero» porque nunca mete una, me mira con complicidad mientras se muerde los labios.

—No, al Peter no le voy a echar de menos —confieso, y Diego sonríe, a medio camino entre la inocencia y la melancolía por separarnos.

Una hora después, reímos todos. Empate a tres, un único rifirrafe y cero lesionados. A cierta edad, no le puedes pedir más a una pachanga. «Bueno, ¿qué? ¿Nos vemos en el *bia hơi*[1] de siempre?» sugiere Thanh, el chico vietnamita que me ganó jugando a pares o nones, para compartir una última noche de pseudobirras antes de mi partida. Junto al campo de fútbol, sobre el lago Hồ Tây, flotan rastrojos de flores de loto sin prisa ni colorido. Le paso el casco del copiloto a Huong, que se sube en el asiento trasero, y arranco la moto, una Honda Wave de fabricación china y la fiabilidad de un pronóstico meteorológico. Hay cuarenta millones de estas en Vietnam; si los bebés no conducen una es porque no llegan al manillar.

Hanói es un correcalles de termitas huyendo despavoridas tras sentir el humo de una antorcha entrando por su terrario. Llegar hasta el centro de esta macroaldea a la que algunos llaman ciudad significa caer en un avispero de frenazos, cláxones y mototaxis embalados al ritmo del techno-pop surcoreano que suena en sus radios. Piruetas, escorzos, raquíticas callejuelas llenas de baches, socavones y bicicletas de floristas pedaleando sus jardines en busca del néctar perdido. Hoy hay mercadillo nocturno y Huong señala un puesto ambulante en el que venden perros a la brasa: «No entiendo cómo puedes irte renunciando a estos manjares», bromea ella, mientras bordeamos el río Rojo, atravesando unos huertos más vegetativos que vegetales por el humo gris de los tubos de escape y las toneladas de pesticidas que barnizan su tierra.

—¿Sabes por qué nunca hay nadie en el agua? —pregunta Huong, señalando la orilla.

[1] Traducido como *cerveza fresca*, se refiere a las cervecerías populares de Vietnam, donde se destila un brebaje de dudosa procedencia, pero quién dijo miedo cuando sale a treinta céntimos el vaso de pinta.

—Por la contaminación, ¿no? —replico—. Dicen que hay mercurio, restos de agente naranja…

—¡Qué va! Eso nos da igual. El problema es que casi nadie sabe nadar —asevera Huong—. Eso sí, hasta en la peor de las guerras, salimos a flote —añade, orgullosa. Si algo atraviesa el imaginario colectivo de esta nación es, sin duda, su infinita resistencia en el campo de batalla.

—Oye, Huong, ¿no te da rabia que lo más conocido de tu país sea la guerra? —le pregunto, tras aparcar la moto junto a la cervecería donde ya están sentados Diego, Thanh y Alfon.

—Y tú, ¿qué? —responde ella—. ¿Prefieres que te conozcan por los toros y la paella?

—Te lo pregunto porque parece que no sentís ningún rencor por lo que pasó.

—Nadie tuvo tiempo para odiar. La generación de mis abuelos estaba ocupada tratando de llenar cada día el estómago de sus hijos —contesta—. He conocido a mucha gente de Estados Unidos y de Francia, pero no fueron ellos quienes bombardearon a mi gente, ¿qué puedo reprocharles? El odio no disminuye con el odio.

—¿Y no será que ganasteis?

—Cuando mueren un millón de almas no se puede hablar de quién ganó; además, sin un vencedor claro, tampoco puede haber venganza. Todos somos perdedores. Todos menos la guerra —sentencia ella, sentándose en un taburete de plástico rojo cuyas patas están cojas y reforzadas con celofán. Huong habla así, mezclando lo coloquial y lo eterno, a lo Hồ Chí Minh, y es que habrá pocos sitios donde la tradición y la modernidad se lleven tan bien como en Vietnam: WiFi gratis en carritos ambulantes donde se venden mazorcas de maíz mientras bisabuelos convierten varas de bambú en cañas de pescar y atrapan carpas desde la ventana de su casa, en esos días de tormenta en los que se desborda el lago creando un estero de aguas grises y alcantarillas sin tapar.

—¿Y ahora qué? —me pregunta Alfon, un periodista cordobés, que acaba de llegar a la ciudad.

—Pues me gustaría jugar mañana otro partido con la gente del curro, los del Ministerio de Salud, y luego, nada, directo para Santander.

—Eso es imposible —advierte Huong.

—¿El qué?

—Lo de ir al norte.

—Ah, ¿sí? ¿Y por qué estás tan segura?

—Pues porque tu vuelo sale en veinticuatro horas.

—Ya, pero podemos ir hasta Yên Bái en tren y ahí juntarnos con la peña de Tuyên Quang…

—¡¿Pero qué te ha dado ahora con jugar?!

—No sé, Huong, me parece la mejor forma de despedirme, intercambiando risas, patadas y caídas con quienes tanto he compartido… ¿o es que acaso hay algo más universal que jugar?

—Sí. El egoísmo. Más universal y más humano. Así que céntrate en lo tuyo, que es acabar la mudanza y coger ese avión —conmina Huong, todo carácter—. Y no insistas, porque es imposible: no puedes jugar con todo el mundo.

Thanh, informático, con gafas de culo de botella y un maravilloso acento cubano adquirido en La Habana gracias a una beca de estudios para promover el intercambio entre regímenes autoproclamados revolucionarios, se viene arriba, pide una botella de licor de arroz, nos sirve unos chupitos y vocifera en vietnamita: *¡Chúc sức khoẻ!*[2] —alzando su vaso para

[2] Expresión vietnamita usada comúnmente en brindis para desear salud y bienestar al resto de comensales.

desearnos salud y brindar por este y tantos otros momentos de amistad mutua. En mi mente, la frase de Huong resuena como un martillo. ¿Seguro que no se puede? No sé, al menos intentarlo sí se podrá. Ella, indiferente, pela pipas de girasol con los dientes y tira las cáscaras al suelo sin hacer nada por evitar que caigan encima de mis chanclas.

—Oye, ¿vosotros también pensáis que es imposible lo de jugar con todo el mundo? —pregunto al resto de la mesa.

—Hombre, con todo el mundo… —duda Diego, buscando con su mirada la complicidad de los demás.

—A ver, todo es empezar —apunta Alfon—, pero en unos sitios se podrá y en otros no.

—Yo, eso que dices, Huong, del egoísmo, no lo veo —reconozco—. Estoy seguro de que a las personas nos une mucho más de lo que nos separa; y es más, creo que un balón puede ser la mejor herramienta para demostrarlo.

Huong niega con la cabeza, en un claro y típicamente suyo gesto de desaprobación, antes de sacar el móvil y hacerme entender que pasa de lo que digo. Alfon se va al baño, Thanh nos sirve otra ronda de eutanasia y a su lado, en cuclillas, una señora que debe rondar los doscientos setenta y tres años de edad comienza a quemar algo que parecen billetes.

—Está clamando fortuna a los dioses —revela Thanh—, aunque los billetes son falsos, claro.

—Pues no esperará demasiada fortuna… —contesto.

—No bromees con eso. Cualquier día podrías ser tú —me amenaza Huong.

—De hecho, creo que sí; me va a hacer falta mucha suerte.

—¿A qué te refieres? —pregunta ella, clavándome la mirada.

Yo, aterrado por si verbalizarlo puede suponer la confirmación de que voy en serio, le suelto:

—Que voy a intentarlo.

—Aseré, ¿qué cosa? —inquiere Thanh, con su deje guajiro.

—Lo de jugar con todo el mundo. Que voy a intentarlo.

—A ver, a ver, espera... —dice ella, irguiendo la palma de su mano derecha para pedir calma.

—Me estoy perdiendo —salta Diego, atizado por la noticia y el licor—. ¿Tú no te ibas mañana?

—Sí, pero he cambiado de plan. Voy a ir por tierra, sin aviones, para poder jugar.

—¡¿Hasta España?! ¡Pero si está lejísimos! —exclama Thanh.

—Bueno, no tengo prisa. Pienso ir pateando el balón por donde quiera que pise.

—¡Eso es imposible! Y además, juegas fatal... —asevera Huong, a medio camino entre el vacile y la incredulidad. Quizás ella tenga razón y esté siendo un iluso al creer que llevar una pelota bajo el brazo facilitará el viaje, pero se trata de intentarlo, de ver si es posible conectar con los demás a través de un pase, un tiro, o una segada; lo que surja, da igual, ni siquiera el resultado es importante. Porque lo de jugar es solo una excusa para romper la barrera cultural que puede existir cuando llegas a un lugar extraño y lo extraño eres tú.

La realidad la cuentan sus historias, y para conocerlas hay que meterse en el barro, infiltrarse en la cotidianidad. Para eso, el fútbol callejero puede ser llave maestra. En todos lados andan jugando, y en todos ellos seguirán haciéndolo cuando me vaya. Tampoco busco verdades absolutas, ni creo que existan demasiadas, pues toda realidad depende de los ojos que la moldean; en mi caso, la inevitable mirada de un chico, digamos hombre, ni viejo ni joven, cántabro, de etnia caucasiana, más oscuro que blanco, heterosexual *a priori*, hijo de burguesa urbanita y de obrero rural, bisnieto de exiliada, sobrino de alquimista, diestro de mano y zurdo de pie, géminis, colegio cristiano, universidad pública, periodista por pasión, futbolista por frustración y cooperante por vocación. Todo eso, junto a algunos que otros privilegios que la vida me otorgó al nacer con pene, dinero y salud, es lo que soy, quiera o no. Con esta mochila de antecedentes y prejuicios salto al campo, tratando de acercarme a quienes para mí nunca fueron porque nunca les conocí.

—Suena muy loco. Me gusta —aventura Thanh, riéndose dulcemente mientras Huong sigue enfrascada en su asombro. Alfon también tiene cara de preocupación, pero porque es un agonías.

—¿Yo sabes cómo lo llamaría? ¡El Gran Partido! —sugiere Thanh, con un brillito de ebria ilusión en sus ojos.

—Tampoco te flipes. Sería más bien una pachanga —le rebato.

—¿Pero una pachanga no es un partido?

—Sí… y no. Una pachanga es algo más espontáneo, improvisado, se juega sobre la marcha. No puede haber muchas reglas ni formalidad alguna; es como si vas por la calle y de pronto escuchas una música que te gusta y te pones a bailar; pues una pachanga es lo mismo, pero con balón.

—Pues entonces lo llamaremos: ¡La Gran Pachanga! Ninguna otra se juega por medio mundo —sentencia Thanh, mientras nos sirve otra ronda de licor.

—¿Y cuál sería la ruta? —Alfon lanza la pregunta del millón, pero me pilla sin más táctica que una pizarra repleta de interrogantes: ¿por dónde atacar?, ¿qué rivales habrá que regatear?, ¿llegaré hasta el final del partido sin lesiones, ni tanganas ni expulsiones? Faltan muchas respuestas, casi todas, pero solo saltando al campo las podré descubrir.

—La verdad es que no sé ni por dónde empezar —confieso—. Me gustaría jugar en lugares donde nadie se lo espere:

un tren, una mezquita, una trinchera…, sitios donde se da por sentado que es imposible jugar.

—¡Entonces tienes que pachanguear con unos monjes budistas en su templo! —propone Thanh, completamente entregado a la causa. Alfon y Diego se ríen, pero Huong nos ignora, enfrascada en su teléfono y con una expresión contrariada, dejando entrever que algo no va bien.

—Han matado a diecisiete personas en el norte —revela, apesadumbrada—. También hay muchas heridas, y otras tantas desaparecidas.

—¡¿Cómo?, ¿dónde?! —preguntamos todos al barullo.

—En el borde con Laos. Los hmong han intentado sublevarse de nuevo y el Ejército ha respondido.

—¡Joder, qué barbarie! —impreca Tuan.

—Estos necios son incapaces de entender que los hmong no van a sentirse vietnamitas jamás —masculla Huong, indignada por la actitud del Gobierno y los militares que apagan por la fuerza cualquier conato de rebelión—. ¿Y todo para qué? Para controlar el puto opio —añade ella, que, sin querer, acaba de decidir por dónde iniciar este partido.

Salto al campo y ya no hay vuelta atrás. Enfrente: todo por jugar y, quizás, nada que perder. Eso ya lo veremos. Patada a patada.

PRIMER TIEMPO

PITIDO INICIAL

El río diseña el valle con meandros imposibles entre miles de miles de terrazas de arroz. Asciendo a veinte kilómetros por hora y con el acelerador pisado a fondo; sería injusto pedirle más a esta moto. La única ventaja de viajar sin GPS es ir todo el rato convenciéndome a mí mismo de que ya casi he llegado. La pega es que suele ser mentira. Los cerdos indígenas campan a sus anchas por caminos de lodo, aspirando a ser la dote de alguna boda cuando alguna hija de alguna familia encuentre algún marido. Un cartel, superviviente de los últimos desprendimientos de tierra, cuenta la verdad: Bienvenido a Mù Cang Chải.

Nómadas por vocación étnica, los primeros pobladores hmong se esparcieron por la llamada cordillera madre, Hoàng Liên, a través de Vietnam, Laos, Tailandia y Myanmar, descendiendo desde China como desciende ahora la colina una moto por el carril contrario al mío. Entre la neblina se distinguen el piloto y el búfalo que lleva atado al sillín. Por detrás le sigue otra moto; su conductor es más joven y no lleva casco; quizás no le hace falta porque tan solo lleva una cabra atada a su espalda. Agarra el manillar con la mano izquierda mientras que con la diestra se entretiene escribiendo mensajes de texto en un viejo teléfono de esos que ya solo sirven para ser un teléfono. Envalentonado, el de la cabra aprovecha la chicane de arbustos para adelantar a su compañero sin soltar el móvil. El del búfalo tumba demasiado en la última curva y besa asfalto, dejándose las rodillas peladas cual chiquillo en recreo escolar. La cara del búfalo es poema. Dos mujeres contemplan la escena desde el porche de su cabaña y ríen mientras pegan puntadas de hilo a sus tejidos multicolor. Cuando el motorista abatido se levanta, arranca y desaparece; ellas, sus rasgos mongoloides y sus ojos antracita, vuelven a su tejer, con la mirada perdida en el más allá de un horizonte por venir.

Mayoría campesina, deslumbrante submarinismo en el arrozal y, sobre todo, mujeres, bebé a la espalda y ovarios de acero.

—Lo normal es que solo el primer hijo varón pueda completar la escuela —cuenta Po, una joven hmong de pupilas felinas y cara redondeada—. Los demás deben ayudar a cultivar, cuidar de los más pequeños y prepararse para la vida real.

Tiene veinticinco años, es enfermera, habla inglés y es la única persona de su comunidad que ha estudiado en Hanói. Su casa son mil maderos ensamblados a ras de tierra. De las vigas centrales cuelgan telas de cáñamo, mazorcas de maíz y panales de abejas, ahumándose sobre el fuego que reina en la estancia.

—Las personas hmong nos abastecemos entre nosotras: criamos animales, cultivamos frutos y tiramos de trueque. Un vecino ayuda a otro en la construcción de su casa, y después, cuando lo necesite, recibirá un ciervo, un saco de setas o la mano de su hija, como contraprestación —explica Po, caminando a paso firme por los acantilados de barro que bordean las terrazas de arroz.

—Pero también os he visto vendiendo productos en el mercado —señalo.

—A veces, sí, pero no es lo común. Lo importante para nosotros es no contraer nunca deudas con los kinh —apunta ella, en referencia a la etnia mayoritaria en Vietnam, los autoconsiderados puros y originales—. No queremos deberles nada. Ya nos fiamos una vez y nos equivocamos —sentencia, con su cuévano de mimbre a la espalda, llenito de cardamomo recién recolectado.

Esa desconfianza a la que alude Po es parte del hilo que me ha traído hasta aquí. El asesinato de hmongs rebeldes al que hizo referencia Huong en Hanói es el último capítulo de la batalla de poder entre el Gobierno de Hanói, de mayoría kinh, y los hmong, que arrastra décadas de violencia silenciada. «No hay doctores hmong; ni uno. Por eso las mujeres aquí prefieren dar a luz en casa, para evitar que un doctor kinh les atienda», asegura Po que, siendo enfermera, se pasa la vida ejerciendo como supuesta doctora a domicilio. Caminamos hasta La Pan Tan, donde hoy comienza la campaña de vacunación contra la hepatitis. El hermano de Po es el jefe de la aldea y, por lo visto, el único miembro de su familia que sabe jugar al fútbol. No sé cómo tirarán las pachangas en el valle, pero ella me aconseja que le pregunte ahora todo lo que quiera saber sobre los hmong, porque después de jugar no me van a quedar fuerzas ni para escucharla.

—¿Eso es marihuana o solo lo parece? —le pregunto a bocajarro, viendo el follaje canábico que bordea el camino.

—Te lo parece —replica ella—. Y no es que no haya, pero ya estamos suficientemente condenados con el opio.

—¿Mucho adicto?

—No, no es por culpa del consumo. Es por las bombas —revela Po, encendiendo la luz de mi curiosidad—. Verás, a mitad del siglo pasado aquí había un rey, el Rey Gato, como le llamaban los franceses, por sus ojos rasgados. Los colonos le ofrecieron protección a cambio de dejarles controlar el tráfico de opio, el rey hmong aceptó su propuesta y, como agradecimiento, le construyeron un palacio en Hà Giang, no lejos de aquí. Tiempo después, cuando las milicias de Ho Chi Minh derrotaron a los franceses en Điện Biên Phủ, sabotearon también sus negocios —añade, medio sonriendo—, pero, claro, el opio es demasiado suculento.

—Entonces vinieron los norteamericanos… —suelto yo, por hacer presencia.

—Claro, en esa época ya tenían la mentalidad de ahora: dejar de matar es peor que dejar vivir —dice Po, cuya familia vivió en primera persona la resistencia de los vietnamitas del norte, con sus kaláshnikovs made-in-the-USSR, y el desfase en Saigón, donde los marines, con sus resacas de narcóticos y adolescentes prostituidas, abrasaban el sur del país usando soldados pobres y afroamericanos como escudos humanos—. Los americanos fueron crueles, pero también inteligentes, cuando decidieron reclutar a los hmong —opina ella, aludiendo al plan de EE. UU. durante la guerra para convertir a su gente en el caballo de Troya con el que emboscar al Vietminh. Les proveyeron con armas y entrenamiento militar, e incluso mandaron misioneros anglicanos en paracaídas para que bajaran del cielo, evangelio en mano, a revelarles que su hambre no era más que falta de fe. Embaucados por la promesa de una futura soberanía, pronto se formó la guerrilla secreta de los hmong; comando yanqui sin comunicado oficial.

Los hmong cayeron en la trampa pensando que su oposición al comunismo les brindaría autonomía tras la victoria estadounidense; pero esta nunca llegó. La guerrilla hmong, liderada por el sanguinario Vang Pao, fue masacrada por el Vietminh e ignorada por el Pentágono. Sus combatientes se refugiaron en las montañas esperando esa paz que solo el miedo y el tiempo pueden brindar; pero nadie les avisó del fin de la guerra. Nadie ni nada. Veinticinco años después del armisticio firmado en París, y alertados por el ruido de un convoy de reporteros, los últimos guerrilleros hmong, desnutridos y aterrorizados, salieron de sus cuevas ondeando inocentemente sus raídas banderas blancas de rendición.

Cuando llegamos a La Pan Tan, nos sale al paso una señora lanzando aspavientos de recriminación. Po mezcla sorpresa con susto pero, con su cálido hablar, va poco a poco calmando a la mujer. «Doctora, eso que usted dice no sirve. Desde que se marchó he tenido dos hijos más, ¡y ahora mire cómo estoy!, ¡de nuevo embarazada!», le reprocha a Po que, por lo que me cuenta, realizó hace unos años una campaña de sensibilización sobre el uso de preservativos para controlar los embarazos, ya que, pese a la ley de control de la natalidad que prohibía parir más de dos hijos por familia, los hmong seguían concibiendo sin medida en su afán por asegurar la supervivencia del clan. Como la palabra *pene* suena demasiado fuerte para los hmong, acostumbrados a usar eufemismos y evitar ciertos tabús, Po tiraba de metáforas y usaba bananas para los ejercicios demostrativos, simulando el momento previo al coito para recomendar a las participantes que lo hicieran igual en casa. Po pensaba que era una forma sutil y convincente de divulgar la información, pero, por lo visto, quizás se equivocó.

—Se lo prometo, doctora, que yo siempre le he hecho caso —insiste la señora, vestida con el traje tradicional hmong, vibrante en colores y abalorios—. Hasta ahora, cada noche, cuando mi marido viene a la cama y busca compañía, yo cojo un racimo de plátanos que tengo colgado bajo la escalera, y de uno en uno, con cuidado, tal y como dijo usted, les voy poniendo a todos ellos un condón.

Po finge seriedad y le aclara el malentendido, aguantándose la risa, antes de reiniciar la marcha hasta llegar a la cabaña de su hermano, Von Fang. «Adelante, ¡bienvenidos!», nos saluda con entusiasmo, pidiendo que me siente en el suelo. Vestido de militar, él se queda de pie, apoyado en un aparador lleno de Coca-Colas y Red Bulls, para hacer gala de cómo la globalización se ha colado en esta casa sin nevera ni agua caliente.

Vong Fang vierte agua en su pipa de fumar, escupe la brea vieja y me pasa la caña de bambú, animándome a echar un soplo de su leña:

—¡Cof, cof! ¡Joder, esto es cianuro! —exclamo, notando cómo mis ojos giran ciento ochenta grados y descubren a su propio nervio óptico con un rosario en la mano rezando para que no le pegue otra calada.

—¡Así no! ¡Lo haces mal! —me reprime Vong Fang—. Tienes que aspirar más fuerte y sacar el humo por el lateral de la boca. Mira, así... —explica, entre gestos y traducciones de su hermana, al coger la pipa entre sus manos de adobe. Cala, exhala y dibuja una partida de damas entre el humo blanco del cielo y los negros dientes de su boca. De Vong Fang, siendo jefe de aldea, no cabe esperar demasiada crítica hacia el Gobierno, porque, al fin y al cabo, es un asalariado del Partido Comunista; pero siendo hmong, tampoco puede callarse—: Nadie pagó tan cara la guerra como nosotros —expone, cuando le pregunto si el colaboracionismo hmong con EE. UU. aún afecta de alguna manera a su relación con Hanói—. El Gobierno lleva años expropiando nuestras tierras. Han construido canteras y presas donde las familias habían vivido por siglos. Sin embargo, cuando llega la estación de lluvias y los caminos quedan anegados, no mandan ninguna maquinaria para ayudarnos. ¡Nada! ¡No viene nadie! —denuncia él, mientras carga un nuevo tabaquito en la mecha—. La casa y los animales es todo lo que tenemos; no hay más —dice, con cierta desidia.

—¿Y con eso sobrevive la gente? —cuestiono.

—Con eso, y con los subsidios. Las familias pobres reciben semillas y fertilizantes.

—¿Y quién no es pobre aquí?

—La pobreza no la determina el dinero que no tienes, sino tu capacidad para esconderlo.

—¿Y el opio? —pregunto a Vong Fang, mirando de reojo a Po por si me estoy metiendo en el fango. Vong Fang escucha, me observa con calma y contesta:

—Ya no queda nada. El Gobierno ordenó quemarlo todo —asegura. Luego se ríe, mucho, quizás demasiado, y cambia de tema—: ¿Y tú? Me ha dicho mi hermana que eres futbolista.

—No, qué va. Me gusta jugar, pero nada serio.

—Eso vamos a verlo —contesta él, entre la amenaza y la arenga—. Que sepas que aquí jugamos descalzos.

Un rato después tengo el empeine izquierdo morado. Los chavales hmong no corren, huyen; no chutan, golpean, y no caben más patadas en esta pachanga donde al chocar las cabezas no se hacen brechas sino grietas. Sinceramente, no está nada claro quién va con quién. Me he unido a una pachanga ya empezada, y jugadores de ambos equipos me han dicho que voy con ellos. Consecuencia: todos creen que juego en su equipo y, cada vez que doy un pase, alguno se lamenta por mi supuesta traición. Seremos treinta y pico jugadores; unos entran, otros salen; el que no corre, fuma, y el último que ha llegado ha dejado junto al córner una canasta de mimbre con dos lechones dentro que podrían unirse al partido sin llamar la atención. En ambas áreas, un autocar de defensas custodia la portería de forma infranqueable; una metáfora de la resistencia cultural que son las vidas hmongs, sobreviviendo a toda amenaza en este rincón del universo donde la minoría, por endogamia, resulta mayoría aplastante.

—¡Ya te avisé! Aquí se juega a muerte —grita Vong Fang, sustituyendo al portero del equipo que yo considero rival—. Dile que se le ve muy flacucho para meterme un gol —añade, mirando a su hermana Po, para que aparte de traducirme se ría a carcajadas.

La bola, dura como roca, cae por el arrozal cada vez que alguien tira a puerta, y Vong Fang siempre aprovecha para soplarle a la pipa de fumar que ha dejado apoyada en el poste derecho.

Si este desmadre es solo la primera, no me quiero imaginar el resto de pachangas por venir. Tiene razón Von Fang, juegan a muerte, pero yo preferiría jugar a vida. No hay líneas de banda ni de fondo; eso son pijadas. A *full* de *power*, el partido es un derroche de electrones que si alguien diera con el conversor adecuado tendríamos energía hmong-motriz para iluminar todo el valle. Si, además, ese alguien pusiera orden a tanto ímpetu, podríamos estar hablando de la selección hmong clasificada para el próximo Mundial; pero como nadie se lo está planteando, seguimos jugando asilvestradamente sobre el barro, como en el patio del colegio.

—Dice mi hermano que por qué le has dicho que eres futbolista si luego no eres capaz ni de marcar un gol… —me vacila Po, cuando me acerco a beber agua.

—Pero si no le he dicho eso…

—Bueno, pero, ¿vas a meter gol o no?

Po y su hermano juegan con mis sentimientos de guiri desubicado. Hundido, en puro patatal, descalzo que quiero morir y jugando un partido que es más bien motín en prisión, estos dos tienen la poca misericordia de pedirme más. Vuelvo al ruedo, recargado de algo que parece moral pero en realidad es orgullo, y contagiado por la marabunta, me lanzo al ataque: «¡Pasa, pasa!» grito cada vez que alguien de mi supuesto equipo recupera el balón. Nada, no me llega. Mirarme me miran, pero como que no se fían. «¡Eh, aquí!» insisto, corriendo al rebufo de un contraataque que, sí o sí, voy a rematar. Vong Fang me espera desafiante, lanzándome su sonrisa blanquinegra de toxicómano precoz cuando piso el área. Me tiran un jugoso centro templadito que bien podría rematarlo de cabeza, pero, qué coño, es mi día, mi viaje y mi pachanga, así que decido controlar la bola con el pecho, girar mi cadera y despegar hacia el cielo, determinado a conectar una chilena que haga enmudecer al valle y retire a Vong Fang para siempre de la portería. De manual: marco tiempos, sube el balón, grácil cual pompita de jabón, cruzo las piernas en perfecta tijera, y…

—¡Ouch! —chillo, cuando, no uno, sino dos defensas, que medirán metro cuarenta pero saltan como corzos, abortan mi maniobra pateándome la tibia izquierda en pleno vuelo, logrando voltearme en el aire y arruinar mi equilibrio antes de caer de boca contra el barro de La Pan Tan.

—¡Jajá! —se descojona Vong Fang. Que no tiene maldad, lo sé, pero joder, un penaltito por lo menos. Nada. Sigan, sigan. Y siguen, aunque yo tenga que salir a enjuagarme la boca que rebosa sangre. Po evalúa la herida de mi labio superior con sus ojos de enfermera y me aprieta el mentón con un pañuelo mugriento para cortar, o infectar, la hemorragia.

—Parecías un *chopper* abatido por el Viet Cong —dice ella, en referencia a los helicópteros usados por el Ejército estadounidense durante la guerra.

—A lo mejor es por eso que me han tumbado —contesto, riéndome de lo penosamente que ha acabado mi vuelo, con las hélices de mis piernas reventadas de rasguños.

—En realidad era al revés. Los hmong no atacaban esos vuelos, sino que los defendían —aclara Po, que cuando habla de temas crudos deja escapar eructitos entre frase y frase—. EE. UU. necesitaba instalar una base para las aeronaves con las que atacaban la Ruta Ho Chi Minh[3], así que además de crear la guerrilla hmong, asfaltaron en nuestra jungla el aeropuerto más secreto del planeta.

—¿Que sigue existiendo? —pregunto, pensando en llevarme para allá el balón.

—No creo. De hecho, más que para combatir, se utilizó para hacer negocios con la flor —aclara ella, refiriéndose al opio—. Tras los bombardeos, y aprovechando el espacio que quedaba vacío en los aviones, se tejió una red de narcotráfico controlada por la OSS[4] mucho más eficaz que la propia invasión.

Fuera por traficar o por civilizar, los B-52 norteamericanos intercambiaron trescientos millones de bombas de racimo por millones de toneladas de narcóticos. Más de cuarenta años después, ni el Partido Comunista de Vietnam ni los hmong han logrado pasar página.

—Los americanos jugaron con nosotros y nos mataron —concluye Po—. Los comunistas fueron más honestos, es verdad; pero también nos mataron.

[3] Se denomina así a los 16 000 kilómetros de senderos y caminos que unían Vietnam del Norte con Vietnam del Sur, pasando por Laos y Camboya, para proveer de municiones, armas, alimentos y medicinas a la guerrilla del Viet Cong.

[4] La Oficina de Servicios Estratégicos fue el servicio de inteligencia de EE. UU. desde la Segunda Guerra Mundial hasta su sustitución por una nueva agencia, la CIA.

APOSTAR POR UN RIVAL

—El barco de vuelta es a las siete, no lo olvides. Ningún extranjero puede pernoctar en la isla del Ogro —me advierte la capitana del cayuco, señalándose en la muñeca el hueco de un reloj que no lleva, la capitana del cayuco. La señora, arrugadita, rema suave y lenta, hablando con aspavientos. El hombre que ha invadido la barca con sus cestas de *kangkung*[5] me mira curioso mientras teclea los botones de una calculadora que, quizás, esté estimando el valor de mis órganos en el mercado negro.

Al pisar el muelle se siente un ambiente pesadísimo que lo envuelve todo. La canoa, superviviente a cien mil naumaquias, se aleja sin más explicaciones, dejándose engullir por el mar de Andamán. Luce el sol y sus rayos penetran sin rubor por entre las olas de espuma de plata. Enfrente, tierra magenta, selva, cabañas de teca sin ventanas y más selva.

El recorrido desde Vietnam, jugando en Laos y Tailandia, ha tenido segadas, esguinces y vaselinas, pero Myanmar es otro cosmos. Estado orwelliano. Golpe militar y cincuenta años de poder controlado por la Junta. Pocos hablan, muchos sospechan. Siete de cada diez viven del agro. Tres de cada diez se llevan los beneficios de un crecimiento desigual y ficticio. Extranjeros, agujas en pajar. En el único puesto con signos de vida humana, dos tipos no dejan de hacer gestos para que me

[5] Planta acuática comestible, muy popular en la cocina del sudeste asiático, también denominada como espinacas de agua.

acerque. Me ofrecen pescado podrido y fetos de pato. Hoy es mi día. Con las manos vendidas a la mugre, intercambiamos kits básicos de diplomacia *underground*.

—Yo España. Racing de Santander, ¿no? Bilbao… ¿País Vasco? ¿Tampoco? —voy probando hasta lograr acuerdos mínimos—. Vale, me rindo: soy de Barcelona.

—¡Oh, sí! ¡Barcelona! ¡Messi, muy bueno! —replican entusiasmados. Todo es mímica y onomatopeyas, porque el inglés, como lengua común, ni está ni se le espera.

Exploro la isla, busco pachanga en cada trote. Nadie dijo que fuera fácil jugar a domicilio y sin una hinchada que anime. En realidad, no son las gradas vacías sino la ausencia de compañeros lo que me inocula tan profunda sensación de soledad. Podría ir de guay, decir que me sobro y me basto tras unos meses de partido en solitario, pero mentiría. Será la insolación del mediodía. Atravieso arena, piedras y charcos. Vacas bulímicas bloquean el camino. No sé si planean apartarse o embestir, pero les encanta darme a entender que sobro.

En mitad de una nada sin futuro ni memoria hay una casa impregnada con pósteres de la Liga Nacional por la Democracia (LND). En ellos, su líder, Aung San Suu Kyi, premio Nobel de la Paz y política enfrentada a la Junta Militar del país, posa tierna, capaz y dispuesta a cambiar su planeta entero. Más arriba, una señora me saluda sonriente desde la azotea:

—Pasa. No te quedes ahí parado.

Es Layla, es chiquita, caoba y oronda. Tiene un tatuaje de exconvicta en el brazo y no suelta la escoba en ningún momento; no sé si estaba barriendo o es que no se fía de mis intenciones, pero en cualquier caso lo disimula utilizándola como bastón. Layla está barnizada en *tanaka*, un protector solar natural con el que las birmanas se embadurnan la cara cada mañana. Sentados en la alfombra, y tras mucho rato de presentaciones, gestos y traducciones fallidas, comenzamos a entendernos.

—¿No hay problema en mostrar apoyo al LND? —pregunto, rodeado de carteles del partido.

—Ya no. Los malos ya no saben cómo pararnos —dice Layla, que ronda los setenta años y parece saber bien de lo que habla y lo que escucha—. Pueden seguir con sus montajes para impedir la democracia, pero ella gobernará tarde o temprano —refiriéndose a Suu Kyi, liberada tras largo tiempo en arresto domiciliario—. La condenaron a diez años, pero justo antes de cumplir la pena fue condenada de nuevo porque un seguidor saltó la verja y se lanzó al lago de su casa.

—¿La condenaron por lo que hizo otra persona?

—La condenaron a cinco años más de aislamiento por saltarse la prohibición de contactar con extranjeros, aunque toda la gente sabe que no era un seguidor, sino un demente a sueldo de la Junta militar.

—De cualquier modo, ya está en la Asamblea Nacional.

—Está, sí. Pero las elecciones siguen estando amañadas, así que toca seguir luchando.

—Tú, Layla, ¿eres de lucha violenta o pacífica?

—Una lucha sin violencia no es lucha. ¿Sabes cuántos indios murieron durante la Marcha de la Sal? ¡Miles! Y Gandhi todavía decía que era una lucha pacífica. Mira, habiendo armas y bandos enfrentados, siempre habrá violencia; aunque las armas estén en uno solo de los bandos. Aquí, en todo el país, llevamos saliendo a la calle de forma pacífica desde los años ochenta, pero eso nunca ha impedido que los militares mataran a los opositores. Mi marido murió tras recibir tres disparos a bocajarro.

Su voz no tiembla lo más mínimo. Layla habla desde su pecho. Su nieto, Yuk, lleva un rato rondando la escena. Con trece años, está listo para vivir una nueva historia, alejada de la agónica represión vivida en las últimas décadas. La primera vez que la LND ganó las elecciones, la Junta se negó a aceptar los resultados. Encarcelaron a Suu Kyi y volvieron a disparar contra la gente. Después, fueron los monjes budistas, intocables hasta entonces, quienes se manifestaron frente a los militares y quienes murieron asesinados. En las elecciones anteriores, la LND no obtuvo mayoría absoluta en la Asamblea Nacional porque un sistema de cupos reservaba la mitad del hemiciclo para oficiales designados por la Junta militar, y cuando finalmente eliminaron los cupos, la LND arrasó; pero la Junta nunca ha estado dispuesta a perder su poder.

—Pase lo que pase, Suu Kyi no puede ser presidenta —aclara Layla—. Su marido era inglés y la Junta cambió la Constitución para impedir el acceso a la presidencia de personas cuyos hijos o hijas no posean ciudadanía exclusivamente birmana, y todo para evitar que ella gobierne.

—¿Pero tan fácil les fue cambiar la Constitución? Tendríais que votarla…

—¡Y se votó! Pero el referéndum fue pocos días después de que el tifón Nargis arrasara el país. ¡Imagínate! —Layla revive, apretando sus puños, el dolor de esos días en los que el lodo impedía llegar hasta unos colegios electorales derrumbados, mientras las autoridades negaban el acceso a las agencias de ayuda humanitaria.

La presión internacional, a través de sanciones económicas y el propio reloj vital de la pleistocénica Junta, ha desembocado finalmente en el nombramiento de Suu Kyi como consejera del Gobierno. Frágil tregua. Layla observa con admiración un póster donde Suu Kyi comparte escena con Hillary Clinton. Hay un rollito megalómano en toda esta historia.

Los medios extranjeros llevan años defendiendo lo maravillosa que es esta mujer: progresista, madre de familia, demócrata y, además, muy estilosa. Quizás sea porque no representa ninguna amenaza para los intereses de Occidente. Aun así hay quienes la critican por sus relaciones con Inglaterra y Francia, impacientes ambos países por abrir el país en canal y exprimir el rico jugo de su gas y sus minerales.

El nieto de Layla aparca su bici en el porche y saluda tímidamente. En la candidez del abrazo a su abuela reside el oxímoron birmano. Gentes dulces, generosas, delicadas en sus gestos y discursos. Nubes de algodón de azúcar controladas por esa Junta, Gran Hermano, que lleva décadas asesinando disidencia. Fingen elecciones, se reservan un 25 % de los escaños parlamentarios y el derecho a veto constitucional. Libertad de nada, menos de subsistir, con dos tercios del país sin acceso a la red eléctrica, prensa títere, activismo secuestrado, masacres a minorías, tuberculosis, malaria y un presupuesto público en sanidad de veinte pavos per cápita, con unas carreteras que, si no te matan, te dejan con las ganas.

—Mañana es martes, no puedes ir a Yangón —me avisa Layla.

—¿Y eso? Mi plan era salir pronto para llegar a la Embajada de India y solicitar el visado.

—Imposible. La carretera que une Mawlamyine con la costa es demasiado estrecha, así que solo se puede circular en un sentido. Los días pares son de salida, y los impares, como mañana, son de entrada, así que tendrás que esperar al miércoles —revela, con una sonrisa monalisesca en su rostro.

—¿A que no sabes por qué se llama la isla del Ogro? —me pregunta Yuk, el nieto de Layla, al que su abuela lleva un rato quitándole los piojos con un compás.

—¿Porque había un ogro gigante que se comía a los niños?

—No. Porque los nativos se comían a la gente cruda —me regatea él—. Si eres de España, seguro que juegas al fútbol —deduce, y yo aprovecho.

—Claro que sí, ¿tú juegas?

—No. Aquí jugamos chinlón.

—¿Chin-qué?

—¡Chinlón! Si quieres vamos al puerto, que seguro que hay partido.

Yuk pega un brinco y salimos disparados, con mis pies en los pedales de su bici y sus manos trincadas sobre mis hombros para no caerse. En el distrito pachanga, se juega a lo que toque, llámese curling en Laponia o chinlón en Burma.

—¡Ya han empezado! —dice Yuk, llegando a un descampado donde una red separa a seis pibes que, con sus *longyis*, los tradicionales pareos birmanos, remangados hasta la femoral, dan patadas a una bola de mimbre en una especie de voleibol endémico jugado con los pies en vez de con las manos. Medio pueblo rodea la acción. Unos siguen atentos a este arte de tres contra tres, y otros me miran como si fuera un ovni.

—¿Quieres betel? Es natural —me ofrece Yuk la pasta chiclosa que todos mascan en la grada.

—Nah, tranquilo, ya si eso luego —contesto, para no dañar sus sentimientos ni mi salud rumiando esa cosa tan popular en Myanmar, hecha con nuez de areca enrollada en hoja de tabaco, unas gotas de lima y una masilla blanquecina a mitad de camino entre savia de ficus y pegamento para manualidades. Mascar betel te entretiene, seguro, pero también comporta vahídos mentales, dientes mellados y el aspecto de haber degollado a un carnero con la boca.

Jugando al chinlón son unos magos. Han desarrollado capacidades acrobáticas hasta convertir el deporte en circo.

Cada chilena y voltereta es un vuelo sin motor en busca del paraíso.

—¿Y con el extranjero qué pasa?, ¿no quiere jugar? —apelan a Yuk, invitándome a joderles la fiesta.

—¡Es de España! —grita Yuk, subiendo la presión en mil atmósferas. Enano traidor.

—Venga, ¡ven aquí! —me dice un chaval con el pelo cepillo, quien parece controlar la situación haciéndome gestos para que me una al partido. Sí, para que me una, pero al equipo contrario. Qué espabilado. No le guardo rencor, yo también lo haría, pero podía disimular un poco. Enfrente de Cepillito, mis compañeros de equipo ponen cara de póker. Sus *looks*, combinando faldas y flequillos engominados, reflejan el impacto de la neoestética futbolera reaccionaria en sociedades tradicionales. Salto al pozo ante el jolgorio de los espectadores, que gritan cosas, así, en general, y veo un revuelo en la grada que ni la Bolsa de Tokio anunciando una OPA hostil en hora de cierre. No sé cuántos informantes del Gobierno andarán entre el público, pero los billetes no cesan de correr de mano en mano al ritmo que sube o baja la cotización de cada remate. Están apostando. Puedo hacer que ganen o pierdan dinero con mi forma de jugar, pero eso, en vez de hacerme sentir poderoso, me hace temer un posible linchamiento si lo hago mal; y para qué mentir, yo mismo apostaría por el equipo de Cepillito. Sin embargo, los aldeanos dudan si apostar a favor o en contra del forastero. El bróker que recoge la panoja tiene toda la cara de ser un pieza. Dientecito de oro, por supuesto.

—¡Ánimo! Dicen que vas a ganar porque tienes barba —augura Yuk, junto a un par de señores que probablemente hoy vuelvan a casa sin blanca. Empieza el combate.

—¡Tú, ahí! —me posicionan arriba, sin margen para negociaciones. Jugamos en triángulo, con dos en la red y uno atrás de sostén. Mi compa de ataque, Wai, mide 1.50 pero brinca como los ángeles y jugada tras jugada deja al otro equipo con las rodillas temblando. La negrura de lo clandestino acompaña cada movimiento del balón, y cuando ganamos el primer envite se reparten la brisca sin que yo vea un pavo. Tampoco lo he puesto. En paz.

Cuando comienza el segundo asalto se levanta una inquietante brisa. Entre las bolas de polvo y paja que ruedan por el suelo aparece en el tatami un clon de King Kong. Una barbaridad de persona que, pese a lo desafiante de su mirada y envergadura, mueve la falda *longyi* con picardía. De su divergente torso al descubierto emanan dos brazos de ébano con el tamaño de barras de pan chapata. Me mira, me reta y se gira hacia la grada para preguntarle a Yuk por qué yo no pongo dinero. Se jodió la broma.

—Pues, bueno, a ver, ¿cuánto hay que poner? —salgo al paso, sabiéndome pollo antes del desplume. Pese a la distracción que supone ver mi fajito de kyats en las manos del bróker, cuestiono el dominio de King Kong en la red a base de cabezazos picaditos para ganar los primeros puntos.

—Oye, será mejor que gane él —me susurra Yuk al oído, aprovechando un cambio de saque. No sé muy bien lo que significa eso, pero poco puedo hacer para contener a mi compañero de equipo, cuya habilidad es inevitable, y que sigue desafiando a la gravedad en cada remate definitivo. El ogro rival, indiscutible descendiente de los caníbales nativos, está enfurecido. Aúlla fonemas contra sus compañeros de escuadra y lucha por contener la debacle. La audiencia, encantada con el show, aplaude, ríe y silba cuando anoto. Cuando resbalo y caigo de culo también. Cepillito, ya eliminado, me anima con una pasión fuera de contexto, pero remate a remate, vamos ganando pese a mi presencia. No es falsa modestia. Cada vez que toco la bola, jodo la jugada. Se me queda en la red, la tiro fuera o ni siquiera le doy. Eso dinamita mi autoestima pero logra cierta tregua con el ogro, porque una cosa es perder y otra que te humille un extranjero.

20-19 a nuestro favor. Punto de partido. Saca Zeya, que poco se ha dicho de él, pero es el que bloquea con su pecho los virulentos remates de nuestros rivales. La pelota pasa la red, vale, bien, King Kong controla la bola y la devuelve bombeada, fácil para envolverla y finiquitar esta movida con un *smash* que me consagre como fichaje revelación. «¡Mía!» grito, adjudicándome el honor. Salto todo lo que el cansancio me permite y marco los tiempos para suspenderme en el aire y rematar de cabeza con los ojos cerrados mientras en mi cabeza suena el himno de la alegría…

—¡Nooo! —grita Zeya, llegando como una bala para empujarme a un lado y levantar la pelota con su empeine a pocos milímetros del suelo. Por lo visto yo he debido rematar al aire, pero entre Zeya y Wai han salvado los muebles con dos pases y un tanto a nuestro favor que vale oro.

21-19. Sorpresa a domicilio. Los cuatro idealistas que apostaron por nuestro equipo se reparten la guita con sorprendente flema.

—Te lo dije. La gente con barba no pierde nunca —Yuk saca sus propias conclusiones, mientras el viento sacude las ramas en esta tierra birmana donde se vigila cada jugada, cada suspiro, acordonado por sándalo, lavanda y ganas de mañana más.

HUMO DE BENGALAS

Un militar hundido por el peso de las granadas en su cinturón pide calma con su silbato. Sería prudente decir que aquí hay más de trescientas personas formando una de las filas menos indias que una Embajada de India podría permitirse. Sobre todo mujeres, todas ellas envueltas en un maremágnum de formularios, fotografías tamaño carnet y rostros de angustia dándome a entender que el día, o la semana, será más larga que divertida. Me llama la atención un tipo espigado, con rastas kilométricas envolviendo su cabeza. A su lado, una chica, también con rastas, aunque más cortas, me sonríe; nada especial, pues sonríe a todo el mundo.

—Hola, ¿qué tal? Vais hacia la India, ¿verdad? —pregunto, acercándome para buscar consejo, pues cuentan los foros de viaje que salir de Myanmar a pie, y por el oeste, es misión imposible.

—Sí, ¿por qué? —responde el chico, con cierta expresión de preocupación.

—No, por nada, es que he estado preguntando y me han dicho que los bordes birmanos están cerrados: Bangladés, China…, y solo me queda por probar aquí, pero ya me han dicho que está jodido cruzar por tierra…

—¡Sssh! ¡Calla, hombre! —me interrumpe el chico, con su dedo índice sobre los labios—. No hables tan alto. Si se enteran de que pretendes cruzar por tierra te deniegan la visa —explica él.

—Entonces, ¿vosotros también…? —pregunto, en modo cómplice.

—Lo primero que necesitas es una reserva de vuelo, aunque sea falsa, para decir que irás en avión —añade ella—, aunque llegar hasta la frontera es complicado. Es una zona prohibida.

—Seguro que quienes viven cerca del borde tienen sus caminos para ir al pueblo de al lado —digo, intentando aportar algo al equipo. Nada útil, pero es importante que me vean activo. Ella es Clo y él es Toni. Son de Suiza. Tras aproximadamente siete minutos de charleta sabemos que seremos amigos. Me explican el papeleo necesario para lograr el visado fingiendo que iré en avión y cómo, una vez logrado, necesitaremos conseguir una autorización especial del ministerio birmano de Turismo para cruzar el estado de Chin en el borde con India. Viendo la cola que hay aquí, dejamos a Toni guardando el turno, y salgo a explorar los alrededores de Merchant Street junto a Clo.

Farolas vivas ni una. Tampoco quedan baldosas sanas. La pagoda Sule brilla en mitad de una rotonda y los feligreses deben sortear la estampida de coches, carritos y autobuses para llegar hasta el templo. Unos cien metros más allá, unos chavalines juegan con una pelota en mitad de la carretera. «*Ça y est!*» exclama Clo, para celebrar el hallazgo. Poca playera, alguna chancla y mucho pie descalzo. Pantalones ni uno. Cosa normal en esta Myanmar repleta de *longyis*, ahora retorcidos entre las pantorrillas para no entorpecer las zancadas de los contendientes. El barbitas español pasa a un segundo plano cuando una mujer rubia, ¡y con rastas!, se mete al tinglado. Nos descalzamos. El asfalto es llamarada. Fingimos bienestar. Clo destila *calité*, pero en un intento de pase mal tirado, su esférico cae por la alcantarilla. Como siempre está sonriendo, esta vez queda raro, porque parece que se alegra del desastre. Nada irresoluble. En cuestión de segundos se despliega una prodigiosa operación de rescate, levantando las losas del suelo hasta dejar al descubierto un laberinto de cloacas por donde los chavales se zambullen practicando esnórquel urbano entre olas de aguas grises y ¡abracadabra! La bola aparece entre las manos del más chiquito, que sale del inframundo boqueando y se limpia las manos en la pernera del *longyi* antes de reiniciar la batalla en esta Yangón que se muestra cochambre, pero se sabe heroína.

Completamos nuestras solicitudes en la embajada y nos dan cita para tomarnos los datos biométricos la próxima semana. En el Ministerio de Turismo nos informan de que el puente para cruzar la frontera a India lleva nueve semanas abierto sin interrupción, y eso es toda una novedad. El estado de Manipur, en la parte india, lleva desde los años ochenta en guerra de guerrillas, y el paso se abre y se cierra según la gresca. El lado birmano es otro polvorín. El Ejército de Liberación Chin trabaja la escaramuza y el Ejército de Myanmar reprime. Por eso, nos exigen viajar con un oficial del Gobierno hasta la frontera, lo cual cuesta bastante dinero y ofrece nulas garantías, pues todo queda sujeto a posibles cambios en el protocolo interno de seguridad —véase, las bombas que estallen o no durante los próximos días—. Planazo.

Ocho días de papeleo, huellas dactilares e interrogatorios después, obtengo el visado indio, el permiso cautelar del Ministerio para llegar al norte dentro de dos semanas y el abrazo de Toni y Clo al despedirnos temporalmente. Si todo sale bien, nos reencontraremos en Hsipaw para proseguir la ruta juntos. A veces uno necesita sentirse acompañado para moverse libremente por el campo, y la presencia de los suizos me permite avanzar más seguro hacia campo rival sin miedo a posibles contraataques.

Tengo dos semanas por delante y es el momento de arriesgar avanzando hasta Rakáin, una zona del campo donde el humo de las bengalas no deja ver con claridad. Allí, los budistas rakaines y los musulmanes rohinyás, llegados mayoritariamente desde Bangladés, llevan tiempo disfrazando de xenofobia una lucha por la identidad, la tierra y sus recursos. El Gobierno no quiere curiosos allá. Periodistas y personal humanitario son *de facto non gratos*. Una estanquera me dice que a Sittwe, la capital del estado Rakáin, solo puedo ir en avión, pero ella ignora que eso rompería la magia del partido, así que toca buscar una alternativa.

*

Un carro lleno de fardos de heno. En el balde, cubierto por una capota de plástico, hay dos bancos corridos, pensados para unas cinco personas cada uno. Seremos treinta y pico. La claustrofobia me empuja hacia el exterior para acabar de pie sobre el parachoques trasero, agarradito que parezco un koala aferrado a un eucalipto. A mi izquierda, un campesino me muestra orgulloso su único diente sano. Él también hace acrobacias para no caer al asfalto, pero tiene más mérito, por estatura, por edad y porque sujeta dos pollos vivos con su mano izquierda. Desde dentro observan la escena y se ríen todas las mujeres del universo. Llegamos a Magwe, desangelada ciudad de paso por donde supuestamente debe pasar todo transporte hacia el estado de Rakáin. Me instalo en la rotonda principal aspirando a engancharme en el siguiente convoy. Gran Hermano edición guiri: el pueblo entero tarda poco en saber de mis intenciones y no hay quien no quiera ayudarme. El señor del puesto que hace fotocopias conoce al del motel que le dice al kiosquero que si su primo, el mecánico, sabía de aquella tía suya que fue al pueblo cuando ocurrió aquella anécdota tan increíble que me está contando este señor sin que yo entienda prácticamente nada de lo que dice salvo que ir en bus está prohibido para los extranjeros. Acto seguido me vende un billete de autobús y me insta a sacar doce copias de mi pasaporte para entregárselas al conductor cuando me suba porque se vienen controles. Surrealista, quizás sí, pero qué suerte que en este pueblo el único señor que vende billetes sea también el único señor que hace fotocopias.

Es todo tan *heavy* que no me da tiempo a subir las cejas entre una sorpresa y la siguiente. El bus que debía de llegar a las 14:00 llega a las 23:50, hora a la que enfilo las escaleras de acceso, sabiendo que por delante me esperan muchas horas de trayecto y una ristra de puestos de control.

Sin cabida para arrepentimientos, paso la terrorífica noche al son del bache, y cuando paramos en Sittwe, a las 7:43 de la mañana, me invitan a apearme.

—¡Uf, qué bien! Ya hemos llegado —celebro, cansado, pero contento.

—¡Tu pasaporte! —Un soldado armado hasta los dientes se acerca y me grita como si estuviera lejos. Nadie más se ha bajado. Qué raro. Se queda una copia del pasaporte, se distancia y llama con el *walkie-talkie*. Nadie le contesta; será de bajo rango. Me mira odiándome, recoge sus dedos para que me acerque y susurra—: OK, puedes irte.

Vale, entiendo que todavía falta un rato.

—A las nueve llegamos, ¿verdad? —pregunto al conductor, gesticulando.

—*Yes, yes*, a las nueve —contesta.

—Entonces, ya casi estamos —trato de demostrarle que le he entendido.

—No, no. Nueve de la noche.

Sus palabras lapidan mi respiración, pero hay más. Ahora que es de día puedo ver los rostros del resto de pasajeros, y me he debido transformar en el hombre lobo, porque hay verdadero terror en las pupilas de quienes me observan cabizbajos. Reflexiono hasta construir una hipótesis: esta gente, barbilampiña por ADN, va hacia Rakáin, donde los rohinyás musulmanes son enemigo público, y es marzo, y no toco mi barba desde noviembre, por lo que me deben considerar descendiente directo de Bin Laden por mucho que me esmere en sacar las piernas al pasillo para mostrar el *longyi* de cuadros turquesas que me regaló Layla en la isla del Ogro.

La carretera es un harakiri. Sorteamos desprendimientos y fósiles de mamut escuchando cómo ascienden los cantos de sirena desde lo hondo del valle. Myanmar se cae a pedazos, aunque los números digan que lo hace creciendo. Corrupción, desigualdad, infraestructuras precarias y conductores de autobús que manejan los tres pedales con el pie derecho porque reposan el pie izquierdo bajo el muslo de la otra pierna. Cómodo irá, eso sí. Mastica tabaco, lo escupe en la guantera, el velocímetro se empeña en no bajar y algunas cabras, por precaución, evitarían esta ruta.

Pasamos más controles militares. A veces bajamos todos los pasajeros, dejamos nuestra documentación apilada en un balde y esperamos tras la valla a que nos la devuelvan. Otras veces suben los militares con perros y metralletas. A veces un par de soldados se quedan dentro del bus y viajan con nosotros hasta la próxima garita. En un par de ocasiones debo bajar yo solo, pero le cojo el tranquillo y comienzo a disfrutar del infierno. Kyi Ann, el chavalín que vende los pasajes, ha corrido la voz de que soy europeo, no rohinyá, y ahora la gente hace cola para ofrecerme su comida. Cuando anochece ya he preguntado la hora veinte veces a mi compañero de asiento.

—¿Estamos en Sittwe ya? —indago, con esperanza.

—¿Sittwe? No, no, llegará a Sittwe sobre las ocho —dice Kyi Ann, mientras cuenta billetes de kyats.

—¡Pero si son las nueve y cuarto!

—Ocho de la mañana, señor.

No, basta, mátenme; si tan solo no me hubiera llamado señor.

Siento que vivo aquí, en el bus. Pienso en empadronarme en este asiento, el número tres de la fila dos. Hago colegas, pillo rutina. «España es donde corréis delante de los búfalos, ¿verdad?» me pregunta un señor empeñado en que coma junto a su familia cuando paramos en el único restaurante de carretera visto hasta ahora. A pura mímesis, me remango el *longyi* para lavarme los pies antes de comer, se parten de risa, engullo una sopa llamada *mohinga* y mis náuseas imploran porque ojalá no estuviera todo más fermentado de la cuenta, pero no debe ser fácil conservar alimentos cuando no es fácil tener electricidad ni tener alimentos.

A las nueve de la mañana del día siguiente, tras treinta y tres horas de viaje, once *checkpoints* que confirman el estado de excepción en la zona y el serio planteamiento de inyectarme bótox en las nalgas, finalmente llegamos.

—Bueno, tropa, lo hemos pasado bien, pero sintiéndolo mucho, todo tiene un final… —me empiezo a despedir de la gente, de Malung Aye, mi último compañero de asiento, de Song, el conductor, y de Kyi Ann, que ronca de pie, pero se despierta para decirme:

—No, no, Sittwe luego, esta tarde.

Sí, está pasando, quiero llorar; pero no puedo, la deshidratación ha secado mi lagrimal. Miro a Kyi Ann, el azafato, y ya no siento ni amor ni odio ni nada que requiera energía, por lo que el chaval se pasa las siguientes doce horas tratando estérilmente de enseñarme birmano.

Solo llegamos a Sittwe, Kyi Ann, Song y yo. El resto de pasajeros se han ido bajando en los tres mil ochocientos cuarenta y tres pueblos donde hemos ido parando previamente. En la terminal respiro la sinestesia de un ambiente caliente diluido por el frío de la incomodidad. Hay toque de queda a las once y faltan veinte minutos. Conductores de tuk-tuk espolvorean mi respiración con su aliento de ajo, sudor y tabaco. Pregunto por un hostal al que menos insiste y salimos para allá. ¡Rum-tac-tac, rum-tac-tac! El motor pide jubilación. La oscuridad es infinita. «¿Qué tal todo por aquí?» pregunto al piloto, por hacer migas. Me mira con expresión de desencanto y calla. Según cogemos una curva hacia la derecha, se oye: «¡Stop, stop!» y de la negrura surgen unos gritos enfurecidos, muy cercanos, muy intensos. El conductor se altera y acelera a trompicones, aunque luego frena en seco y salgo disparado hasta acabar a su lado, sujetando la mochila con el pie. Me giro para ver qué pasa y grito: «¡Wow!», con un kaláshnikov apuntándome a la cara y el cañón a pocos centímetros de mi ojo derecho. Otro rifle de asalto apunta al conductor. Nos rodean tres militares con los ojos braseados en fuego. Jadean el esfuerzo de venir corriendo. La mano del chaval que me apunta está temblando. Se combinan insultos y recriminaciones. Dos chicos más pasan por mi espalda, esprintando hacia la oscuridad, y un sexto militar esputa su enfado desde la garita. Mis latidos como timbales. Analizo la escena: barricadas, alambre de espino, «*Mingalar*» es la palabra que más repiten. Los segundos caen lentos, pesados, mórbidos. Saco mi pasaporte, me lo arrancan de las manos, llegan más uniformados, uno que parece su superior, por las medallas y por su despectiva forma de tratar al resto, amenaza al conductor y ordena bajar las armas, pero no nos deja continuar. Damos media vuelta y el cancaneo de mis rodillas predice la dificultad de mi objetivo de jugar en los campos de refugiados de Sittwe.

La genética del conflicto se remonta a tiempos del Imperio británico, cuando los colonos trasladaron mano de obra barata hasta esta región de la antigua Burma, considerada entonces una provincia más de las Indias Orientales. Esclavos importados para ejercer como capataces de esclavos nativos. Con el paso del tiempo, esa generación de migrantes forzosos, que incluía musulmanes del actual Bangladés, gitanos del Manipur o hinduistas de Bengala, se asentó en la región, y a ese universo de identidades diversas se les llamó rohinyás, o habitantes de Rohan, que es la denominación musulmana de la región.

En paralelo, la comunidad rakáin, nativa y budista, luchaba por expulsar a unos ingleses que bastante tenían con Gandhi por el otro frente. Así, durante décadas, rohinyás y rakaines convivieron en paz, pese a las diferencias, aunque esa convivencia escondía suspicacias como la dinamita espera su mecha. Hoy, muchos en la comunidad budista se creen más nativos, más puros y más legítimos que los *bengalíes*, como llaman a los rohinyás, de forma peyorativa, quienes son discriminados de forma crónica al serles negada la ciudadanía, la participación política y la libertad de movimientos por el resto del país. Un tanque de gasolina.

La última timba de tiros y cuchilladas forzó la huida de más de cien mil personas, instaladas hoy en campos de desplazados.

Campos para rakaines, capturados temporalmente entre vallas, y campos para rohinyás, hacinados en la miseria del destierro y sin solución en el frente.

—Unos rohinyás raptaron y violaron a una chica rakáin el mes pasado. Por eso empezó todo —cuenta Hayma, una adolescente que vende zumos y frutas al por menor. Ella es rakáin, lo cuentan sus rasgos, su tez y su vestimenta. Quizás por eso omite, o ignora, que los rakaines del movimiento autodenominado 969 salieron a la calle con antorchas y machetes, sacaron a los rohinyás de sus casas, quemaron sus hogares y mataron a los que no supieron escapar.

—¿Tú sabes por qué se llama 969? —le pregunto.

—Wirathu dice que 969 es lo contrario al 786, pero yo la verdad es que de política no entiendo nada —apunta, en referencia al líder del movimiento, un monje budista que predica la necesidad de atacar para defenderse de los rohinyás.

—¿Has dicho 786?

Hayma se hace la longui. Antes me ha contado que va a la escuela entre semana. Quiere ser doctora, y en breve hará la prueba de acceso a la universidad. Si maneja el bisturí como la papaya, tenemos salud para rato. De los rohinyás no le gusta hablar, y cuando vuelvo al tema me mira y niega con la cabeza, dándome a entender que no es el momento.

—¿Tú eres musulmán? —me pregunta un señor delgadito, sentado en el taburete de al lado, aspirando jugo de piña con una pajita.

—No. ¿Y tú?

—Nunca —replica. El tipo me mira con recelo, mete los pies en unas chanclas de plástico y se va pedaleando sin despedirse. Hayma mira alrededor antes de hablar, cerciorándose de que la exprimidora de fruta hace suficiente ruido como para que nadie más nos oiga:

—Si te fijas, en la puerta de los negocios musulmanes siempre pintan el número 786[6]; eso les sirve para identificarse entre ellos… pero es que si sumas 7 + 8 + 6, es 21, y según Wirathu, es el siglo previsto por ellos para ejecutar la yihad, así que hay que estar en alerta —narra Hayma.

—¿Tú sabes si todos los rohinyás están dentro de los campos? —le pregunto, enfilando la idea de jugar en uno de ellos.

—Algunos viven en Mingalar, un barrio de Sittwe, pero no pueden salir de ahí fácilmente.

—¿No les dejan los militares?

—No lo sé, yo creo que nadie ha querido comprobarlo. Seguramente los matarían —contesta, mientras taja una sandía en dos y revela el lugar donde casi nos disparan al llegar con el tuk-tuk.

—Hayma, te voy a pedir un favor. ¿Me prestas tu bici?

—Depende…

—Quiero intentar entrar en los campos.

—¡¿Dentro?, ¿para qué?! —cuestiona, con incredulidad.

—Para jugar al fútbol.

Su cara es un soneto. Nada inesperado. Hace poco entraron unos periodistas y sacaron los colores al Gobierno birmano. Desde entonces no hay acceso para particulares, pero.... «Siempre hay quien te puede colar por una buena cantidad de dólares», afirma Hayma, apuntando a las redes de mafiosa supervivencia que se generan en los campos y que tantas veces deciden quién tiene cigarros, baterías para cargar el móvil o derecho a usar la letrina. No son capos sicilianos embutidos en trajes de raya diplomática, sino muchas veces los propios

[6] Símbolo usado por comunidades musulmanas del sur de Asia para representar la frase árabe «*Bismillah ir-Rahman ir-Rahim*» (En el nombre de Alá, el Misericordioso, el Compasivo) según el *abjad*, un sistema de numerología islámica donde cada letra tiene un valor numérico. La suma de los valores de las letras de esa frase da como resultado 786.

líderes de la comunidad desplazada, bajo la complicidad de operadores de Naciones Unidas, militares o policías que buscan sobresueldos. En los campos de Sittwe, donde el Gobierno niega el documento de identidad a los rohinyás, el registro de entradas y salidas es fácil de manipular y, como resultado, ni todos los que entran necesitan ayuda, ni todos los que la necesitan están dentro. Peor aún, si no te han violentado, no has enviudado, o no han incendiado tu hogar, no eres considerada víctima y no recibes asistencia. Si han matado a tus vecinos a machetazos y tienes miedo de volver, no es suficiente. Come polvo, bebe nubes. Aquí en Sittwe hay madres rohinyás rajándose el brazo para alimentar a sus hijos gracias a la ayuda que sus heridas les confieren.

Suenan tambores en la calle y oraciones por los altavoces. Hoy llega el líder Wirathu a la ciudad y todos van a recibirle. Estruendo de autobuses, carromatos y tractores. Llega el menos pacificador y eso se celebra. La gente grita consignas y menea cencerros. Se va a caer el cielo si no sube la tierra primero. De fondo, los megáfonos rompen el viento, proclamando vítores al odio, y las hordas marchan frenéticas, excitadas, sintiéndose un solo ser que arrasa, que arrasará.

El campo que busco se llama Set Yone Su. Pedaleo varias millas, que es como se miden aquí las distancias, hasta tocar la periferia. La oxidada bici de Hayma es un hándicap. Mi barba también. La asocian con el islam y, a ojos de los demás, o soy rohinyá o soy extranjero y trabajo para una ONG ayudando a los rohinyás. Ninguna opción es buena dada mi situación, rodeado de tipos que sospechan de mí desde el porche de sus casas. Algunos me sonríen cuando mi bici surca su tierra, pero, sin embargo, las indicaciones que recibo no encajan con lo que veo: charcos de lodo, un matadero y el humo negro de neumáticos ardiendo; las bengalas que no dejan ver el partido con claridad. Me siento desubicado y un pelín vulnerable. ¿Cruzo el río?, ¿doy media vuelta? Joder, ya no sé ni cómo volver.

A lo lejos, tras las dunas del terraplén, unos chavales patean algo esférico, blanco y con hexágonos negros, llamado a ser un balón clásico, que pese al tute del tiempo y los arañazos de la grava, me sirve de excusa perfecta para tratar de integrarme en la jarana.

Me meto sin pensármelo, se entusiasman y jugamos un ocho contra diez que en pocos minutos se convierte en todos contra todos. Solo hay una portería, así que nada importa y todo vale. Niños-ardilla incapaces de mantener la atención en el juego, me reptan y trepan por las piernas, los brazos y la nuca. Ninguno me pregunta si soy rohinyá, ninguno teme al barbudo que si se quita las chanclas es para acariciar al balón. Dos niñas tan sucias como felices intentan sacarme los ojos para demostrarme su cariño, mientras los que mejor juegan se alían para defender en formación de águila. No entiendo sus gritos, pero parecen evocar al gladiador Décimo Meridio arengando en la arena del Coliseo: «¡Juntos, juntos! ¡No os separéis!».

Partidito faquir, es un milagro que nadie esté cortándose al pisar los cristales que confinan los bordes del área. Tiramos de acrobacias y, para ellos, ver a un viejo haciendo una chilena debe ser algo entrañable. Están llenos de energía y corazón. Cuando estoy de portero saco alto, altísimo, tratando de recoger asteroides para que niños, niñas y mayores coreen «Uauuuh…» viendo la bola ahí arriba de colegueo con las nubes.

Derrotado por el calor, freno y observo la estampa: chozas, basureros y aguas putrefactas. Pienso: «si esto está así, no me quiero imaginar los campos. Eso tengo que verlo». Se me va el sol y, antes de despedirme, saco el papel donde Hayma ha escrito Set Yone Su, el nombre del campo, con letras birmanas, y les pregunto si saben dónde está.

Todos ríen, señalándome el suelo, la tierra.

Es así. Es aquí. Sin querer, por casualidad, estamos en Set Yone Su. He entrado por las verjas rotas de un descampado lateral y, sin saberlo, hace horas que jugamos en este campo de desplazados rakaines. Tanto jugamos, que Sittwe, hoy, parece un sitio más seguro.

INCURSIÓN POR LA BANDA

—Son los mejores de Asia —dice la señora Pow—. Esta hoja de banano no la encontraréis en India —augura, camuflando su sonrisa tras el humo de sus caladas, mientras enrolla puritos verdes con veloz parsimonia. De porte tabernera, las caderas de Pow cuentan que lo que no ha aguantado ella no lo ha aguantado nadie. Regenta un albergue en Hsipaw, el único hasta la fecha con una conexión WiFi capaz de sostener una videollamada. Mientras vigilo la pantalla, esperando el ring-ring, la señora Pow me prepara otro turulo—. Los *bidis* son naturales —esgrime ella, sosteniendo uno entre los dientes—, ¡y muy buenos!

—Hombre, buenos, buenos... —le rebato.

—Lo natural nunca es malo —insiste—. Aquí fumamos *bidis* a todas horas.

No le faltan ejemplos. La vecina entra por la puerta sin que cargar una pesada olla le impida aspirar su canuto. Me sonríe y me deja de sonreír intermitentemente sin dejar claro cuál es el criterio ni por dónde empezar a buscarlo.

—¡Toma, prueba este! —exclama Pow, instándome al desmayo. Por suerte, suena la notificación de llamada entrante, para alejarme del humo y evitarme la metástasis.

—¡Oye, ¿qué pasa?! —me saluda mi amigo, Jalber, con entusiasmo—. ¿Por dónde andas?

—Por el norte de Myanmar, esperando a una pareja de suizos para cruzar el borde con India.

—Ah, ya saliste de Tailandia, menos mal…

—Sí, estaba turbia la cosa. La última pachanga en Bangkok acabó entre gases antidisturbios y pelotas de goma del Ejército contra los camisas rojas, pero bueno, ¿tú, qué?, ¿todo listo?

—Calla, chato, que me ha dicho el médico que nada de movimiento en ocho semanas —responde, con un acento segoviano que sus años en África no han sabido quitarle—. Eso sí, he leído en internet que si yo lo veo cicatrizado, no hay que esperar tanto.

—Claro que sí, nadie te va a cuidar como Google —ironizo—. Ahora, hay que ver cómo hacemos para llegar al mismo sitio a la vez.

—Ya he mirado vuelos, pero no veas qué hachazo los vuelos a Delhi o Bombay.

—Uf, eso queda muy lejos. ¿Ves factible llegar a Guwahati a finales de marzo?

—¡¿Gujkiaiti?! —exclama, aturdido.

—Guwa… hati. Una ciudad bastante tocha entre Bután y Bangladés. Te tocaría hacer escala, pero así podemos viajar juntos por esa zona, que ahora ya aceptan turistas.

—¿Cómo que ya aceptan? ¿Estaba prohibido o qué?

—Hay movidas de guerrillas, pero nada serio.

—Pues empezamos bien… —augura Jalber, sabiendo que su salto al terreno de juego es irreversible. Me emociona la opción de reencontrarnos justo donde hace una década nos lanzamos a ver mundo juntos por primera vez. Se amotinan los pensamientos, que prefieren parapetarse a fluir. Miro a la señora Pow, amenazante, esperando mi regreso, purito en mano. No tengo ni idea de cómo voy a llegar a tiempo hasta Guwahati, en el esternón de India, pero lo que es seguro es que jugar bien exige tener buenos compañeros de equipo, y Jalber es un fichaje estrella.

Toni y Clo deben estar al llegar junto a la guía-funcionaria birmana que, *a priori*, nos facilitará el cruce hasta Manipur, en el noreste indio. Confío en su puntualidad helvética, y no debería dispersarme en un momento clave del partido como este, pero al final del embarrado camino que circunda la casa de la señora Pow se vislumbra una pagoda atrapada en la ciénaga, y tengo una intuición.

En su interior, monjes envueltos en túnicas de color vino tinto entran y salen con disciplina espontánea. Los hay cargando agua, aclarando el arroz, subiendo piedras y, al fondo del patio, varios monjes jugando con un balón flatulento. ¡Lo sabía! A veces uno siente algo y, aunque no lo ve, está seguro de que existe; el pachanguismo es también una cuestión de fe.

Dos porterías de bambú y una pelota en los pies de un monje chiquitín. Emocionasustados al inicio, acogedores dos minutos después, me integran en el sarao como si llevara aquí toda la vida. No sería capaz de repetir ninguno de sus nombres, y ellos quizás ya hayan olvidado el mío y mi procedencia. Habiendo balón de por medio, sobran convencionalismos y protocolos. Todos rapados, todos vestidos igual, distinguir equipos es fantasía; sin embargo, en la escuadra rival se distingue Buu Sein. Metro cuarenta de altura. Once añazos. Vive acá en el monasterio, pero no lleva toga como los demás. Tampoco tiene pierna derecha. Tal vez fue la polio, quizás una mina; no indago, sería morbo. La muleta es larga como anchas sus ganas. No frena, da zancadas y aletea cual petirrojo; sube, baja, se tira en plancha y se levanta haciendo palanca con la muleta que carga bajo la axila, reforzada con telas para estar más mullida, y donde Buu Sein debe guardar increíbles historias de coraje que ningún libro contará. «¡Aquí, aquí!», grita, pero no se la pasan; ni se inmuta, él sigue a lo suyo, que es jugar por jugar, aunque la suerte, aleatoria en lo cruel, le hiciera sufridor precoz.

La mayoría de los monjes llevan la túnica arremangada, estilo taparrabos de luchador de sumo, pero eso no les resta un mínimo de pericia. Contienda de toma y daca. Chirlo aquí, chicharro allá. Birmanos comiéronse piedra filosofal y muestran alegría eterna al celebrar cada gol, aunque sea del equipo contrario. Lo pasamos gordo. Seguro que Thanh, mi colega vietnamita-cubano de Hanói, no se lo va a creer cuando le cuente que cumplí su petición de jugar en un templo budista.

Buu Sein, en plena carrera por llegar al balón, clava la muleta en un boquete y acaba pegándole a la bola a la remanguillé, saliendo esta despedida desde su tobillo izquierdo hasta las cañas de palma que asoman por encima de la tapia que nos sirve de fuera de banda. Perder el balón no es drama sino motivo de descojono. Incluso Buu Sein se ríe, tirado en el suelo y con la muleta en Kentucky, momento en el que surge el afamado código futbolístico de Hammurabi, que reconvierte la ley del talión en la ley de la botella: el que la tira va a por ella.

Da igual que el lanzador necesite un andamio para saltar al otro lado; si hace falta, como es el caso, los monjes hacen de *castellers* y forman rápidamente una pirámide humana para que Buu Sein salte y coja el balón antes de que se caiga al río Namtu. La escena me recuerda épocas pasadas, cuando los críos occidentales también saltábamos tapias, esquivábamos jeringuillas en un solar y nos raspábamos con las ortigas de la vecina. Poco queda. Se lo llevaron las videoconsolas, el miedo a los extraños y los carteles de *prohibido pisar el césped*.

Aun así, en la calle siguen y seguirán intactas ciertas verdades universales: nadie hace piscinazos, porque no hay árbitro a quien engañar, ni camillero que te atienda, y seguimos sin poder chutar por encima de ese travesaño imaginario definido por la estatura del portero. Las reglas de la pachanga, innegociables y capaces de resucitar la esperanza en un mundo más justo. Un mundo donde una vertebral nos une como humanidad y que vive disfrazada de juego, con las mismas celebraciones, caídas y sentimientos en todos lados. Tal vez haya quien sienta esa conexión a través de la comida, el baile o las nubes; yo lo hago con la pachanga, metáfora de cómo las personas nos necesitamos unas a otras para sobrevivir, porque no sé si jugar mejora o no a la humanidad, pero, al menos, muestra que existe.

Buu Sein asciende triunfante por el vertedero hecho colina y dos monjes le esperan para hacerle pie y auparle de nuevo antes de reiniciar la acción. Jugamos y jugamos, caen sus túnicas, caen las gotas de sudor, caen los prejuicios y la incredulidad; cualquiera diría que jugamos en el mismo equipo desde hace años.

—¡Oye! —se oye un grito desde las afueras de la pagoda—. ¡Nos vamos! —me avisa Toni, de pie junto a un jeep aparcado a la entrada. El momento ha llegado. Con el bajar del sol, tocan las campanas en el comedor y los monjes clausuran el tiempo de ocio para empezar a rular bandejas de aluminio con las viandas que han recogido al alba, recorriendo el pueblo, de casa en casa, cambiando donativos por bendiciones. Recojo pelota. Cierro mochila y encaro la frontera, confiando en poder regatear al último defensor birmano.

*

El cruce de países parece llevar poco tiempo operativo. Pasamos andando sin que nadie nos frene. En la pantalla del teléfono de Toni, un mapa satelital muestra la nada. Frente a nosotros, alambrada de espino y mil kilómetros de bosque seco donde se entremezclan sesenta etnias, quince religiones, opio, heroína y metanfetaminas fuera del radar. Detrás, Myanmar y un adolescente en la torreta de control, con su fusil al hombro dormido.

«Welcome to Manipur», reza un cartel desconchado a las afueras de Moreh, primer pueblo del lado indio. Entramos a pie y hasta la cocina sin defensas que nos salgan al paso. Tras la selva, brota la presencia humana. Los niños corren a refugiarse en las faldas maternas mientras los más ancianos lanzan hipótesis acerca de cuál será nuestro planeta de procedencia. Varios kilómetros después, y con arroz ya en nuestros platos, aprovechamos la entrada de dos militares en la cantina para preguntarle si hay algún tipo de control fronterizo. Uno de ellos, orondo y con lustroso bigote de maharajá, nos pide pasaportes y los atenaza. Su silencio y su gesto de afirmación con el mentón expresan que todo está en regla y que podemos continuar.

—Gracias, pero… necesitaríamos que alguien nos pusiese un sello de entrada en el país —le advierte Clo, aludiendo a cierta ley física por la cual un objeto que no entra, tampoco puede salir. El militar pone cara de pocos amigos y, además, traicioneros. Está en blanco, le duele reconocerlo, y por eso decide llamar con aullidos a otros militares que se habían quedado esperando fuera, para subirnos en su jeep y conducir de vuelta a la frontera.

Pues sí, por lo visto había un puesto de control, pero los agentes debían de estar echando la siesta en la garita. Ahora se hacen los rigurosos: preguntan qué llevamos, cuánto llevamos y para qué lo llevamos. Los perros ladran enrabietados mientras huelen el estuche del ukelele de Toni, que tiene forma de metralleta recortada y donde espero que mi querido rastitas no haya decidido esconder ningún tipo de fumable. Los militares requisan el maletín y lo inspeccionan por fuera, sigilosos como si fuese a explotar. Toni está tan asustado que quizás acabe confesando algún delito anterior. Clic, clac, suenan las pestañas del estuche al abrirse de sopetón.

Nada. Un ukelele.

—¡Pero si ya os lo he dicho! —grita Toni, indignado ante las sospechas. Los perros se calman, incapaces de imputar nada al instrumento, y procedo a escribir mi nombre y mi número de pasaporte en el libro de registros.

—Vaya, apenas estamos en marzo y ya ha pasado mucha gente por aquí —comento a los oficiales, sorprendido al observar que, pese a lo remoto de la zona, hay ya dos páginas llenas de nombres y números.

—¿Mucha gente? —replican los oficiales y comienzan a reírse. Miro la primera firma del cuaderno. La tinta está medio borrada, pero se distingue bien la fecha: 4 de octubre de 1987.

Por aquí no ha pasado un alma en décadas y los codazos de los tipos al descojonarse están tan justificados como su siesta; lo increíble es que estuvieran en la garita. Más verosímil resulta entender por qué los narcotraficantes manejan estos caminos como alfombra roja.

Estamos en pleno Holi, el festival hindú de los colores, y la mezcolanza de gentes lanza nubes de harina pigmentada con colorines al son de la tamborrada y el jolgorio. Hay indios, que nos saludan con un *namaste*; bengalíes musulmanes con su *salam alekum*, adolescentes de etnia kuki soltando *hellos* y algún que otro *tachagueri* en boca de las gentes meiteis. Todas juntas, revueltas, resumiendo el estado de Manipur en una simple callejuela. Saco balón, desfase, Mikasa multicolor y chuts sin sentido fundidos entre un *pantone* de polvos malvas, verdes y amarillos.

A falta de viento y con necesidad de sombra, acabamos depositando los bártulos en el Sangay, una mezcla de motel, restaurante y ninguna de las dos. Un pasillo sin luz, una señora haciendo como que pasa la fregona y Tarsim, el dueño, revisando unas facturas. Dice que somos sus primeros huéspedes extranjeros, por lo que tiene la deferencia de colocarnos en una habitación triple que está pidiendo eutanasia. Toni se sumerge entre sábanas a sudar una fiebre que le tiene hecho un higo, y junto a Clo, que se declara artista medioambiental aunque no sé muy bien lo que significa, decidimos echar una mano a Tarsim pintando un letrero para colgar en la puerta del motel. Tardamos poco en venirnos arriba y dibujar cuatro estrellas junto a un logo *fake* de Tripadvisor que, quizás, le catapulte a la fama. Tarsim, encantado con el fraude, desparrama hospitalidad, comparte historias y *chai masala*, bebida en la que se mezclan té, canela, jengibre y cardamomo.

—No es fácil manejar todo esto solo —afirma él, mientras me radiografía con sus ojos diminutos.

—¿Tienes familia? —pregunto.

—Mi mujer y mi hijo viven en Imphal, pero no pueden venir aún —suspira—. En realidad, no quiero que vengan. Hay que esperar a que las cosas se calmen. Ahora Moreh es demasiado peligroso —revela, alzando la mirada por encima de sus gafas al aire.

—Entonces, ¿por qué montar un hotel precisamente aquí?

—Es temporal. Pronto voy a comenzar un buen negocio: comercio de gemas preciosas.

—Pero ese mercado está ya controlado por mafias… —apunto, regalándole ese comentario de cuñado que Tarsim tanto necesitaba. Él sonríe y calla. Es meitei, etnia mayoritaria en la región, aunque a él le gusta decir que es manipuri. Lleva chándal de táctel con manchas de cal, está delgadísimo, sus codos parecen estalagmitas que brotan gota a gota por la finura de sus brazos. Cuando anochece me invita a acompañarle por callejones repletos de moscas y vacas famélicas postradas sobre aguas negras. La calle es silencio de tanatorio. Con los nudillos, hace sonar un ventanuco de madera por el que aparece una mano. Botellita de whisky para mí. Trescientas rupias para ti. «Ven, sígueme…» susurra Tarsim, apelándome a trepar por unas escaleras de caracol que desembocan en la azotea de una casa en construcción. Tarsim abre la botella y me sirve en un vasito de plástico. No hay paredes, solo columnas a medio construir y varillas de acero reforzado que salen disparadas por todos lados. Desde aquí se contempla todo Moreh. Poca luz para tanto mosquito. Tarsim cuenta que antes de llegar los colonos, Manipur era un reino.

—Los británicos destruyeron todo a base de disparos y de evangelistas cristianos.

—¿Mucha gente cambió de religión?

—Mucha. Las tribus vivían aisladas en las montañas, sin educación y sin noticias del resto, así que, cuando llegaron los primeros misioneros, creyeron que eran verdaderos enviados del cielo —explica Tarsim—. Pero en realidad, como los indios, venían del infierno.

Tarsim es un libro abierto. Detalla cómo, tras el triunfo de India en su lucha emancipadora, las comunidades musulmanas reclamaron su independencia para dar vida a Pakistán Oeste, actual Pakistán, y a Pakistán Este, hoy Bangladés. Manipur corrió peor suerte. Tras lograr recuperar su histórica autonomía, un año después, en 1949, el neo-Gobierno de Delhi evaluó el potencial estratégico de los llamados territorios del noreste y decidió invadir todas las regiones fronterizas con China, Tíbet, Bután y Myanmar.

—¡Se lo quedaron todo! ¡Los rubíes, las esmeraldas…! —Tarsim habla desde la rabia, mientras rellena una y otra vez mi vasito y él bebe directamente del tapón de la botella, recordando cómo el Ejército de India arrasó Manipur. Un rey destronado, cientos de miles a las fosas y un nuevo estado, el número 28, para la India.

¡Bip-bip!, suena la llegada de un mensaje al teléfono de Tarsim. Da otro sorbo al licor y se limpia el cristal de las gafas con la camiseta antes de leer la pantalla.

—Da igual con quién hables —me advierte—. En Moreh convivimos musulmanes de Bangladés, hindúes manipuris y muchísimas tribus cristianas, pero todos queremos la independencia.

—Pero ¿qué tipo de independencia, Tarsim? A ver si es que cada uno quiere la suya…

—El problema son los cristianos; los kukis —responde, sin responder realmente—. Viven en las montañas, donde los tanques indios no pueden llegar. ¿Los has visto?

—¿A los kukis?

—¡No, los tanques! Patrullan día y noche —dice, señalando con el dedo la calle principal del pueblo por la que un par de soldados caminan con paso firme hacia la oscuridad—. Aun así, no pueden evitar nuestros ataques.

Hace tres semanas explotó una bomba en Moreh provocando la muerte de dos soldados y tres civiles, aparte de muchos heridos. ¡Bip-bip!, llega otro mensaje al móvil de Tarsim. Ahora es cuando el whisky me envalentona a preguntarle por su posible implicación en esos ataques, pero no estoy seguro de que me esté escuchando, porque está demasiado concentrado en su móvil.

—Escucha, se está preparando algo —anuncia preocupado—. Las milicias bajarán temprano desde las colinas, así que mañana será mejor que no salgas.

—Pues, por la mañana iba a jugar al fútbol en un campo que he visto junto a la escuela, y por la tarde tengo que ir a Guwahati para recoger a un amigo que viene desde España.

—Imposible. No podrás viajar.

—Y tú ¿cómo consigues esa información?

—No es lo que piensas.

—¿Y qué es lo que pienso?

—No lo sé —Tarsim se excusa con la mano, antes de subirse las gafas y bajarse otro tapón—. Pero yo ya me cansé de pagar esta guerra.

—¿Eso significa que ya no crees en la lucha o es que se te acabó el dinero? —pregunto a las bravas, noqueado por un licor que me está haciendo leña.

—El dinero no es el problema —aclara—. Siempre podría pedirlo, o contraer deudas con la guerrilla —Tarsim hace una pausa para leer un nuevo mensaje de texto y prosigue—; pero el precio más alto es caer en la lista negra.

—¿La lista negra de la milicia?

—No. La de los indios. Ellos saben quién apoya la lucha y quién no, y yo ahora no puedo arriesgarme. Necesito que el Gobierno me dé la licencia para el motel y necesito tranquilidad para traer a mi mujer y mi hijo. —Sus ojos son dos botones chiquitos, que asumen su incapacidad para ser matones—. Es complicado —asegura, moviendo el dedo índice como negación—. Cuando no me amenazan unos, me amenazan los otros. Los indios me quieren como informante y las tribus me piden colaboración. La guerra es una maldita trampa.

Tarsim expresa la crudeza de un conflicto donde permanecer imparcial no es una opción. Bajamos a por la segunda botella de whisky. Mientras esperamos la mandanga, por nuestro costado pasan convoyes militares con la ametralladora en lo alto de la tanqueta. Apuntan sin querer evitarlo; beligerancia psicológica.

—Juegan con nosotros —se calienta Tarsim, más borracho que sereno, cuando volvemos a los taburetes de la azotea.

—¿Alguna vez disparan?

—Esta es una guerra sucia —dice, comprobando el teléfono que había dejado cargando junto a un cable que suelta chispazos—. Cada vez que sufren un ataque, se vengan.

—¿El Ejército?

—Sí. Semanas después de un ataque siempre hay alguna explosión en zonas bulliciosas, como mercadillos o estaciones de autobús, pero nunca hay militares entre las víctimas. Sabemos que es el Ejército.

—Es una acusación difícil de demostrar, ¿no crees?

—Para nada. Las tribus siempre reclaman la autoría de lo que hacen; al fin y al cabo, reivindican una causa —explica—. Además, los kukis jamás atacarían a su gente. Somos manipuris. Pero los medios culpan a los guerrilleros y la gente en India se lo cree. No entiende que hay intereses —resopla, chocando sus rodillas entre sí para ahuecar el chándal y la tensión—. ¿Tú quién crees que ha pagado la carretera que viene desde Myanmar?

—¡¿Cuál?! ¿La que pasa por Mandalay? Pues alguien muy cabrón… —replico, aprovechando para desahogarme.

—India quiere controlar el comercio de gemas y maderas nobles; por eso está todo tan militarizado—. Tarsim habla sin quitar ojo a su teléfono que recibe mensajes de texto a ritmo de adolescente enamorado—. Mañana viene Kumar Paokai, un parlamentario de Delhi, a hacer sus negocios.

—¿A por mercancía?

—Claro. El opio que sale del estado Shan, en Myanmar, es sintetizado en laboratorios del sur de China y llega hasta aquí listo para su venta —detalla él, sin inmutarse—. Kumar Paokai controla buena parte del mercado y cuando viene a Manipur se cortan las carreteras para evitar emboscadas.

—Ah, pues fantástico —ironizo.

—Aún no se sabe si vendrá en helicóptero o en coche blindado, pero, hazme caso, será mejor que te quedes aquí en el motel.

—¿Qué pasa? ¿Se prepara algún ataque? —pregunto.

—Puede ser —responde Tarsim, esbozando una sonrisa de complicidad y amenaza.

—No jodas, Tarsim, lo sabes seguro.

Su boca calla lo que sus ojos braman. Brindamos vasito contra taponcito y cerramos el telón. Gracias, whisky, por ser capaz de naturalizar cualquier conflicto. Tarsim se levanta, se acerca, me sujeta la cara entre sus manos y dispara:

—Manipur no es India. Estamos ocupados, pero a nadie le importa.

*

Por la mañana, me disfrazo de futbolista, cojo la pelota, encaro el pasillo y abro la puerta del motel Sangay para encontrarme de bruces con una calle convertida en horno de leña. Neumáticos en llamas dibujan un bosque de humo. Gente a gogó. Gritos a granel. Dos tanques custodian la avenida por el norte y por el sur. ¿Pachanga? Yo lo veo.

Cuatro criaturas, entre los diez años de edad y los cincuenta de experiencia, me sonríen lo suficiente como para tirarles un pase a ver qué surge. No hay equipos ni objetivos claros, pero cruzar la bola de lado a lado de la calle, esquivando las piras de fuego, ya es un reto en sí mismo.

—Eso es peligroso, señor —me dice, con cierto pudor, la señora que ayuda a Tarsim con la limpieza del motel. Lo del fútbol en estas circunstancias le parece un poco excéntrico. Me pide que me esconda en el motel, por si vienen los soldados indios, ya que aún no tiene licencia para alojar extranjeros.

Según los críos, el Ejército indio ha interceptado las comunicaciones de los rebeldes manipuris y ha detenido a varias personas a primera hora. Es difícil saber si el delito es chatear por SMS o planear un atentado, pero Tarsim es uno de los detenidos. La gente ha salido a protestar. El parlamentario Kumar Paokai, al que se refería Tarsim, sigue en la zona y la carretera estará cortada hasta que salga del estado de Manipur.

—Hay toque de queda a las siete de la tarde —advierte la señora, que daría lo que fuera porque yo estuviera enfermo y encerrado en la habitación como Toni, el suizo, que sigue febril y cadaveroso. Lo que ella no sabe es que mañana llega Jalber a Guwahati, que siempre hay una alternativa y que, si el Ganges fluye, fluiremos.

A través del dueño de la licorería de anoche, que es el padre de uno de los muchachos con los que juego a las afueras del motel, consigo el contacto de Rafik, un transportista que regatea precios con destreza maradoniana hasta acordar la tarifa por la que promete llevarme hasta Imphal, la capital del estado de Manipur.

—Saldremos esta noche —anuncia el que será mi conductor, con semblante serio, turbante de pitoniso y una limitadísima capacidad para transmitir confianza—. Tranquilo: iremos por caminos rurales —aclara, como si yo esperara la construcción de una autovía para nuestra fuga. Cerrado el trato, vuelvo a reunirme con el grupo de chavales para reiniciar el pachangueo, pero se nos acaba pronto el invento cuando un par de soldados enclenques, sudados y con cascos de antidisturbios, nos piden que dejemos de jugar al fútbol en plena calle. La gente les increpa y hay quien les lanza botellas de vidrio mutadas en antorchas a base de tela, alcohol y chispa. Salimos pitando, entre murmullos y cascotes, mientras me consuela pensar que la verdadera lucha en Moreh es defender la libertad de pachanga.

Desplomada la noche, me despido de Toni y Clo, que van a esperar unos días en Moreh hasta que se calme el temporal, y prometemos vernos en Suiza algún día, aunque los tres sepamos que las promesas de reencuentros entre viajeros tienen más de diplomacia que de realidad. Cuando me subo al coche, un Tata de color granate, tengo miedo, pienso en Jalber y me encomiendo a la luna para que nos ilumine el camino. «Toma, tápate» me ordena Rafik, pasándome una apestosa manta llena de polvo y serrín. «Pase lo que pase, no hables» advierte, en cuanto salimos a rodar.

Sus ojos abombados, huevos de avestruz al borde de sus cuencas, impiden distinguir si está tranquilo o asustado. Conducir, conduce a toda leche. Da igual que yo no haya dicho una sola palabra desde que hemos salido, cada vez que asoma una luz a lo lejos, Rafik implora: «¡Silencio!».

Nos paran dos veces en la primera media hora. Rafik disimula tan bien como negocia los precios; un profesional. Junto a la llave del coche cuelga una cadenita con la mano de Fátima, símbolo de protección utilizado como amuleto en zonas de influencia musulmana. Quizás eso es lo que lo salva. Si fuera kuki y llevara un crucifijo cristiano, otro gallo cantaría. En todo caso, lo que sí canta es un olor a eructo de curry que me tiene anestesiado, logrando inhibir mi sensibilidad a los batacazos que sufro en cada bache. «¡Que te tapes!» insiste Rafik cuando vigila a través del espejo retrovisor cómo paso la noche camuflado bajo esta manta.

El sol asoma cuando llegamos a Imphal. «Ahí cayó una bomba hace poco» me indica Rafik, en una extraña forma de despedirse, antes de dejarme tirado en la estación de autobuses. Las personas van con prisa, como si no quisieran mirar el lugar. No hay tiempo que perder. Trazo líneas, compro billetes y, dos autocares y una furgoneta después, me planto en Guwahati, la capital del estado de Assam, en el sitio acordado y a la hora acordada para recibir al nuevo fichaje.

—¡Jalber! —grito desde el aparcamiento, al verle salir del aeropuerto.

—Pero ¡bueno! ¡Qué pintas de comeflores llevas! —Jalber coge mi abrazo y lo fusiona con el suyo—. No sé yo cómo acabará todo esto, pero aquí estoy, ¡liándome la manta a la cabeza!

—Calla, tronco, ni me hables de mantas…

—¿Y eso?

—Nada. Ya te contaré. Es que he pasado una noche inolvidable.

—Pasar, han pasado diez años… —dice Jalber —y aquí estamos de nuevo, en la jodida India.

No sé si brillan sus ojos o es el reflejo de los míos iluminados por la llegada de este mediocentro segoviano. Conocí a Jalber en la universidad. Conectamos rápido. Un año después estábamos juntos, como voluntarios, en una región de Turquía afectada por un terremoto. De ahí vinimos a la India, con ganas de entender el mundo, aunque fuera un poquito. No lo conseguimos, pero aquella miseria nos dejó de hielo, o nos derritió; es difícil discernir. A partir de esa experiencia decidimos dedicarnos al mundo humanitario y, desde entonces, hemos ido de país en país, cada uno por su lado; hasta ahora, que pisamos el freno para jugar juntos de nuevo en este partido. Dos machitos blanquitos con la suerte de poder viajar solos, buscando rincones donde parezca imposible poder jugar, sin miedo a ser deportados, violados ni arruinados. No es poca cosa.

—Estamos igual, ¿no? —pregunta, sonriendo.

—¿De bien o de cascados?

—De lo que sea, porque tú estás tísico, chato. ¿Y esa barba de vagabundo? —dice Jalber, con su peculiar forma de halagarme—. Parece que te han tenido secuestrado.

—Pues, no es que todo haya sido un camino de rosas, pero lo serio está por venir.

—No quiero ni saberlo —ironiza él.

—Hombre, de momento, no te quejarás del sitio al que te he traído.

—Esa es otra; vaya asco de ciudad, ¿no? —apunta Jalber, con razón. Ninguno necesita ser experto en ordenación del territorio para adivinar que Guwahati fue un primer boceto de quien diseñó el infierno. Polvo, minas de basura, cláxones, escupitajos, vacas agonizantes, alcantarillas sin tapar, cables chispeantes y cuervos, circundándonos con su belleza mientras mordemos un par de mangos para desayunar sentados en el suelo de un descampado tras la estación de tren.

—Bueno, ¿entonces qué? —pregunta Jalber—. La idea es ir jugando al fútbol con la peña, ¿sí?

—Correcto. Pero lo del fútbol es solo una excusa; una forma cualquiera de conectar con la gente —aclaro—. Imagina que el viaje es como si estuviéramos jugando un partido enorme, donde el mapamundi es el campo y cada vivencia, una nueva jugada.

—¿Como un partido en *Oliver y Benji?* —sugiere Jalber—. Porque ahí se pegaban una semana entera para pasar de medio campo.

—Pues esto es mucho peor. Podemos tardar días en dar un simple pase, y varios meses hasta llegar al área rival. Pero llegar, te prometo que llegaremos.

—¿Y cuando no haya con quién jugar?

—Nah, siempre hay. Mira el balón, nuevito; si es que nunca necesito sacarlo de la mochila. Siempre, en todos los lugares, hay peña jugando. Yo normalmente llego a un sitio, me uno a un partido y, cuando me voy, ahí siguen, dando patadas, contándome que no hay nada más universal…

—Ya, mucho sabes tú… —replica Jalber—. ¿Sabes lo que decía el Quijote?

—A ver, dime.

—Que quien lee mucho y anda mucho, ve mucho y sabe mucho.

—Eso creo que lo dijo Sancho —puntualizo.

—¿Tú te lo has leído?

—Yo no. ¿Y tú?

—Tampoco —confiesa Jalber.

—Pues si tanto nos falta por leer, mucho habrá que andar.

CÓMO COLOCAR LA BARRERA

Avanza el partido; jugamos en Calcuta, Odisha y Andhra Pradesh. Las realidades del terreno indio nos patean en la espinilla con su crudeza y, pese a no haber llegado aún al descanso, ya han surgido ampollas, amebas y anhelos en el cuerpo. Lo que ha desaparecido es aquella sensación de estar jugando solo contra el mundo. Tener a Jalber al lado, cubriéndonos las espaldas mutuamente, está logrando convertir la tangana índica en una simple escaramuza, aunque eso no quita nuestro vértigo al futuro, al cómo, el dónde y el con quién jugaremos mañana.

—Pero ¿tú has visto cómo nos mira el amigo Lawrence? —advierte Jalber mientras se viste, en referencia al dueño de esta *decrepitétrica* pensión de Mumbai—. Me da yuyu. Tengo la sensación de que nos está espiando.

—Pues tendrá el Google Translate echando humo —bromeo, quitándole hierro al asunto. Por los pasillos, pálidos y con luces de neón a intervalos, resuenan los suspiros del hombre, que cada pocos minutos ronda la puerta de nuestra habitación. Nosotros, decididos a salvar toda pelota que quiera ser jugada, escapamos del hostal sin dilación y aparecemos en medio de un plató de rodaje lleno de taxis negroamarillos y conductores gritando como toros salvajes. ¡Esto es Bollywood! ¡Cinco y acción!

El lugar es una bomba activada y lista para estallar. Brincos y ciscos armando la de Dios es Cristo en este circo de mercados vivos revoloteando compulsivos a nuestro alrededor. Celebración diaria, sórdida y desesperada de la existencia humana. Suena el caos y la miseria en este correcalles por donde trotan los carromatos tirados por hombres que ejercen de caballos. Bandas de pulgas custodian las ronchas de sarna de perros callejeros bañados por el agua que brota de sus bombas de mecate. Vendedores ambulantes acosan sin freno: unos ofrecen marihuana de orégano y otros venden palos de selfi al por mayor. Nos timan, nos soplan, nos rifan, nos inflan y deshinchan hasta llegar a un puesto de zumos donde moscas kamikaze se aparean sobre trozos de sandía. «¡Para vosotros solo quinientas rupias!» grita un señor de bigotazo, ofreciéndonos descuento sin especificar qué artículo nos trata de vender. Mumbai es infinita, playa cochiquera, mar de nitratos y niñas rogando monedas por oficio. Cuatro vacas pastan a las puertas de la catedral de San Pablo, jóvenes con gomina y corbata salen sonrientes por las puertas giratorias del Citibank y entran a tomar capuchinos en el Starbucks que impera en la plaza, a diez metros de un mocoso que rellena su botella con el agua de un charco. Paren el mundo que me bajo. Y si no para, ya intentamos subirnos nosotros, en este caso, a un tren con destino a Dharavi, el suburbio más grande del planeta. Escena cinematográfica, esprint por andén, locomotora sin frenos, brazos como lianas extendidas desde el techo del convoy, ofreciendo auxilio en esta romería de codazos, pisotones y flemas con yogur de coco. Enganchamos antebrazos y nos elevan hasta una azotea con más brisa que espacio, a puro rescate en alta mar.

Algunos estudios afirman que las personas indias son las más curiosas del planeta. Miradas de piñón fijo sodomizando cualquier intimidad. Quienes hablan, interrogan cada uno de nuestros poros de extranjeros bajo sospecha de excesivo exotismo:

¿Estás de viaje?, ¿por dónde? ¿Te gusta India?, ¿cuánto?, ¿mucho? ¿Tienes hermanas?, ¿es guapa?, ¿casada?, ¿edad?, vaya, demasiado mayor. ¿Quieres dulces?, ¿no?, ¿por qué? Prueba, venga, come uno…

Abajo, en el interior del tren, son casi todas mujeres las que ocupan los asientos. Romántica deferencia para camuflar la triste exigencia de separar sexos o, mejor dicho, la necesidad de apartar a un sexo del otro. Preguntamos a nuestros compañeros de viaje sobre el tema.

—Está mal, pero se han endurecido demasiado las leyes —dice Salam, que cada día va y viene del trabajo sobre el techo del convoy—. Ahora hay pena de muerte para los violadores —sentencia, acalorado bajo un suéter que no necesita. Debe rondar los treinta, tiene un poquito de barba, o césped mal cortado, y el pelo largo y enmarañado. Lleva pantalones de pintor y fuma *bidis*, unos cigarros finos y verdositos que provocarían la risa de la señora Pow y sus purazos birmanos. Salam cree que el motivo de todo es la vestimenta de las chicas—: Van muy ligeras de ropa. Las universitarias, por ejemplo, van a clase en minifalda, con camisetas pegadas, maquilladas…, y los chavales, analfabetos venidos del campo, pues no se pueden aguantar. Quiero decir, que algunas van provocando.

—Pero eso es ridículo —le rebato.

—No me malinterpretéis. Las mujeres son muy útiles, pero es que no conducen, no comercian… —añade Salam, tratando de explicar la principal avería de la humanidad como si fuera un problema de fabricación—. En todo caso, lo de las violaciones es un problema menor y ya está controlado por las autoridades. No os preocupéis —nos aconseja un Salam cuya opinión puede ser más representativa que anecdótica. Cada viajera sola que nos encontramos por el camino nos cuenta que ha sido acosada de una u otra forma. En el metro hay zonas separadas para hombres y mujeres. En el tren, varios paneles informativos muestran números de emergencia para llamar en caso de hostigamiento. Oficialmente, cada veinte minutos una mujer es violada en India. En Europa se denuncia una violación cada seis horas. Habrá quien se complazca de estar cinco horas y cuarenta minutos más civilizados que en India.

Nos bajamos en Matunga, una parada sin bancos ni andén. Los críos hacen caballitos con bicis destartaladas para impresionar a los forasteros ante el interminable muro que delinea el océano de chabolas.

—Esta es la Gran Muralla de Mumbai —dice Salam, que vive aquí junto a sus padres, su mujer y sus cuatro niños—. ¿Qué sentís al ver esto? —pregunta, retóricamente, frente a chiquillos que hurgan en la basura sobre la vía del tren—. India ha invertido cien millones de dólares en mandar una sonda a Marte. ¿Qué esperan encontrar? ¿La vacuna del hambre? Esa ya está inventada.

—¿Qué decirte? En España hay gente que lanza tomates por diversión —contesta Jalber.

—Me estáis tomando el pelo —replica él, entrecerrando los ojos de forma mística.

—Te lo prometo. Es una fiesta llamada Tomatina, y se hace todos los años.

—Aquí eso es impensable. No podemos jugar con la comida.

—Pues entonces, ¿a qué jugáis? —pregunta Jalber, buscando su dosis de pachanga.

—Venid —anuncia Salam, haciendo ademán para que le sigamos. Atravesamos un microcosmos de sonrisas y miseria material hasta llegar frente a una tapia de chatarra—. Espero que no os moleste el barro —dice nuestro guía, cuando el lodo ya nos cubre hasta las pantorrillas.

—De aquí salimos en helicóptero —avisa Jalber.

Tras los paneles metálicos, un grupito de siete chavales corren tras una bola pequeña y granate. Uno de ellos lleva un bate de madera que confirma la inexorable tragedia.

—¡Lo sabía! ¡Sabía que este día llegaría! —se lamenta Jalber, dispuesto a saltar el muro de chapa mientras sus playeras cantan «chof, chof» al despegarse del fango—. Puto críquet —añade, sutil. Salam no juega, de hecho, le perdemos de vista.

—Qué cabrón, seguro que él tampoco entiende las reglas —apunto, mostrando mi apoyo a Jalber. No es que tengamos nada en contra de ninguna disciplina deportiva, pero hace semanas decidimos que un deporte que se juega con pantalón de pinzas y jersey de pico no es deporte. En cualquier caso, aquí vamos todos muy andrajosos, así que hacemos la vista gorda y nos integramos en el meollo.

—¿Vosotros qué pasa? ¿No jugáis? —pregunta Jalber a tres chavalines que miran desde una esquina.

—No nos dejan —contesta el de la camiseta naranja, que se llama Tuk. Los otros dos se llaman Virah y Atma. Ninguno tiene más de doce años, visten igual que los demás, con manchas, agujeros y jirones, hablan hindi y se entienden entre ellos, pero algo falla para que no estén jugando juntos.

—A ver, ¿qué pasa? ¿Por qué no pueden jugar?

—¡Dalits fuera! —grita el del bate, un mofletudo con cara de consentido, aludiendo a la estirpe de los otros como causa del rechazo. Las personas dalit, también conocidas como intocables, son tradicionalmente excluidas de un sistema de castas que, pese a ser ilegal, aún impera en la sociedad. Curiosamente, el principal redactor de la Constitución india, Ambedkar, era un intocable, pero esa igualdad de las personas ante la ley no evita que en determinadas zonas del país millones de dalits sigan sin poder compartir estancias, fuentes ni sombras con personas de castas superiores, y que uno de sus oficios tradicionales siga siendo recoger excrementos, como los niños dalit que se encargan de limpiar los váteres en la escuela, por ser dalits y porque pocas niñas dalit van a la escuela.

—A lo mejor no quieren que sus familias les vean juntándose con parias —sugiere Jalber.

—A ver, amigo, ¿no es mejor que juguemos todos juntos? —pregunto, sintiéndome ya más criquetero que el príncipe de Gales.

—No, ellos no juegan —dice el dueño del bate, negando con la cabeza.

—¡Venga, ya! —Jalber finge enfado—. Esto es una pachanga, aquí jugamos todos o ninguno —advierte, ante el conato de *apartheid*. Los chavalines se miran entre ellos, haciéndose los remolones, hasta que Jalber coge al crío por los sobacos, le pilla el bate, le pasa la bola a Atma y le invita a tirar—: ¡Va, dale! —creyendo que con su acto, al límite de lo legal, va a romper milenios de cultura segregativa. La cosa funciona, porque todos, dalits y no dalits, se parten de risa al ver a Jalber en posición de bateo, con el culo en pompa y la mirada de tigre enjaulado—. ¿Ves qué fácil era? —se reafirma, con el bate a la altura del hombro y dispuesto para el golpeo.

—Usted no ha jugado nunca al críquet, ¿verdad? —le pregunta el flaquito, Tuk, mientras le corrige la posición del bate—. Esto no es béisbol, señor.

Jalber frunce el ceño y se ajusta el pantalón con sonrojo.

—Que ya lo sé, chaval —se defiende Jalber, ante las carcajadas de los demás.

—¡Déjame a mí! —exclama Virah, descalzo y con un precoz bigote freddymercuriano, mientras le roba la pelota a Atma y se dispone a lanzar. Aire de duelo. Jalber le reta con la mirada. Virah amasa la pelota como albóndiga que carga el diablo. Las vecinas, acuclilladas, contemplan la escena y se ríen desde la puerta de sus chalets de adobe y paja. A mí me piden que me salga fuera del *pitch*, que debe ser el área de bateo, para asegurar que no jodo algo llamado *wicket*, que parecen ser los palos de madera que hay que intentar derribar con la pelota.

—O sea, que básicamente no hago nada, ¿verdad? —pregunto, para confirmarlo y quejarme a la vez.

—Te lo dije: no es deporte —suelta Jalber, antes de estirar el brazo y batear tan maravillosamente que cuela la bola por una ventana con precisión quirúrgica—. ¡La que he liado!

—Bueno, al menos no había cristal… —trata de consolarle Virah, que se saca una pelota de tenis de no se sabe dónde y reanuda el jaleo confeccionando equipos mixtos de castas y reencarnaciones. Se difumina lo sagrado a través de un simple juego. Quizás, las castas no sean tan rígidas ni tan endémicas de la India, pues en toda sociedad hay muros invisibles estratificando aristócratas, proletarios, campesinos y marginados para condicionar la existencia, como un sistema de castas, aunque nadie lo llame así.

—A ver si esta vez lo hago mejor —masculla Jalber, viniéndose arriba ante la sorpresa del resto, que pasan del asombro a negar con la cabeza—. ¿Y ahora qué pasa? —pregunta él, contrariado.

—Está *out*, míster —le anuncia el dueño del bate, quitándole el madero de las manos y preparándose para batear él mismo, ahora que ya no repudia a los dalits, pero sí a Jalber.

—Vaya broma, chato, ¡si es que ni siquiera se corre! —Jalber se indigna y ellos, todos, se tronchan de risa tan juntos que parecen siameses. En cualquier caso es vergonzoso que los supuestos inventores del *football* decidieran exportar el críquet durante sus colonizaciones.

Juegan, ganan, pierden, ya nadie se acuerda del origen ni del destino. Es inevitable que tras seis lanzamientos, dos carreras y una pelota perdida allende los lodos, en un rinconcito de Mumbai haya quienes se olviden de las consignas parentales que les prohíben juntarse entre sí. Cuando nos vamos, ahí se quedan, bateando juntos, convirtiendo el linaje en anécdota.

EL PASE DE LA MUERTE

Tras casi medio centenar de pachangas jugadas en canchas indias, llegamos a Delhi con lindas memorias y los isquiotibiales para hacer consomé. En Bhopal, los seguratas de Dow Chemical nos quitaron el balón mientras jugábamos entre los reactores químicos de su ya difunta fábrica de pesticidas[7] y, una semana después, el Dalai Lama declaraba no tener tiempo para dar unos toques con nosotros en su palacio de Dharamsala. Además, Jalber ha perdido su pasaporte en la frontera con Bangladés y mi visado para permanecer en India caduca mañana, lo que me obliga a subir en solitario hacia el mediocampo nepalí.

—Piedra, papel o tijera… —enuncia Jalber, sacudiendo su puño derecho.

—¡Papel! —proclamo, envolviendo su puño con la palma de mi mano—. ¡Me lo llevo!

—Pero no decías que no querías cargarlo…

—Ya, pero lo he pensado mejor y hoy toca pachanga ferroviaria —replico recogiendo mi premio del suelo para meterlo en mi mochila. El balón se viene conmigo.

—¡Venga, dale, que no llegas! —dice Jalber, abrazando nuestra despedida.

Voy con el agua al cuello. Son las 19:55 cuando salgo de casa de María, una antigua amiga de Hanói, y enfilo el portón

[7] Allí, en 1984, una fuga masiva de isocianato de metilo liberó gases tóxicos que causaron la muerte de miles de personas y afectaron a más de 500 000, en lo que se considera uno de los peores accidentes industriales de la historia.

de salida de Nizamudin, una villa residencial solo accesible para ricachones y expatriados de Naciones Unidas, valga la redundancia. Objetivo: cazar un tuk-tuk, atravesar Delhi de norte a sur y llegar a la Estación Central antes de las 20:30, cuando tiene prevista su salida el tren hacia Gorakhpur, en la frontera con Nepal.

Pasan pocos tuk-tuks y todos van ocupados. Me enciendo uno de esos pitis proféticos que hacen que las cosas sucedan justo cuando vas a dar la primera calada. Se cumple el augurio y engancho un mototaxi al instante. El conductor va de liberado sindical, quiere pactar el precio antes de iniciar la carrera, y yo, nervioso, me muestro más dispuesto que nunca a bajarme los pantalones, lo cual desvirtúa bastante la negociación del convenio. Atasco, noche, lluvia, drama, combo infinito de cláxones, frenazos y adelantamientos. Sudo. Soy reloj de arena entre Karpov y Kasparov. El conductor se solidariza con la causa y se sube a la acera, donde también hay atasco, pero menos, y acelera driblando contrincantes sin miedo al qué dirán.

Tres mil palpitaciones después, llegamos al destino, derrapa, pago, me insulta, pago más, me vuelve a insultar, forcejeamos por la mochila y confieso que estoy tan cansado de India como quizás ella de mí.

La estación es una olla llena de caracoles y agua hirviendo; todo es lento, pero nada está quieto. Son las 20:26 cuando trato de esprintar maldiciéndome por llevar chanclas. Me meto en un andén cualquiera:

—Perdone, ¿este es el 16? —pregunto.

—No, este es el 7. El 16 está al otro lado. Tienes que cruzar aquel puente por encima de las vías —me contesta un señor al que decido proclamar jefe de estación por su visera negra y las hombreras ochenteras bajo su chaqueta de paño. El reloj de la estación marca las 20:29. Queda un minuto. Estoy fuera. Lo pierdo. No puedo. Este tren me necesita tanto como yo a él. El partido está en juego. Perderlo supondría no salir del país a tiempo antes de que expire mi permiso de estancia en India, arrastrándome hacia una espiral de papeleo terrible para evitar el calabozo mediante el pago de una abultada multa y las correspondientes mordiditas al funcionario de turno, a la espera de que un milagro me permita seguir el envite.

En paralelo, y por desgracia, a Jalber aún le quedan muchas súplicas que hacer hasta conseguir que le estampen un nuevo visado en el pasaporte que, antes o después, le expedirá la Embajada de España en Delhi. Espero reencontrarme con él pronto, sanos y salvos.

A cincuenta metros del andén 16 me cercioro de que no hay tren alguno. Se ha marchado. Lo he perdido, ¡no me jodas!, o quizás no, porque la cantidad de personas, animales y paquetes hacinados junto a la vía me hacen pensar que el tren está por llegar. Floto entre olas de toses, sudor y carritos ambulantes llenos de dulces repartiendo diabetes a granel. Tumulto, todo se mueve con violencia y me siento lapidado por mil ojos negros presos de la agitación generalizada.

—¿Gorakhpur? ¿Tren a Gorakhpur? —pregunto a voces, antes de oír «¡piii!» y respirar aliviado viendo la locomotora entrar con su silbido y chirriar. Vamos allá.

Jugar en India se ha convertido en ritual y heroína, pero reconozco la agonía que empieza a suponerme la falta de espacio vital, la acumulación de escenas desagradables, el acoso rampante, las mentiras en cada tuk-tuk, en cada pensión, en cada mercadillo, la vanidad de quienes denigran a las castas más bajas. Mi visado caduca a la vez que mi tolerancia. Eso sí, los kilos perdidos por las amebas y las perennes diarreas, los he ganado en flexibilidad para adaptarme a la marabunta a través de posturas fetales y escorzos como los que ahora me permiten alzarme por encima del manto de gente y anclarme a la puerta de un vagón, donde construyo dos arcos de medio punto con mis codos, estableciendo un corredor humanitario por el que las mujeres con sus críos pueden acceder hasta la escalerilla de acceso al tren, agachando sus cabezas por debajo de mis axilas como si bailaran el limbo. «¡Hostiii!» grito, cuando un señor me muerde el antebrazo, histérico por entrar al vagón antes que nadie. Arranco mi brazo de su boca y suelto mis manos de las asideras para poder cogerle del cuello. Ardo de rabia. Lo empotro contra el vagón y levanto el puño decidido a estrellárselo en la cara. Su respiración agitada exhala miedo. Su yugular vibra en la palma de mi mano sincronizada con mi pulso y sus pies cuelgan suspendidos por el hueco entre andén y vagón. Estoy rodeado. Todos esperan el golpe y nadie pretende defenderlo. Te mato, cabrón…

Respiro, resoplo. Muerdo mi lengua, mis labios, mi vida…

Le suelto. Calma, va. Ya está.

El tipo se escurre y desaparece entre la jungla humana. Yo me quedo ahí, sintiéndome patético. Miro al árbitro y pido la hora, desesperado por llegar al descanso como sea.

—Hay *overbooking* porque la mayoría de la gente viaja sin billete —me cuenta una joven, tras acceder al vagón—. Están pendientes de una confirmación de asiento que nunca llega.

Ella es Sukhi, es nepalí y es ágil para acomodarse en la minilitera de enfrente. A ambos nos han tocado las camas de abajo, pero de poco sirve lo que diga mi billete, porque un minuto después tengo a cinco personas haciendo campamento entre mis piernas. Un matrimonio extiende una sábana en el suelo. Mis pies son su almohada. Fuera hay tormenta. Por entre las rejas de una ventana sin cristal se cuela agua de lluvia a destajo. Nos calamos, se calan las mochilas, se empapa el colchón de espuma. Las gotas de sudor intentan hacerse pasar por lluvia, pero su olor las delata, y cerrar la ventana sería convertir el frío en náusea, por lo que todos se oponen a cerrar, menos el matrimonio en el suelo, que sigue buceando en un arrecife de chanclas y maletas sin corales.

La India es un pequeño continente de raíles, la red que tejería Spiderman en una orgía donde todo se cruza con todo, cóctel de vapores abrasados por el carbón, traviesas de hierro corroído y catenarias delirantes, suspirando al recordar viejos *affaires* con aquellos apuestos ferrocarriles británicos de la época colonial repletos de cúrcuma y sacos de sal.

Arranca la locomotora. Es el momento. Saco la pelota de la bolsa y la lanzo al pasillo en busca de *jogo bonito*. Dos chicos, sentados enfrente, me miran con cara de susto.

—¿Qué pasa? —les pregunto— ¿Nunca habéis jugado en un vagón?

Ahí se animan. El más esmirriado, peso pluma, se levanta y da toquecitos antes de pasármela de vuelta. Pachanguear también es esto, tocarla por tocarla, sin orden ni precisión. Avanzo entre líneas, la bola rueda como puede, unos la chutan, otras se ríen, otros la cogen con la mano y juegan voleibol. Paso de puntillas haciendo zigzag entre multitudes, chirrían las tuercas y las aspas de los ventiladores se declaran en huelga de giro cuando salen a flote mil bandejas con arroz basmati, curry y tofu de fiambrera. Las mujeres, tras sus saris, reparten platos gigantes hechos con unas hojas de banano que deberían pagar asiento propio. Un crío se abre de brazos invitándome a chutar: «¿Tú de portero?» inquiero y se descojona, obviando lo que nos rodea, los decibelios, las gotas de té salpicando el suelo en cada bache, los móviles que suenan, las almas indias, que no frenan, se desplazan y se adaptan, con las rodillas dobladas, rotas y sin queja, con los nenes y las nenas aupándose sobre los muslos del resto para trepar con arte, pillar una esquina y convertirla en cama. Chuto flojito, el chavalín intercepta el tiro saltando con gracilidad, pero no la ataja, la despeja, se lía, rebota, bota y explota contra un tipo cuya cabeza soporta el peso de un cesto lleno de samosas de maíz. Sale trastabillado y sus pisotones disuelven la barricada humana, lo que es de agradecer para poder seguir jugando. El balón, asustado, cae en ese espacio donde se unen los vagones y pandillas de jóvenes intercambian chanchullos por trapicheos.

—En India se juega críquet, no fútbol —me informa uno de los muchachos, sin saber lo que hemos sufrido.

—Bueno, si tenéis pelota y bate de críquet, jugamos críquet —rebato—. Pero si solo hay balón…

Sentido del humor no les falta. Técnica y coordinación, ya es otra cosa. Sin mayor ambición que pasarnos la pelota, uno de ellos no tarda en colarla en el baño, cuya puerta tiene las bisagras tan derruidas que se ha transformado en oscilobatiente. No contaba con este riesgo y, catando el hedor que sale del inodoro, me arrepiento de haber ganado a Jalber en el piedra, papel o tijera.

El baño es zona minada. Entro haciendo la grulla, las arcadas bloquean cualquier bocanada de aire contra mis pulmones, me vuelvo morado, si las heces fueran confeti esto sería Nochevieja. Todo salpica, mucha condensación, mucho metano y mucho deshielo en los polos. Mi mano izquierda se aferra a la ventana, haciendo de ancla frente al oleaje de este traqueteo. Busco un desfibrilador, rezo, blasfemo y agarro la bola, que ahora es pudin de cabracho. Joder, la dejaría aquí para siempre, pero ya es como un hijo. Trato de lavarla, pero el grifo está demasiado pegado al borde del lavabo, así que le hago una ducha de gato, muy cruda, con un agua que no aclara, ensucia, y remato la faena agarrando el pomo de la puerta donde se acumulan los restos de quienes previamente se han confesado en este agujero; jaleo del serio, que los indios no trabajan el papel higiénico y, por mucho que el lavado manual asegure mayor pulcritud, aquí faltan pastillas de jabón y sobran picaportes.

De vuelta a mi cuchitril, me acomodo mentalmente para una larga noche en postura sietemesina, con un pibe sentado sobre mi rodilla y otros dos jóvenes pisando mi ego de principito occidental.

—Menos mal que estaba despierta —me dice Sukhi, la vecina—. El revisor ya estaba revendiendo tu asiento a otro pasajero —avisa, a modo de buenas noches, justo antes de cerrar los ojos.

India *power*, lo que no te hace más fuerte, probablemente te mata.

*

Me despierta toda la humanidad. Hecho un ovillo, siento cómo mis inquilinos hunden sus bostezos en mis tibias y mis articulaciones piden clemencia ante tanta postura flor de loto. Por las rejas se arrojan rayos de sol, los primeros del día, cuando faltan cinco minutos para las seis y la gente ya grita como si no hubiera un mañana. Me recoloco, empaqueto el saco de dormir, subimos la cama de la litera y veo enfrente a Sukhi, mirándome tan fijamente que parezco el espejo de su cuarto. Mi vejiga es una gaita escocesa pero no creo tener el valor que hace falta para volver al baño. Querría yo ver a Ulises en esta odisea tratando de echar un pis. Eso sí, necesito estirar las piernas por temor a haberme quedado parapléjico. Va, voy. Me levanto desafiando a la gravedad entre una manta de niños, restos de arroz y envoltorios de chucherías; me aferro con firmeza a los barrotes de las literas que hay a ambos lados del pasillo, y propulsándome gracias a ellos consigo elevarme sobre las gentes: una rodilla arriba, vale, la primera pierna ya la tengo, venga, y ahora la otra, ya casi estoy… ¡¡Brrrum!! ¡¡Catacraaash!!

—¡Wow! —exclamo, zarandeado por un tren fuera de control que serpentea y brinca mientras la gente sale disparada por los aires. Estruendo. ¡¡Catacrash!! Otra colisión. ¡Buuum!

Silencio. No. Un pitido sostenido: ¡Piiiiiiiiiiiiii!

Aúllo con el corazón a ocho mil por hora mientras el planeta gira a cámara lenta. El tren da frenazos en seco, se retuerce a tirones, gritos, miedo, hostiasanta, cuánto miedo, y ¡catacrash!, otro golpe de cervicales que desencaja mi cabeza del cuello. Batidora de hélices rotas, de personas proyectiles, de choques, muchos cráneos contra muchas paredes, piernas contra hierros, terremoto, pánico.

«¡Cuidado, vamos a volcar!» dice alguien, o solo lo intuyo, no sé, pero instintivamente aprieto los puños a las barras que nunca solté. «¡De aquí no me tira ni Dios!» grito, callado, a mi propio terror. El vagón se balancea de izquierda a derecha intentando escapar de unos raíles que apenas le contienen. Segundos eternos, noria de feria sin nubes de algodón, solo jadeos, alarmas que no suenan, bocas que gritan, pero no oigo nada, estoy sordo. Sangre. Cuerpos amontonados contra la pared.

Recobrado cierto sentido de la realidad, avanzo hasta la puerta y los alaridos a mi alrededor me empujan a saltar pensando que el tren está parado; en realidad, no, el tren sigue sacudiéndose y al suelo hay un abismo, pero ya estoy en el aire, y caigo rodando sobre un terraplén de piedras chiquitas que me destrozan las rodillas. Logro incorporarme, justo un instante antes de caer de nuevo y volver a rodar. ¿Qué ha pasado? A lo mejor hemos atropellado a un elefante, bueno, muchos elefantes... ¿o será una bomba puesta por los naxalitas?, cosa probable en el norte de India en época preelectoral. Miro alrededor, en trance, y veo al gentío saltando por otras puertas y ventanas, mientras las que ya han saltado huyen despavoridas campo a través.

Me acerco a las ventanas y comienzo a bajar niños y maletas que la gente me lanza con violencia y desesperación. Identifico a Sukhi, la chica nepalí, que está asustada, pero bien, solo un par de heridas gordas en el brazo. Me pasa mi mochila y el balón. El agradecimiento en mis ojos es toda una galería de amor contemporáneo. La diáspora continúa. Avanzo entre la duda del milagro y la certeza de la anécdota. Metro a metro voy esquivando enredaderas de hierros retorcidos y traviesas trituradas que parecen muesli. Repto para pasar por debajo de un vagón tumbado, y me encuentro otros tres vagones cruzados en zigzag; uno se ha salido para la izquierda y los otros dos para la derecha. Hemos descarrilado. Subo la mirada, en shock, y veo dos vagones formando un eclipse en lo alto de las copas de los árboles. «¡Nooo!» exclamo, viendo nuestra locomotora desplomada sobre la locomotora del tren de mercancías contra el que hemos chocado.

Recomienza el drama, inundación de llantos, la gente sigue saltando desde los vagones y rompiéndose las patas en cada intentar. Van a faltar camillas. Nunca una jugada provocó tantas lesiones. Esto es un avispero en llamas, y repetir incesantemente que no se toquen las heridas con las manos llenas de mierda me convierte repentinamente en el médico más reputado del lugar. Me meto en el papel. Quejas y desconcierto. Saco calma de la riñonera y comienzo los chequeos con un hombre que se duele del estómago con alaridos: palpo, hemorragia interna, piernas arriba, respiración lenta y profunda, agua en cuello y frente. Pido que esperen a la ambulancia y que no le muevan;

no sé si el hombre agoniza o es muy teatrero. Veinte minutos después no sé si está vivo.

—Ven, vamos a bajar gente —me pide un chico mientras me tira del brazo con fuerza. Subo a la zona de la colisión donde un par de tipos meten hachazos a los vagones más cercanos a las nubes. Formamos una cadena humana para descender a los heridos inconscientes y a los cadáveres. Un hombre ha perdido una pierna y la otra es solo un amasijo de capilares y músculos desgarrados. A un viejito lo tengo en brazos cuando parece echar su último aliento.

Dedos colgando, huesos fragmentados como espigas de trigo, *full* de brechas en *full* de cejas, frentes y coronillas. Saco mi botiquín, el alcohol, los analgésicos. Me desfondo limpiando tajos con gasas y yodo. «Mierda, no hay suficiente» anticipo, mientras despacho a un niño que ha perdido medio dedo meñique y ni siquiera llora. Mis ojos huyen de sus órbitas cuando ven la fila de gente que espera ser atendida. «Ay, Jalber, si vieras la que se ha liado, chato» pienso, mientras marco pautas de respiración y hago torniquetes con pañuelos embarrados de agonía.

Yo no sé si la culpa es de los camilleros o del cuarto árbitro que no les da permiso para salir, pero las ambulancias no llegan. Todas las gargantas vociferan a la vez: «Dale agua, no se la des, gíralo, no le gires, es la tripa, es la espalda, es el hueso roto, es...» saturándome hasta que comienzo a gritar como un poseso: «¡¿Pero quién es el doctor aquí?, ¿tú o yo?! ¿Tú? ¡No! ¡Pues cállate la boca y ponte a ayudar!».

Bravo. Otra vez violento, como en la estación antes de que saliera el tren, y esta vez, además, mintiendo. Demasiada India, demasiada tensión, y cierto sentimiento de culpa por no tener ni un rasguño.

Se acaba el botiquín mucho antes que las fuerzas. Sigo con los primeros auxilios psicológicos, atendiendo a una señora mayor que no se puede levantar. Llegan periodistas antes que ambulancias; siglo XXI que parece el XIX. Las víctimas locales no venden, por eso quieren entrevistar al joven doctor extranjero que sobrevivió a la tragedia. Yo estoy para poca celebridad, y ni soy doctor ni soy joven. Les ignoro mientras escucho la bocina de las ambulancias, que aparcan al otro lado del tren, y ahora los genios no pueden meter las camillas hasta donde están las personas heridas.

—Perdona, ¿qué hora es?

—Las doce —me dice Amsur, el tipo de buena fe que ha estado cuidando de mi mochila.

—¡No fastidies! —exclamo, al recordar por qué estoy aquí.

—Ven con nosotros —sugiere él—. Conocemos el camino hasta la carretera.

Han pasado seis horas desde el accidente y hasta la frontera me queda más distancia que tiempo. La aduana cierra a las cinco de la tarde y me sonrojo recordando la promesa que me hice a mí mismo de no viajar con prisas; si hoy monto un circo, los enanos dan el estirón.

—Hablan ya de 42 fallecidos —revela Amsur—. El jefe de estación que controlaba los semáforos se ha dado a la fuga.

Acompañado por Amsur y su primo, que llora y cojea, llego hasta la carretera donde se dibuja un mapa de sangre y miedo rodeando la histeria. Hago autostop. Paran rápido. Me despido y trepo a un camión. El camionero al volante es un calco del ayatolá Jomeini. Su asistente saca los pitis y me pasa uno, lo enciendo y, aunque no calo muy hondo, siento como si saliese a la superficie tras un naufragio. Paradojas de la droga. Rodamos extremadamente lentos, nos adelantan las bicicletas y, siguiendo con la racha, mucho me temo que estemos transportando residuos radioactivos.

—Perdona, ¿qué lleváis ahí atrás? —pregunto, esperándome lo peor.

—¡¿Aquí?! —exclaman, sorprendidos como si me hubiera metido donde nadie me llama.

Uno de los chicos abre una caja y me señala su interior, sonriendo, donde veo cientos de vasos de cristal. La falta de papel de burbujitas justifica la parsimonia del viaje, y explotar, no explotaremos, pero dudo mucho que yo llegue a tiempo.

El árbitro va a pitar ya, da igual que el balón esté en juego; es la hora y no parece que vayan a añadirse minutos de descuento. Dale, ritmo. Del camión paso a un coche compartido con más gente para completar los últimos treinta kilómetros hasta el borde. Tengo que poner el pie en Nepal como sea. Árbitro, te lo ruego, ¡déjame acabar la jugada!

Falta poco y menos para el cierre cuando llego a la garita y entro con una sonrisa tan milagrosa que me podrían confundir con la Virgen de Fátima. «Hola, sí, ponme una de Nepal para llevar, porfa» susurro para mis adentros, mientras tramitan mi formulario, estampan el visado nepalí en mi pasaporte y cierran la oficina tras de mí. Antes de agarrar el macuto, me giro para ver cómo se aleja la India, esperando que ella también se dé la vuelta y me eche una miradita final antes de dejarnos definitivamente, pero no. Lo nuestro se ha roto y ni siquiera nos da pena.

SEGUNDO TIEMPO

CUANDO RUGE LA GRADA

«Claro que sí, señora, así da gusto» es lo primero que pienso tras salir de nuevo al terreno de juego y observar cómo en los puestitos callejeros cubren la comida con redecillas para evitar el contacto con las moscas. Nepal 1-India 0.

Quizás sea este el único detalle que ha cambiado. Cruzar a pie de un país a otro muestra lo parecido que es todo a ambos lados de una frontera. La diversidad suele limitarse a la bandera, la moneda y, a veces, el huso horario. Sin embargo, el idioma, el carácter, las etnias, los gremios, la gastronomía o las vestimentas se resisten a los bordes, difuminándose gradualmente sin que exista verdaderamente un punto de corte y disección. En cada paso, ese invento tan humano que son los muros queda ridiculizado por la necesidad de mezclarnos y convivir en este extraño terreno de juego llamado mundo, donde tan fácil puede moverse el balón y tan difícil los jugadores.

La jungla del sur nepalí se funde con la hambruna india al norte de Uttar Pradesh. Corre el río Rapti. Traumado, cojo, solo y fatigado, uno se da cuenta de la importancia de los compañeros. Jalber sigue en India esperando un nuevo pasaporte y ningún jugador es tan bueno como todos juntos. No tiene sentido intentar regates en solitario cuando puedes sacar la pelota jugada tirando una pared al primer toque, y por eso añoro tanto a Jalber, porque la sensación de vulnerabilidad desapareció en cuanto él apareció, y hoy vuelve, traicionera, mecida por las sacudidas del tren que no cesan ni en mi mente ni en mi cuerpo. Demasiados cadáveres en la retina de mi corazón. Antes de ayer driblé a la muerte, con lo aleatorio que tiene la suerte cuando se teje con hilos de coincidencia, y, por primera vez desde mi partida, echo de menos estar en casa.

Es hora de refrescar muslos, ideas y ganas. Aún queda mucho partido por jugar y no tengo pensado pedir el cambio. A escasos metros de estas letras, entre palmeras, tres cocodrilos toman el sol como si solo fuera suyo. No hay electricidad. Los ventiladores son pura quimera. Dos críos lanzan la red desde su canoa, con la ilusión de regresar a casa convertidos en héroes y con los bolsillos llenos de carpas. Uno de ellos es Asahin, a quien conocí en el bus en el que venía desde Lumbini, y que, fascinado por la idea de jugar una pachanga juntos en su aldea, me ofreció visitar a su familia. Unos cincuenta metros a mi derecha, un par de *mahuds* —domadores de elefantes— gritan consignas imperativas a unos paquidermos en actitud ausente, dada la placidez de sus cuerpos en el baño de sales. Enfrente, un rinoceronte muestra caparazón de triceratops y emerge de entre las aguas luciendo cuerno con un glamur que ni la vara de Moisés en el mar Rojo. Según Asahin, hace diez días un cocodrilo se masticó la vida de nuestro vecino, un despreocupado pescador de veintidós años; aunque, por lo visto, aquí la verdadera amenaza son los tigres.

—Está muy cerca. He visto sus huellas durante todo el camino de regreso, y también había arañazos en las cortezas de los árboles —me cuenta Shiva, el padre de Asahin, quien, aparte de cuidar la jungla, maneja el curry que asusta—. Debe de estar viejo o enfermo para acercarse tanto al poblado.

De pequeño, con cuatro o cinco años, Shiva vio a uno en el porche de su cabaña.

—Estaba al ladito, a apenas dos metros. Me podía haber comido, pero me debió de ver tan flaquito que no le compensó el esfuerzo —ironiza él, sobre la fortuna de ese día y de los que estaban por venir. Moreno, robusto, quijada sólida y bigotillo incipiente, Shiva habla pausado, y sin mirarme a los ojos—. En veinte años habré visto unos cien tigres. Pero solo me han atacado una vez. Creo que ya me reconocen. —Él, como otras gentes del Terai, se ha acostumbrado a la fauna del Bajo Himalaya. No les queda otra. O comes o te comen. Su elefanta, Samasti, que está aparcada en un hangar, sujeta a un mástil por una cadena de hierro anclada a su pata trasera derecha, ejerce de mascota, vehículo y escudo—. Si no fuera por ella, estaría como Sunny —asegura él, aludiendo al hombre que nos ha visitado esta mañana, apoyándose en muletas y con un aparatoso vendaje en la testa. Meses atrás, un tigre había desgarrado a Sunny parte del cráneo mientras trataba de ahuyentar al felino con una estaca. El tigre, tenaz, acababa de devorar las piernas de su ya difunta esposa.

Shiva es tharu, un grupo étnico tan mimetizado con el entorno que más bien parece haberse adaptado el hábitat a ellos, y no al revés.

—Aquí podrá embestirnos un rinoceronte, pero no hay enfermedades de esas raras —dice Shiva, señalando el frasco de repelente antimosquitos que he dejado sobre la mesa. Me acabo de echar un poco y he visto cómo le dábamos lástima yo y mi *fus-fus*. Él es prácticamente inmune a la malaria. Estudios de la OMS revelaron una prevalencia casi nula del parásito entre la comunidad tharu, a pesar de que cada año, llegado el monzón, este mosaico de pantanos y sabana se convierte en una ciénaga olímpica—. Tú no te preocupes, esta noche te consigo una mosquitera —me dice él, para consolarme.

Shiva ha trabajado durante años como guía del Parque Nacional Tirkapur. Así aprendió a hablar en inglés y a comprender las vulnerabilidades de un turista como yo. Su casa tiene aspecto de *wigwam*, la típica cabaña de los apaches norteamericanos: armazón de postes arqueados y techumbre impermeabilizada a base de paja y juncos. Ayer noche llegué a contar diecisiete personas durmiendo en su interior. Todos *juntines* en la misma estancia. Una peña muy unida, casi garrapiñada. Su historia, repleta de golpes, es suficiente motivo.

—Los tharu somos los pobladores nativos del Terai. Durante siglos vivimos aquí solos, en paz. Aprovechábamos las inundaciones para sacar adelante el arroz, el maíz y el *dhal* —dice, aludiendo a las lentejas amarillas propias de esta región—. Pero entonces decidieron desecar la jungla y fumigarlo todo.

—¿Para erradicar la malaria?

—Eso dijeron como excusa. En realidad, querían apropiarse de nuestra tierra —replica Shiva—. Miles de familias vinieron desde otras regiones sabiendo que el Terai es una zona muy rica para la agricultura.

—Bueno, eso significa que la fumigación funcionó —deduzco.

—Para los demás sí, claro. Pero a nosotros no nos importaban los mosquitos, sino los ríos. El DDT contaminó el agua, los peces, las plantas, todo. Y nosotros al bicho malo ya no somos tan resistentes —se lamenta, refiriéndose al cáncer provocado por el uso de insecticidas organoclorados entre los años cincuenta y setenta, cuando el Estado nepalí, apoyado por la OMS y USAID[8], decidió meterle mano al Terai para ampliar la superficie de tierra cultivable y atraer a colonos desde las cordilleras. Jarabe de desarrollo, cirugía sin anestesia,

[8] Durante la Guerra Fría, tanto la Agencia de Desarrollo Internacional como la Organización Mundial de la Salud implementaron multitud de proyectos destinados a expandir la influencia del bloque occidental en Asia, permeada por la amenaza comunista desde Vietnam hasta Afganistán. En este caso, la monarquía nepalí, determinada a modernizar el país y enriquecerse por el camino, fue un perfecto conejillo de Indias para ese laboratorio de orden, salud y geopolítica.

savia brotando por las venas del desencanto—. Nos quitaron la salud, la tierra, el trabajo. Las familias tharu ni siquiera teníamos registros de propiedad cuando llegaron los forasteros del norte, así que nos fue imposible protegernos legalmente —apunta Shiva, mientras afila su machete de buen acero. En su tono hay daño. La vulnerabilidad de un pueblo indefenso, desplazado de su hogar, y forzado en muchos casos a trabajar en condiciones de semiesclavitud—. Muchas personas se quedaron sin nada, y no tuvieron otra salida que convertirse en *kamaiyas* —añade, aludiendo al término nepalí para designar a las personas que viven en régimen de pseudoesclavitud, contrayendo una forma de deuda permanente con sus respectivos patrones, que les obligan a trabajar indefinidamente para ellos.

—¿Y eso es legal?

—Dicen que no, pero sigue habiendo muchos kamaiyas de origen tharu o dalit.

—¿Y nadie hace nada?

—¿Hacer qué? Vosotros los occidentales siempre creéis tener la solución para cualquier problema. Pero en realidad eso es imposible, porque vosotros nunca tenéis el problema.

Shiva me deja con cara de bobo, y Asahin aparece con un balón en la mano proclamando que, a veces, lo prometido es deuda. Son las seis de la tarde del veintisiete de mayo, cae la temperatura, mañana es mi cumple, y Shiva dice que no viene a jugar porque tiene que segar pasto para su elefanta, aunque probablemente quiera descansar un rato después de tanto palique con el guiri.

El graderío de ficus impide distinguir el campo de la selva. Un búnker de verdín, dos porterías que son mástiles de teca entrelazados, y una banda dispuesta para el combate. Así se entrena el Kailali Football Club. Asahin me presenta al grupo.

Quince quinceañeros, todos de piel gruesa, tez trigueña, bajitos, fibrosos, cabello liso, opaco, color turba, flequillito de moda y una mirada de grafito imposible de ignorar. La endogamia tharu arruina mi capacidad para distinguir a unos de otros, pero no hay mejor triaje que echar un balón a rodar y dejar que la mente comience a asociar colores de camiseta con niveles de calidad. Por ejemplo, el de rojo grita mucho, pero se deja el balón atrás; el sonriente de negro siempre se ofrece para que se la pueda pasar, y el de gris, en *cami* de tirantes, quiere llevarse mis tobillos como obsequio para casa. Asahin juega bien tirando a regulero, pero corre que se las pela. Tal vez sea yo, que estoy cascado y he perdido la referencia. El sonar de un trueno exprime zumo de tormenta anunciando el diluvio. Nos quedamos mudos. No parece un chaparrón sin más, pero el balón ya está en juego y a ver quién se raja ahora. Asahin y sus compis, incluyéndome a mí, damos un absoluto maltrato al balón, soltando chupinazos de campo a campo como pollitos sin cabeza. ¡Pumba! Un despeje al tuntún acaba con el balón colándose entre la maleza del frondoso e impenetrable tabique de cañas y palmas que rodea el campo. Suerte que no la he tirado yo, porque ahí se iba a meter Rita. Dicho lo cual, parece que da igual quién haya tirado el balón fuera, porque no hay córneres, así que el que se atreve a pillar la bola es el que saca, sea del equipo que sea. Por suerte, el del patadón a la remanguillé va conmigo, y según aparece de entre la vegetación me pasa el esférico para dejarme solito ante un portero que no presenta batalla.

—¡¿Pero qué hace el español?! —exclama el chuleta del grupo, el de rojo, pidiendo explicaciones a Asahin, que se acerca para contarme que he metido un golazo, pero en propia puerta. Nos ponemos por debajo en el marcador. Ya lo siento, criaturas. Para vosotros es fácil identificar al blanquito espigado con barba, pero yo me pierdo ante tamaña muestra de genética monoétnica. Tampoco es que esté muy concentrado, porque una señora viene hacia nosotros pedaleando su bicicleta a toda pastilla y haciendo unos aspavientos que llaman mi atención.

—¡Le ha visto! ¡Le ha visto! —grita Asahin con los ojos chiribitas.

—¿Que ha visto a quién? —pregunto, siguiéndole al trote.

—¡Al tigre!

—¿Cómo que le ha visto? ¿Dónde?

—¡Corre, vamos a casa! ¡Es peligroso! —me exhorta Asahin. Nos ha jodido que es peligroso. A lo mejor él esperaba que me quedase en el campo de safari. Corro con el resto, a trompicones, zancadillas y miradas nerviosas. Yo no sé cuántas veces interrumpen el entrenamiento porque llega una bestia salvaje, pero si es la primera, tiene delito.

—¡Ahí está, mira! —dice uno, señalando a nuestras espaldas, pero no me giro, confiando en que nos esté vacilando porque el resto de chavales se ríen. Eso sí, para ser broma, bien que esprintan los condenados. Voy en el pelotón de cola, chupando rueda y a rebufo. Además, el sol se está pirando y la neblina del chirimiri se asocia con mi miopía para hacerme sentir auténtico pavor.

—¡Grrruarrrr! —se oye de fondo. Quedo pálido. Quiero huir. También quiero girarme y ver lo que hay, pero sin gafas no vería nada. No sé, estoy acojonado, y con todo el riego en la patata solo puedo pensar tonterías. Me adelanta la yaya, con su bici oxidada, decidida a llevarse esta contrarreloj, y encantada de dejarme último, farolillo rojo, y tan comido por la paranoia que puedo sentir las fauces del tigre cerca, al lado, en mi cogote, erizándome la espina dorsal hasta propulsarme y tirar de zancada visceral para pillar a Asahin y recobrar cierta calma viendo asomar el techo de bambú de su cabaña al final del camino de tierra.

Si lo que el felino quiere es jugar, más le vale cambiar de táctica para no quedarse sin jugadores en el campo. En cualquier caso, dudo que alguna vez, en la historia del fútbol moderno, se haya vivido con tanto realismo el concepto de una grada que ruge.

Unas horas después, quitado el susto, Shiva comienza a repartir platos de arroz y pescado seco, y yo estoy junto a la hoguera, pensando en el tren estrellado, el tigre pelotero, y lo poco que me ahuyentaría el fuego si yo fuera un depredador viejo y hambriento.

—No te preocupes, come tranquilo —me dice Shakti, la mujer de Shiva, que es quien ha cocinado. La abuela, que no se quita ninguno de sus treinta y cuatro mil collares ni para dormir, se parte la caja viéndome sorber caracoles. Samasti duerme, tumbada de lado y con la trompa envolviendo su cara a forma de manta. El río Rapti sigue su descenso, sabiendo que hay determinados lances del partido donde huir del rival es la mejor defensa. Lo dice en silencio, a su ritmo, como suceden en el Terai la mayoría de las cosas.

EL GUARDAMETA QUE NUNCA QUISO GUANTES

Panaderas amasan *chapati* entre migas de siglos de historia y templos sagrados. Todo es bella ruina horadada que cuenta cosas de otros días, cuando el reino Malla hacía de Bhaktapur su capital. Vengo buscando un portero. No es normal jugar una pachanga por toda Eurasia sin un cancerbero de garantías, y aquí, por lo visto, viven las mejores manos de todo el valle de Katmandú. Mejor dicho, malviven, porque Nepal es el segundo país más empobrecido de Asia en términos de renta per cápita; ni siquiera hay quienes hayan robado lo suficiente para elevar la media.

Su bendita y maldita ubicación, lejísimos del mar y subido sobre la cordillera del Himalaya, es todo un desafío logístico de barrancos y pendientes, que complican el comercio hasta estrangularlo. También se complican la educación y la salud. La escuela más próxima es lejana; el ambulatorio más cercano no es ambulatorio. Cuando llueve, el camino se hace arena movediza, y cuando no llueve, tiembla la tierra y se desprenden las rocas bloqueando caminos en una trombosis tectónica que ahoga la vida. Aunque nada tan sangrante como su contaminación. Los manantiales más frescos del planeta desembocan en las cañerías más venenosas. Las cascadas más impresionantes, listas para generar electricidad con el impacto de sus aguas, se traducen en permanentes cortes de luz. Y el aire más puro, casi virginal, que baja de entre el Annapurna y el Everest, se disfraza de humo homicida en este valle que asfixia y enamora por igual.

Bhaktapur, considerada ciudad por los nativos, y un barrio de Katmandú según los capitalinos, sueña el día bajo frisos y arquitrabes de estupas[9], donde parejas y desparejados comen pipas, beben *chai masala* con jengibre y ofrecen sus *puyas*, colocando flores a los pies de las deidades que barnizan cada muro de arenisca de la plaza Durbar. Los carritos ambulantes venden ropa de escalada de segunda mano, y los extranjeros se disfrazan de *sherpas* para ir a cenar en antrazos donde antaño jipis, Beatles y neoyonquis hacían del LSD su dieta básica. Mucho puestito con *souvenirs* manufacturados en Guangzhou y muchos menores de edad que dejan de ir al colegio para malvender saquitos de cereales. Cerquita de aquí, entre montones de barro y hornos de cocción, conozco a Urish, que anda recogiendo arcilla con una pala.

—¿Eres alfarero? —le pregunto, haciendo de mis gestos un fantástico esperanto.

—Sí, trabajo con barro.

—Me gustaría aprender la técnica que usáis aquí. No sabrás de algún taller donde pueda…

—Bajando por ahí —me señala una cuesta empedrada— llegas a la plaza de las Vasijas.

—Vale, ¡gracias!

—Te espero mañana a las ocho.

Así, sin más, sin nombres ni argumentos, Urish me ofrece su laboratorio y su saber hacer para jugar entre moldes y uñas negras. Aún me quedan varios días hasta que llegue Jalber, y me entusiasma que algo tan complejo, como es fichar a un guardameta, haya resultado tan sencillo.

Lo que no sabía es lo difícil que iba a ser la noche junto a Ghanesh, el dueño del hostal, que no se cansó de rellenarme

[9] Arquitectura budista para contener reliquias, probablemente derivada de antiguos túmulos funerarios.

el vaso con *rakshi,* un licor de mijo destilado que me ha dejado la garganta como un acordeón. Aparte de intentar convencerme de que a Tíbet no puedo ir por carretera porque soy extranjero, sus chupitos de muerte líquida me mandaron a dormir quince minutos después de sonarme el despertador, y aquí estoy, con la mochila llena de arrepentimiento, acompañando a Urish, a mi ilusión y mi torpeza, hasta su taller, que también es su casa.

Hogar humilde, crudo, lo justo para que la lluvia no moje. En la cocina, el fuego de leña va cociendo ya el arroz para el *dal bhat*, la comida por rutina de los nepalíes, compuesta de arroz, lentejas, verduras y patatas.

—Es mejor si coges un trozo de barro diferente para cada cosa: la jarra, las asas, el fondo… —aconseja Urish, que trabaja sin descanso, con un ojo en su torno y un reojo en mi jungla de arcilla. Es el portero perfecto: reflejos y seguridad, corpulento pero ágil, y con alma de líder—. Posa las manos con suavidad, no hace falta apretar, deja que fluya. Humedece, ponle más agua, y centra la pella, súbela, pero no tanto… ¡uoh, cuidado! Vaya, no pasa nada, venga, coge otro montón y empieza de nuevo —dice él, al ver cómo piso el torno con la desproporción de lo instintivo. Los moldes de terracota salen disparados contra los muros de ladrillo visto y su esposa Bishnu y su hijo de once años ríen al contemplar la brutalidad de mis dedos desafiando a la física más elemental.

Prontito a la mañana siguiente, Urish me ofrece una taza de té para desayunar.

—En Nepal es así, se toma un té muy temprano, a las cinco, y luego se almuerza sobre las diez.

—¿Y hasta la cena? —pregunto, desde el laberinto de mis legañas.

—Entre el *dal bhat* de la mañana y el de la noche se pueden tomar snacks como estos —dice, mostrándome un sobre de *noodles* instantáneos, que come sin previa cocción.

—Pues con dos comidas diarias os saldrá barata la vida, ¿eh? En Europa comemos tres, cuatro, y hasta cinco veces al día.

—Es que sois ricos, claro. Aquí es muy difícil subsistir.

—Pero aquí hay mucho turista. ¿Vendes mucho?

—Poco. La mayoría vienen en grupos organizados y los guías los llevan a las tiendas donde ellos reciben mayores comisiones. Desde que algunos nos negamos a darles la comisión que pedían, nos ignoran —habla sin rencor, con la resignación de quien pone la otra mejilla y pondría cien mejillas más si las tuviera—. Además la casa no es nuestra, hay que pagar alquiler, y también los materiales para trabajar, la terracota, los colores, los esmaltes ¡que son carísimos!, el horno, la paja... Son muchos gastos —describe Urish, que chapurrea un inglés de categoría—. Lo único que me preocupa es la educación de mi hijo Kumar. La escuela es carísima.

—Me imaginaba que era gratuita.

—La privada no.

—¡Amigo! Si va a un colegio privado, entonces lo entiendo.

—En Nepal casi todos los niños van al privado, porque en el público no se enseña inglés, y en este país, si no hablas inglés, no tienes futuro. La universidad, por ejemplo, es toda en inglés. Además no hay profesores suficientes.

—¿En los coles o en la universidad?

—En las escuelas públicas. Una vez que enseñan a leer y escribir, ya no hay suficientes profesores para los cursos superiores, y la mayoría de los alumnos abandonan sus estudios.

—Supongo que en los privados hay mejores salarios.

—Mucho mejores, claro. En los públicos ni siquiera tienen asegurado el salario a final de mes —revela Urish.

—No hay profesores porque no hay estudiantes y no hay estudiantes porque no hay profesores. Es un poco la pescadilla que se muerde la cola, ¿no? —sugiero.

—Lo es. Pero esta pescadilla tiene que pagar la escuela todos los meses, así que venga, volvamos al torno —bromea Urish, animándome a seguir hundiéndole el negocio.

Tenemos la misma edad, pero él me trata como un hijo y yo le respeto como a un padre. Hacer una pieza de cerámica buena, grande y con remates, le cuesta unos dos dólares; las vende a siete. Paga cincuenta dólares de alquiler y veinticinco de escuela cada mes. Come arroz dos veces al día. No tiene coche, ni moto, ni ropas bonitas. Tampoco muchos clientes. Su arte con las manos es un pecado, hipnosis del barro con la piel, pero el verdadero milagro es que salgan a flote ellos y la educación del hijo.

En la sobremesa reto a Kumar y Urish a jugar una pachanga usando como postes las paredes del estrecho callejón en que se ubica su casa. Kumar chuta sin criterio y Urish ha decidido no correr. Cada dos por tres tenemos que parar para dejar pasar los carros de heno o de arcilla. Tratando de darle un poco de rigor, propongo echar una tanda de penaltis.

—¡Al mejor de cinco! —aviso a Urish, que ocupa media portería. Empieza Kumar. Flojito y al centro. Me vengo arriba y le echo a Urish la miradita del pistolero. Él no se amedrenta.

—¡A ver si eres mejor que con el barro! —me reta, sin saber el cañonazo que le espera. Cojo carrerilla, apunto a la escuadra y ¡bum!, el balón se va alto, demasiado, volando hasta la bóveda del horno comunitario donde otros alfareros cuecen sus obras. Unas gallinas huyen espantadas, corriendo entre alfombras de paja mientras pido disculpas y Kumar se tapa la boca, entre la risa y el susto.

Romper no rompo nada, pero recuperando el balón me escaldo las manos, y les entretengo la tarde. Urish se ríe de mis manos de principito occidental, y pilla la bola sin guantes ni miedo. Va sobrado. Se nos unen los dos hijos del vecino, que también es alfarero, y una niña que es la única capaz de chutar fuerte y al ángulo. Cuando chuta Kumar lo hace flojito, mordida casi siempre, y Urish detiene todos sus tiros sin un mínimo de piedad. Los pies los tiene fijos, Coloso de Rodas, pero sus brazos llegan a cada rincón, envuelven la pelota con suavidad y la abrazan contra su pecho para evitar el rechace. No le hacemos un gol en toda la tarde.

—¡Pero qué porterazo es tu padre! —le digo a Kumar, con asombro—. Lo para todo.

—Normal —responde él—. Es su oficio.

INVASIÓN DE CAMPO

El abrazo con Jalber al reencontrarnos frente a la heladería Baskin Robbins, en el barrio Thamel de Katmandú, es un chute de dopamina en vena. Escéptico, irónico y con pasaporte nuevo, se muestra preparado para lo que venga.

—¿De verdad no había otra opción? —me pregunta cuando ve la cara de Tsong, el señor nepalí dueño de una agencia de viajes con el que he contratado internada hacia terreno tibetano.

—No te dejes llevar por las apariencias, Jalber —replico, pidiendo comprensión—. Lo del diente de oro es solo un estereotipo.

La verdad es que Tsong es un poco charlatán, tiene pinta de trilero y nos ha crujido el presupuesto pese al regateo, pero es lo que hay, ya que China se protege de miradas extrañas y exige contratar un guía con licencia para evitar que los extranjeros se muevan libremente por una región cuya soberanía sigue en disputa. Tsong ha insistido en que debemos dejarlo todo cerrado: coche, conductor, hoteles, billetes de tren para salir de Tíbet y, por supuesto, una comisión que le permita ponerse incrustaciones de diamante en su muela dorada.

Cruzar el Himalaya supone gastar en diez días el presupuesto de tres meses. Ya lo auguraba Ghanesh, el dueño del hostal en Bhaktapur, quien debe estar de resaca, como medio Katmandú en este domingo a las cinco de la mañana. Ni un alma por las calles del barrio Thamel. Tsong arriesga los retrovisores de su todoterreno metiéndose por unos callejones claustrofóbicos hasta frenar delante de un hostal sin motivo claro.

—*Jelou* —nos saluda un tipo, mientras coloca su bici en la baca trasera del jeep.

—¿Español? —le pregunto, deduciendo por su acento.

—¡Casi! —replica él—. Catalán.

Se llama Jordi, habla inglés pronunciando la hache como si fuera una jota, lleva barba de náufrago y parece haber trasnochado cosa mala.

—A Tsong debemos parecerle tres calcomanías —apunto, aludiendo a la similar apariencia física de los tres.

—Bueno, con la comisión que se está llevando, puede pensar lo que quiera —añade Jalber.

—Ya ves, ¿eh?, vaya mafias, ¿a vosotros cuánto os ha cobrado? —inquiere Jordi, mostrándose dolido por el desembolso realizado. Jalber confiesa el atraco y, tras comprobar que nuestro regateo ha sido más exitoso que el suyo, Jordi frunce el ceño, contrariado, mientras Jalber mira al horizonte por la ventana y sonríe como si el viaje le hubiera salido gratis.

Jordi es un fichaje inesperado, pero bienvenido. Lleva meses viajando en bicicleta y quiere pasar por todos los continentes.

—Pues, *nen*, crucé en barco desde Azerbaiyán hasta Uzbekistán, y luego me pillé un vuelo a Delhi porque estaba hasta el rabo de pedalear —narra él, con elegancia, justo cuando nuestro vehículo se detiene para que dos militares revisen nuestros permisos de tránsito y se sorprendan con nuestra presencia por estos lares. Surcando las montañas más gordas del planeta, seguimos la vera del río Sun Kosi hasta Dhulikhel, donde se produce el salto visceral del caos nepalí a la robotizada y militarizada ortodoxia china. Beijing controla el Tíbet por la fuerza y por la maña: docenas de inertes soldados, una bandera de China desproporcionadamente grande y surrealismo en las medidas de seguridad, que prohíben detenerse a leer los paneles informativos donde se informa de esta y otras prohibiciones. A nuestra espalda, Tsong asegura que alguien nos espera del lado tibetano y se marcha sin despedirse. Abandonados a nuestra suerte, no resulta sencillo convencer a los oficiales de la aduana de que la bici de Jordi es una bici y de que no necesita visado porque no es una persona, ni tampoco permiso oficial porque no es un vehículo motorizado, y que si su abuelo tuviera ruedas pues también sería una bicicleta pero que no las tiene y que por favor nos dejen pasar.

Horas más tarde aparece nuestro guía con un aire a Bruce Lee en la cara y un bastante de yonqui en los gestos, poco ayudado por un chándal de táctel amarillo fosforito que le queda grande como un saco. «Bienvenidos. Soy Jimmy. No me gusta la gente impuntual. Pronto me odiaréis» se presenta. Jimmy esconde con sospechosa chulería dos pequeños ojos rasgados bajo unas gafas de sol modelo aviador que follan solas. Nos explica el plan de la semana, milimetrado cual desembarco en Normandía, antes de que Jordi, a nuestro costado, se ponga a discutir con dos ancianas que sostienen enormes fajos de dinero en sus manos.

—¡De eso nada! ¡Dame la calculadora que lo haga yo! —exclama él, en plena pelea por lograr un tipo de cambio mejor del que le ofrecen.

—¿Tú crees que nos podemos fiar de él? —me pregunta Jalber.

—¿De Jordi? Hombre, sí. Por cinco pavos te vende a un laboratorio, pero parece buen tipo.

—No, joder, me refiero al guía —aclara.

—Pues no sé, tiene pinta de liante. A lo mejor es agente doble.

—¿Qué decís?, ¿en plan espía? —nos interrumpe Jordi, añadiéndose a la conversación.

—Fijo que el Gobierno chino usa guías como anzuelo para controlar posibles activistas extranjeros —argumenta Jalber.

—Yo le tantearía un poco —sugiero, subidos ya en un 4×4 cuyo conductor, Chung, se protege del sol con una pamela de corte victoriano que le confiere cierto aspecto aristocrático—: Venga, voy —tomo la iniciativa—. Bueno, Jimmy, ¿y qué tal las cosas por aquí, por China?

—Esto no es China —Jimmy muestra sus cartas—. Esto es Tíbet ocupado.

—¿Y no hay problema en hablar de ello? —pregunta Jalber, sorprendido.

—Si soy guía es porque me permite contar la verdad a los extranjeros.

—¡El tío no se corta un pelo! —dice Jordi, encantado de meterse en el ajo.

—Ojo, que si fuera un informante diría lo mismo —advierte Jalber.

—De hecho, me parece extraño que se ponga así de primeras —añado—. Nos acaba de conocer y ya parece el Nelson Mandela tibetano.

—Escuchad —interviene Jimmy, consciente de que estamos hablando de él, aunque no lo entienda—. Podéis preguntarme lo que queráis, pero, eso sí, debéis hacerlo donde nadie nos escuche ¿entendido?

Afirmamos con la cabeza, mientras Jalber susurra:

—Que acabamos en chirona, lo sabe Buda.

Primera etapa: desde Kodari hasta Tashilhunpo. Chung fuma dentro y fuera del coche. Se lo fuma todo. Si alguno de sus dientes no es ocre, es marengo, pero no le importa, sonríe cautivador cada vez que nos mira por el retrovisor, lo cual resulta menos halagador que inquietante.

—Esta es la carretera de la amistad —anuncia Jimmy—. Bueno, así dicen los chinos, pero nadie sabe a qué amistad se refieren.

La ocupación de Tíbet viene de lejos. Era octubre de 1950 cuando Mao levantaba el dedo índice apuntando al suroeste de Beijing, y el Ejército Popular de Liberación arrasaba este indefenso pueblo armado con escopetas de juguete que, en vez de munición, cargaban semillas de maíz, trigo y mostaza. Tras el ataque, vinieron tiempos de revueltas, de palos y de agentes de la CIA camuflados como escaladores para proveer armas a la resistencia tibetana anticomunista. Años después, ya espachurrado el intento de rebelión, el Dalai Lama huye hacia Dharamsala, en tierra india, ante la inminente amenaza de ser raptado. Pocas semanas después, los soldados chinos ocupan *de facto* este país celestial donde los rezos al alba importan más que los dígitos del PIB.

—El Dalai no huyó. Fue el pueblo quien le forzó a marcharse para salvarle —asegura Jimmy, mientras nosotros tiramos fotos a la nube que tapa la cima del Everest.

A pierna cambiada, hacemos el camino inverso del Dalai y nos adentramos en el altiplano tibetano, paraguas del mundo donde las bolsas de aire caliente elevan las nubes que emanan de esta cazuela magenta, la meseta más alta del planeta. Lo más cercano es el horizonte. De vez en cuando surgen anecdóticas aldeas que respiran vida pese a la falta de oxígeno. En ellas conviven tienditas de ultramarinos demasiado lejos de ningún mar, huertas de paneles solares y casas trapezoidales pintadas de blanco con cenefas exteriores de naranja selenio y azul cobalto. Los yaks nos miran coquetos y en cada curva se erige una estupa adornada por banderolas tibetanas que soplan mantras de colorines a los vientos del porvenir y la felicidad.

Tíbet es marcaje al hombre. Tras visitar un combo de monasterios y templos, sacamos el balón de la mochila antes de que Jimmy trate de enclaustrarnos:

—Ni se os ocurra iros por ahí, y mucho menos entrar en las casas de la gente —avisa él, recordándonos que en este lance del partido vamos a sentir el aliento de nuestro marcador en la nuca. No le da tiempo a cerrar la puerta y ya estamos pateando el balón por las calles de Tashilhunpo. Las vecinas nos miran recelosamente y cierran sus ventanas a cal y canto, probablemente advertidas de no hablar demasiado. En un momento así no es fácil ver el pase al hueco, así que cambiamos de banda y ascendemos por las colinas hasta obtener una vista de águila desde la que contemplar azoteas, estupas y multitud de grúas chinas que todo lo ocupan y todo lo cambian.

—Dale, tócala —Jordi, rodeado por un grupo de cabras y ovejas despendoladas, pide la pelota, ya más comprometido que nadie con el espíritu pachanga.

—Tú y las cabras contra nosotros dos —le reta Jalber.

—Va, *nen*, ¡no hay miedo! —responde, corriendo tras el balón que le he pasado con precaria puntería. El esférico hace carambola, rebota contra una piedra, acaricia unos arbustos e impacta en los faldones de un carnero. ¡Beeeh!, bala el animal, fingiendo que no le ha dolido, mientras trata de embestir la pelota con su cornamenta.

—¡Ey, tú! —grita Jordi, como esperando que se la pase, pero va a ser que no, y no porque el carnero sea un chupón sino porque por detrás de él aparece un tipo de piel curtida y sombrero estilo tirolés, que enfrenta al macho cabrío y le birla el balón con su palo de pastor cabrero. Nos mira, nos sonríe estirando sus mejillas abrasadas al carbón de la brisa, y chuta con fuerza, dejando entrever que aquí hay duelo.

—Yo, Jordi. ¿Tú?

—Samdup —contesta, diciendo lo que puede ser su nombre de pila o una forma amistosa de decir *vamos al lío* en tibetano. Decidimos que los postes de las porterías van a ser unas montañitas de cantos rodados que ya estaban por aquí y que Jalber dice que no son piedras sino huesos rotos, porque los zoroastrianos dejan los cadáveres en las cimas de las montañas para que los buitres cojan los huesos y los dejen caer desde lo alto para quebrarlos y poder acceder al tuétano. Jordi dice que son estupas, pero creo que quiere decir que son ofrendas budistas a los dioses, y Samdup pasa de ambos mientras da toques a la bola y yo acumulo esguinces salvando las tarascadas de las cabras, que iban de pasotas pero defienden con firmeza su posición sobre el campo.

—¡Saca, va! —apela Jordi a Samdup, que, en vez de pasarle, decide chutar directamente a puerta. Balón a Medellín. Se veía venir. Me toca correr colina abajo, raspándome bien a gusto con rocas y matojos, para buscar el balón. Cae un nuevo esguince. Hoy acabo en los buitres.

—¡Pero venga, tío! ¡Date vida! —oigo a estos cabrones gritar desde lo alto.

—Tomad, anda —replico, chutando el balón de vuelta para que reanuden el juego. Cuando retorno ya no son tres sino cinco jugadores, pues dos adolescentes se han incorporado a la batalla caprina. Equipos difusos. En la grada relucen los 8188 metros del pico Cho Oyu, sin que la falta de oxígeno impida a Jalber lanzar un ataque con fervor segoviano: se va de uno, se va de otro y ¡Beeeh!, se le aparece una oveja mal esquilada para cerrarle el paso. «¡¿Pero esto qué es?!» se lamenta, un poco con razón, un poco para no tener que bajar a defender.

Me deja solito en la defensa, contratacan en tropel, un adolescente sin nombre conocido se la pasa a Samdup, quien se deja acorralar por mis patas de pulpo, aunque justo cuando voy a picarle la bola se saca un tacón de la manga y la lanza hacia delante, consiguiendo dejarla cerquita de la portería para que Jordi llegue a lo búfalo dispuesto a rematar con una cara de ilusión que si no acaba en gol acaba en tragedia. ¡Pum!, suena el puntapié, suave pero preciso, al centro de la bola para que esta acabe en el fondo de la… ¡Ouuuh!, aúlla el perro de Samdup, un lobero de tonos pardo-grisáceos que se interpone entre la vida y la gloria para impedir el gol y mandar la pelota de nuevo al barranco tibetano. «¡No me jodas, *el gos dels cullons*!» se lamenta Jordi en catalán, mientras Jalber se ríe entre dientes, trotando ladera abajo para recuperar el balón que esta vez se ha colado en el patio de una de las pocas casas de adobe que sobreviven acá.

—¡Corred, venid! —grita Jalber, que ha decidido saltar la tapia en vez de llamar a la puerta.

—¿Qué pasa? ¿No lo encuentras? —pregunto, apoyando las palmas de mis manos sobre el muro para elevar mi cuerpo y asomarme a ver el interior.

—Mira ese cartel —indica Jalber, apuntando con el dedo hacia una foto colgada tras el ventanal de una especie de atrio. En ella se ve a un crío de rostro sucio y mirada asustada.

—¡Ostras, sí! Me suena esa cara —respondo—. Pero no caigo…

—Panchen Lama —oímos decir a nuestras espaldas. La voz de Samdup, rota de convertir palabras en tabaco picado, nos refresca la memoria.

—¡Claro! Es el del póster que vimos en Dharamsala, ¿te acuerdas? El chaval desaparecido —Jalber palmea mi hombro con excitación, recordando la multitud de retratos de un mismo niño que vimos colgados en los jardines del palacio del Dalai Lama, y le pregunta a Samdup:

—¿Panchen dónde?

—Panchen Beijing —contesta él, elevando las manos hacia el cielo—. No Panchen, no Tíbet —añade, con un bajón que a ver quién es capaz de remontar la partida ahora.

Jalber salta fuera de la casa, donde no había nadie o nadie se ha atrevido a haber, y le ofrece el balón a Samdup como regalo, pero este se niega aceptarlo.

—Menos mal, tronco, porque si el Jimmy tiene que llevarnos al Decathlon… —avisa Jordi. Samdup no entiende ni papa, pero tampoco le preocupa. Sonríe y se va, con menos cabras de las que traía, descendiendo suavecito, palo en puño y bota en roca.

*

El vaho de las ventanas se trasluce escarchado. Llevamos más de una semana atravesando Tibet y, si algo se repite, es el frío nocturno, las mantas con ácaros y nuestras toses mañaneras al despertar.

—Buah, *nen*, el agua del grifo sale congelada —advierte Jordi, volviendo del baño.

—Pues se va a duchar Perkins —advierto.

—Yo sí me ducho, chavales, lo necesito —Jalber se olfatea la axila izquierda con cara de estar chupando un pomelo, y encara el pasillo con toda la determinación que puede conferirle una toallita de manos.

Tras desayunar poco y mal, Jimmy espera en el aparcamiento, nervioso y desquiciado por el asalto al plan:

—¡Es tarde! Si no salimos a tiempo vamos a tener problemas.

—Ey, Jimmy, que por quince minutos tampoco va a pasar nada —nos disculpa Jordi, tratando de establecer un acuerdo para futuros retrasos.

—Quince minutos cambian todo en los controles —replica él, una vez arrancado el coche.

—¿Qué significa eso? Se llega cuando se llega —salta Jalber, con el orgullo aún dolido por haber vuelto a la habitación dos minutos después, maldiciendo el frío y sin haberse duchado.

—Cada tour tiene un horario fijado. Si tenemos la salida a las 7:00 y el primer *checkpoint* está a treinta kilómetros, nuestra llegada está prevista para las 7:42 —explica Jimmy, escoltado por Chung, que esboza una sonrisa de afirmación mientras arranca el jeep—. No podemos llegar más tarde.

—Bueno, pues aceleramos un poquito y ya está —propone Jordi, ante lo que Chung, que parecía no hablar nada de inglés hasta ahora, mira a Jimmy y aprieta el acelerador.

—Que, por cierto, vaya carretera guapa os han hecho los chinos, ¿eh? De esta no te quejas... —vacila Jordi a un Jimmy que no acaba de reírse del todo.

—Es verdad —afirma Jimmy—, aunque solo sea para expoliar nuestros recursos —aludiendo, probablemente, a los yacimientos tibetanos de litio, unos de los pocos descubiertos en el mundo. China lo extrae y lo acopia durante años para restringir la oferta. Cuando sube el precio, lo vende todo de golpe y desploma el mercado. Una jugada ya ensayada en el mercado metalúrgico, donde China se puede permitir almacenar sin que el tiempo ni los ratones jodan la mercancía. La ocupación de Tíbet es clave en esta estrategia de acopio de materias primas, y por ello vigila cada movimiento para asegurar el destino de sus beneficios. Antes de cada control de carretera, paramos un rato en el arcén para hacer tiempo, porque si llegamos antes de la hora prevista nos multan por exceso de velocidad, y si llegamos tarde, nos multan por, supuestamente, haber dedicado tiempo a hacer algo indebido—. Como, por ejemplo, hablar con quien no debéis —revela Jimmy, asomando sus párpados por encima de las gafas. En los templos, más de lo mismo:

—Una cosa, ¿del Dalai no hay fotos porque China no deja o porque… —pregunto.

—Ssshh, por favor, luego hablamos en el coche.

—Jimmy, ¿ahí pone Panchen Lama? —inquiere Jalber— ¿Ese no es el chaval desaparecido?

—Ssshh, calla —le corta Jimmy, tenso como cable de acero—. Mejor hablamos en el coche —dice dejando atrás la foto de un niño ataviado con un gorro amarillo acabado en punta, a medio camino entre un elfo y un nazareno.

—Es que ese de la foto —replica Jalber— se ve que es un *fake* brutal…

—¡Se acabó! ¡Vámonos! —Jimmy sale bufando del templo y se dirige al aparcamiento—. ¡¿Qué os he dicho?! —exclama, mientras nos abrochamos los cinturones con celeridad para seguir la ruta antes de lo previsto—. ¡Pues claro que el Panchen está secuestrado!

—Entonces, ¿quién es el niño de la foto? —curiosea Jalber.

—¡Otro! El Gobierno chino seleccionó a otro niño como Panchen Lama.

—O sea que ahora hay dos Panchens…

—¡No! Solo uno, pero obligan a los monjes a poner la foto del otro…

—A ver, que, en todo caso, el importante es el Dalai, ¿no? —lanza Jordi, sin anticipar que Jimmy le iba a matar con la mirada—. Bueno, que el Panchen también está guay, no me malinterpretes…

—Mirad, existen tres reencarnaciones de lamas: el *Dalai*, que es la compasión; *Karmapa*, la energía, y *Panchen*, la sabiduría, que es, de hecho, el de mayor jerarquía —describe Jimmy—. El Dalai y Karmapa están exiliados, pero el Panchen no. Justo después de que el Dalai Lama anunciara al, entonces niño, Chökyi Nyima, como reencarnación del anterior Panchen Lama, este fue secuestrado junto a toda su familia. Tenía tan solo seis años, y de esa manera Beijing boicoteaba la línea de sucesión, puesto que el Panchen es el único lama legitimado para revelar la reencarnación del próximo Dalai.

Jimmy da sentido a las palabras de Jampa, el refugiado tibetano en Dharamsala, que aparte de jugar fatal, nos contó que si el Panchen no aparecía, todos desaparecerían. El actual Dalai Lama va camino de cumplir noventa años, y ningún otro Dalai será aceptado más que el designado por el Panchen; el preso político más joven de la historia. Su tragedia vive en el suspirar colectivo del pueblo tibetano, junto a los ciento veintiséis monjes quemados a lo bonzo y los más de dos mil monjes expulsados de sus monasterios por rechazar la autonomía sin autogobierno acordada entre China y el Dalai Lama para frenar el genocidio de civiles.

—Beijing ha volcado mucho dinero en zonas de minorías étnicas pensando que el bienestar de la modernización puede transformar nuestra identidad. No tienen ni idea —sentencia Jimmy, con una rabia camuflada hasta ahora, sabedor de que es en las historias contadas antes donde germina la libertad del después—. Pueden saquearnos mucho más todavía, pero no vamos a rendirnos jamás —asegura Jimmy, y Chung asiente con la cabeza formando turbulencias alrededor de su pamela. Almas tibetanas, quizá los renglones menos torcidos de cualquier dios.

Al amanecer en Lhasa, capital del Tíbet, una viejita que ya hervía el caldo antes de que Mao llegara al poder nos da una sopa de gallina que arde como el infierno. A Jimmy no le importan las llamas. Está deslumbrante, pues hoy podrá ver a su mujer y a su hija, aunque intuyo que la principal razón de su humor sea el inminente final de nuestro tour. Los tres barbudos soplamos con paciencia sobre los borboteantes cuencos, cuyo humo llora frente al retrato en la pared del último mártir tibetano quemado a lo bonzo. Esto sabe a despedida; mañana Jordi partirá hacia Xinghai, y nos vamos a echar de menos, aunque Jimmy se haga el duro y siga sorbiendo fideos con la indiferencia de quien arrastra demasiado dolor.

Circunvalando el templo Jokhar, hordas de peregrinos se lanzan cuerpo a tierra como en un campo de entrenamiento para kamikazes. Suenan impactos de rótulas, codos y barbillas contra los adoquines, en un show de miles de personas, campesinas sobre todo, que llegan hasta Lhasa para realizar sus *puyas* y rendir culto a Buda a ras de suelo. Cuanto más entregado sea el planchazo, mayor mérito espiritual para el feligrés, y quizá más corto el camino al paraíso.

—Aquí no verás un McDonald's —asegura Jimmy, ajustándose las patillas de sus gafas de proxeneta en paro. El aspecto ancestral retro-*vintage*-medieval de Lhasa está en peligro de extinción bajo la amenaza turística de Beijing, que pretende convertir este reducto de pureza en un parque de atracciones místicas para su imparable clase media. Pequeñas tiendas de comestibles regentadas por familias han —etnia mayoritaria en China— sustituyen a los antiguos puestos locales, un modelo de absorción comercial ya visto en Londres, Berlín o Barcelona. —Las familias reciben ayudas por venir aquí, y además no tienen que pagar impuestos —expone Jimmy, aludiendo a tácticas de guerrilla económica.

—¿Cómo sabes que son han sin hablar con ellos? —pregunto, arriesgándome a parecer idiota.

—Mirad lo que hay escrito al lado de la puerta; nosotros, junto al número en chino, siempre añadimos el número en tibetano. Es una forma de mantener nuestra identidad.

El futuro de China es el pasado del Tíbet. Según Beijing, los han solo representan un 3 % de la población total, pero fuentes tibetanas estiman que son ya el 50 % de las personas residentes en Lhasa. La verdad, en geopolítica, quizás no existe, así que nos centramos en la única certeza palpable: el balón es un imán. Hechizado por la química de sus hexágonos, Jalber sale corriendo en cuanto ve una pelota multicolor asomándose por entre las callejuelas del distrito Bokhar. Hace del esférico una pluma para bajarlo del aire con delicadeza y posar su pie derecho sobre la bola, determinado a encontrar un portero al que desafiar. Al segundo, se le acerca un chavalín con coletilla abertzale para pedirle el balón de vuelta, y los brazos en jarra de Jalber son señal inequívoca de que aquí hay pachanga.

Nos unimos al grupo de críos con la espontaneidad de un fuego fatuo. Jimmy se raja y nos deja sueltos sin ver riesgo de fuga; tras diez días en chándal, poco lo aprovecha. Jordi, más pachanguero que la canción del verano, se apunta sin dudarlo. Es nuestro último día juntos, y probablemente no nos volvamos a ver, pero hay que reconocer que el catalufo nos ha robado el corazón. Hijo pródigo de La Masía, toca el balón rápido y certero. Lo contrario que los chavales tibetanos, multiplicados por mitosis, que antes eran tres y ahora son siete. Luego diez. Se unen niñas. Van catorce y subiendo. Estampida. El escaparate de una galería de mandalas[10], un adoquín roto, dos

[10] En sánscrito, significa círculo, y son estructuras de diseños concéntricos que representan la composición repetitiva de la naturaleza y la infinitud del universo.

farolas analógicas que en realidad son candeleros y una motocicleta hacen de postes en este cohete retrotemporal hacia la España de los noventa cuando toda plaza era aún trinchera. Pelota sin frenos. Pulsaciones a 5000 metros de altura. Pulmones, ¿dónde estáis?, ¿por qué os fuisteis? Las sienes palpitan pum-pum. Nos repartimos solidariamente el poco oxígeno que queda en el área y la luna del escaparate tiembla en cada patada, como tiene que ser. Una anciana sale de un portal bufando como si ya viniera quejándose desde casa; un transeúnte venido arriba resbala al intentar una *frivolité* con el balón, y un monje se incorpora a mi equipo con tantas ganas de marcar que uno duda de su verdadera vocación.

—¿De dónde sois? —pregunta él, cubierto por una túnica de color granate a la que le sobra tela.

—Españoles —replico.

—Yo, catalán —puntualiza Jordi, ante lo que el monje masculla un: «¡Wow!» difícil de interpretar.

—¿Os gusta *Xīzàng*[11]?

—¿Cómo? —pregunto, sin entender a qué se refiere.

—China, si te gusta China —aclara, en un inglés sietemesino. El hombre tiene una sonrisa de anuncio, va rapado al cero, como manda la costumbre, y calza esas sandalias de río que tu madre te compra antes del campamento estival.

—¿China? Eh…, sí, está bien —respondo, un poco a bote pronto, y corto la cháchara para salir al corte de un balón largo que Jordi le ha tirado al pequeño mohicano de la coletilla, su delantero predilecto desde que le quitó el balón de las manos sin mediar palabra. Busco ayuda en la salida, pero por falta de gafas y de aire, no distingo compañeros de rivales.

[11] Vocablo del chino mandarín para referirse al Tíbet desde un punto de vista sinocéntrico.

El monje se queda en la retaguardia y Jordi aprovecha las dudas de Jalber para robarle la cartera y disparar desviado, ante las quejas del de la coletilla torera, que estaba solo para empujarla.

—¿Adónde vais ahora? —el monje sigue su interrogatorio.

—Mañana cogemos el tren para Beijing.

—¿Sois budistas?

—En realidad, no. Pero nos gusta mucho la cultura tibetana…

—¿Periodistas? —añade, sonriendo vistosamente para buscar complicidad.

—¿Lo parecemos? —contesto, fingiendo no darle importancia, y alejándome para correr hacia el balón. Ya empieza a hacer falta un golito, y yo, que quizás no lo he dicho aún pero soy más competitivo de lo que reconozco ser, me decido a intentar abrir el marcador, con el aliciente de poder celebrarlo tirándome al suelo en plancha como buen peregrino. Eso sí, lo hago confiando en que el monje, cuyo nombre me ha dicho pero no he entendido, haga su parte. Le paso la bola y tiro el desmarque seguro de que sabrá interpretar mi infalible diagonal y mandarme un centro elevado con el que superar el enjambre de defensas que por muchos que sean no me llegan ni a la cadera.

—¡Va, pasa! —grito, acelerado. El monje me mira con frialdad, su mente calcula ecuaciones trigonométricas para hallar el pase perfecto y se dispone a picar la bola cuando ¡plash!, el tipo se enreda con su propia túnica, que de tantos pliegues parece una columna salomónica, y cae rodando contra las losas de pizarra.

—¡Mira! Otro haciendo plegaria, *nen* —dice Jordi, sacándonos una risa maliciosa a Jalber y a mí, que nos acercamos para ayudar al monje a levantarse.

—¿Estás bien? —pregunta Jalber, asiéndole del brazo para ayudarle a levantarse.

—Sí, sí, tranquilos —dice el monje, trastabillándose al hablar.

—Chato… —me susurra Jalber, señalándome con sus ojos los bajos de la túnica, por donde cuelga un cable negro.

—No fastidies —digo a Jalber, con incredulidad—, no creerás que…

—Claro que no. Serán los cascos para escuchar el partido, no te jode.

El tipo se percata de nuestras miradas y reacciona ante el desliz, recogiendo el cable para reacomodarlo entre las dunas de tela que le envuelven. La bola sigue su curso. El hombre junta las palmas de sus manos por delante del abdomen y, tras hacer una reverencia, se aleja calle abajo, sin epílogo ni dilación.

Jalber y yo nos miramos sin saber qué decir. Podría ser un agente doble con un kit de radioescucha bajo la túnica. También podría ser técnico de sonido o estar escuchando música en el iPod. Lo que sea, pero seguro que monje de ofrenda y plegaria no es.

PINCHAZOS Y CALAMBRES

La pelea con el taxista incluye forcejeo para salvaguardar las mochilas y el balón que se quiere quedar como pírrica compensación por no estar dispuestos a pagar el doble de lo acordado por llevarnos hasta la plaza Sukhbaatar. Nadie dijo que cambiar el juego de banda fuera un éxito asegurado, pero de ahí a recibir esta segada, hay un trecho.

Ulán Bator: grisácea, humeante y traidora, que va de veraniega y hace una rasca que flipas. En esta esquina del mapa, donde acaba un mundo y empieza otro, el aura de Gengis Kan y la arquitectura estalingradista perfuman cada barriada de bloques de hormigón. El frío permite a los heladeros ambulantes conservar el mantecado sin necesidad de enchufes. Las chimeneas lanzan tosidos de hollín hasta convertir la capital en mina de carbón. En cada parque hay un banco, y en cada banco un alcoholizado besando la lona entre golpes de frío y noches al raso. Gajes de la latitud, de ser marioneta soviética y de gritar callados cada vez que un opositor era purgado, como lo fue el primer ministro mongol Peljidiin Genden tras negarle a Moscú el capricho de cepillarse cien mil lamas budistas en 1935. Sesenta años después de aquello, un partido no comunista ganó por vez primera las elecciones, y desde entonces Mongolia es libre para seguir siendo saqueada por sus propios dirigentes.

Es momento de ver cuán libres somos nosotros para seguir sorteando rivales. Un mástil con la bandera rojiblanquiazul ondea sobre un laberinto de soldados, concertinas, kaláshnikovs con resaca y controles de metales. Chequeos varios desembocan en el despacho de un sonriente señor cuyo cargo de cónsul contrasta con su más que nítida borrachera.

—¿Españoles? Uf… no, no puede ser, ¡hip! —nos avisa, en inglés con acento ruso que suena a malvado de James Bond. Lleva un ciego que da gusto verlo, así que todo lo dice con cierta alegría, y eso hace más digestibles las malas noticias—. El visado tenéis que solicitarrlo en Eurropa, vuestro país —detalla, dejando claro que Rusia no es Europa y que, para él, Europa es un único país.

—¿Y qué hacemos? ¿Vamos y volvemos? No tiene sentido, hombre… —replico, contrariado.

—Vosotros verréis, ¡hip!, pero los eurropeos tienen que venir a Rusia desde Eurropa.

Se podría decir que no hay peor rival, ninguno, tan leñero, sucio e impredecible como un visado. No es que te dé una patada, es que te busca el tendón de Aquiles y te manda en camilla al vestuario. Sea porque un eurodiputado de tu país ha sido muy bocas, que tu ministra de Exteriores ha apoyado una coalición que no debía, o incluso que haya una disputa por territorios de ultramar, que el entrenador rival, con traje diplomático, arengará a sus cónsules para que no puedas pasar. «¡El balón o el jugador, pero los dos, no!». Y el defensa ejecuta: «visado denegado».

En este caso, las sanciones de la UE a Rusia por su injerencia en Ucrania tienen sus consecuencias para los viajeros de la zona Schengen, y esto hace saltar la pachanga por los aires.

—Es que… tenemos un partido —anuncia Jalber.

—¿Qué parrrtido?

—Un partido de fútbol —replica él, mientras yo asiento a todo con la mirada.

—¿Cómo que un parrrtido? ¿Dónde?

—Nos esperan para jugar un partido importante en… Kazán.

—¡Pero si yo soy de Kazán! —dice el tipo, reacomodándose en el respaldo de su butaca.

—Pues entonces… —fluye Jalber, que tiene más ases que mangas.

—A verrr, a verrr, quizás podemos darros un visado de tránsito…

—¿De tránsito? Perfecto. Eso queremos: transitar.

—Pero solo podrréis pasar una semana en Rusia.

—¡¿Cómo?! —exclama Jalber, haciéndose el indignado.

—Siete días con sus siete noches, ¡hip! ¡Ni una más! —sentencia.

El Transiberiano tarda seis días en llegar desde Ulán Bator hasta Moscú, pero, visto el percal, nos parece una oferta irrechazable. Dejamos pasaportes, copias de nuestros billetes de tren, formularios y dinero. A cambio, obtenemos un resguardo y el apretón de manos de quien probablemente se encarga de los hielos en los botellones de la embajada.

—Tú, ¿de dónde te has sacado esa mierda del partido en Kazán? —pregunto a Jalber a la que salimos por la puerta de la embajada.

—Buah, pues un poco a voleo. Supongo que por el equipo del Rubin Kazán…

—Pero ¿esos no eran ucranianos?

—Yo también lo pensaba —confiesa Jalber—, pero, oye… ¡Que viva la madrre patrria!

Ahora, ¿qué hace uno en Mongolia cuando tiene que esperar quince días hasta que salga su Transiberiano? Pues intentar cruzar la estepa. Pero eso, el tipo con aspecto de asesino en serie que nos alquila un par de motos, no lo sabe. Nuestra logística: cuatro alforjas, quince kilos de comida, una tienda de campaña permeable y balones para repartir por el camino. A Jalber no le gustan los motores ni la velocidad. Yo necesité cinco teóricos y cinco prácticos para sacarme el carnet de conducir y ninguno de nosotros ha manejado cilindradas superiores a la de una escúter. En estos armatostes pone 250 c. c. Miro a Jalber poniéndose el casco y la moto le queda como a un Cristo dos pistolas.

—Oye, tío, ¿estamos seguros de esto? Son un poco tochas —cuestiono.

—Pequeñas no son, desde luego —confiesa Jalber—. Pero estando aquí… a chuparla.

Me encanta este tipo. Está tan cagado que parece valiente. Creo que su nivel de yuyu ha llegado tan al límite que lo ha transformado en ganas. Trato de arrancar la moto, copia barata de una Harley Davidson, a la que he bautizado *Josefina* tratando de ganarme su confianza, pero nada, no hay manera, se cala una vez, dos veces, tres y… ¡brum!, a la cuarta salgo disparado comiéndome la valla de la finca y la confianza del dueño.

Nos bastan cinco kilómetros para cerciorarnos de que el mapa comprado en la gasolinera no coincide ni con el paisaje ni con las indicaciones recibidas. Todo es arena donde se suponía sendero. Los camioneros nos señalan una dirección, después rectifican y marcan lo contrario, cae la noche y descubrimos que a la moto de Jalber no le funcionan las luces. Por fortuna, hemos avanzado tan poco que la contaminación lumínica de Ulán Bator aún nos regala cierto resplandor y, para celebrarlo, nos detiene la policía:

—Documentación, por favor —solicita el agente, en cuanto me destapo la visera del casco.

—Jalber, ¿tú tienes carnet?

—Sí, claro, ¿tú?

—Déjame el tuyo, anda…

—Sí, hombre, y cuando me lo pida a mí, ¿qué hago?

—A lo mejor no te lo piden.

El agente revisa los papeles de la moto y mi supuesto carnet. Luego se dirige a Jalber y, mientras este le da los papeles de su moto, yo le devuelvo el carnet a Jalber, quien se lo entrega de nuevo al agente, cabizbajo. Lo revisa en detalle y, cuando parece que va a decir algo, Jalber saca el mapa para preguntarle dónde estamos. El hombre no responde a su pregunta y frunce el ceño durante unos segundos, buscándonos con su mirada, hasta que ata cabos y se envalentona para decir: «Muchas gracias. Buen viaje».

Cuando el mercurio hace puenting en el termómetro, descendiendo diez grados en menos de una hora, decidimos acampar junto a lo que parece una carpa de circo. Sacamos la tienda de campaña y nos refugiamos del frío hasta que oímos pasos aproximándose.

—Tomad, os vendrá bien —dicen los gestos de una señora que nos ofrece dos cuencos de sopa. Ella, oronda y de pupilas inocentes, ha salido de la carpa, pero bien podría haber bajado del cielo—. Pasad dentro. En el *gher* no hace tanto frío —indica, refiriéndose a su yurta, la tradicional morada de las familias nómadas. Un armazón de listones abrazados al pilar central, cubiertos por cueros y fieltros de lana, que en treinta metros cuadrados exponen toda la dureza de una vida trashumante, mudándose cada tres meses de un pedazo de tierra al siguiente, sin tiempo para encapricharse por lo material y superfluo. Rescatados al calor del fuego, caemos roque hasta la salida temprana del sol.

Mongolia huele a orgullo rústico. Nuestro terreno de juego nunca estuvo en mejores condiciones, pero tampoco hubo nunca tantos espontáneos: caballos, cabras, camellos y ovejas surgen en manadas, rebaños, grupos y pandillas desde ambos lados del agujereado camino. Las motos, comatosas, no tardan en sufrir los primeros achaques. Se rompe la cadena de Josefina, desmontamos las alforjas de los faldones traseros y sacamos las herramientas. Ahora solo nos queda saber usarlas, o confiar en que aquí, acostumbrados a largos viajes por tierras rotas y deshabitadas, todo mongol tenga nociones básicas de mecánica. Jalber se va a buscar ayuda. Yo espero, observando que Atila nunca pasó por esta zona, o que si lo hizo, fue al trote, para que la hierba se olvidara pronto de su caballo y creciera recia, danzando al son del viento.

Un par de horas después, un transportista nos ayuda reparando la cadena y ofreciéndonos un curso intensivo sobre cómo hacerlo nosotros solos la próxima vez. De paso nos presenta a su amigo *kumis,* un licor ancestral elaborado con leche fermentada de yegua que, por lo visto, en Mongolia es ahogador de penas y cómplice de alegrías. Beber *kumis* es una especie de tasa, un arancel para seguir adelante; ebrias leyes esteparias. El entorno deslumbra con sus cambios radicales, la hierba infinita se transforma en matojos y las colinas se aplanan ante el oligopolio de polvo y arena que domina el paisaje con unos ocres y dorados que ni Van Gogh. Por la ausencia de yurtas en las últimas horas, deducimos que estamos en el desierto de Gobi, aunque siendo el país más despoblado del planeta, quizás estamos en una capital de provincia el día del pregón.

—¿Tú crees que vamos bien? —pregunta Jalber.

—Sin duda —contesto, mostrándole mi hipócrita dedo pulgar hacia arriba.

Rodamos durante horas entre Marte y Plutón, hasta que de pronto, sin aviso ni margen de frenada, surge una ladera letal. Lo que en otro lugar sería un barranco con el cartel de prohibido pasar, aquí es autopista de peaje. Sin alternativa, me tiro cuesta abajo oyendo el cancaneo de mis dientes, y cuando miro por el retrovisor, esperando ver a Jalber, me encuentro con Dante Alighieri poniéndome las largas para bajar a los infiernos con más divinidad que comedia. De mi compañero no hay ni rastro. Tampoco ayudan las nubes de tierra, ni que el espejo siga tan roto como descolocado. Intento frenar derrapando con las ruedas, las zapatillas y el corazón, tanto que giro sobre mi propio eje y acabo de espaldas a la pendiente, lo cual no solo sirve para quererme morir sino también para observar el drama de Jalber en la lejanía: se ha bajado de la moto, su neumático trasero ha quedado aplastado contra unos cactus y está a punto de salirse de la llanta. El primer pinchazo llega inoportuno cual boda de penalti, pero era de cajón: si no calientas bien, luego llegan los calambres.

—Jalber, ¿tú te acuerdas de lo que nos enseñó el de antes?

—¿Quién? ¿El que reparó la cadena?

—Ese. Algo nos dijo sobre cómo usar los parches…

—Escucha, no sé ni coger una llave inglesa…

Tirados e ineptos, mantenemos la calma durante horas hasta que logramos asaltar a una furgoneta. El conductor habla inglés, se presenta cordial y decidido a ayudar.

—Tranquilos, Kheran es mecánico —anuncia Batar, refiriéndose al marido de su hermana, que ya se ha puesto a revisar la rueda.

—*¡Muu, jiat muu!* —los gritos de Kheran y sus pulgares girados hacia abajo confirman la pésima calidad de las motos.

—Dice que son motos fabricadas en China —le traduce Batar—. Y que los chinos no saben fabricar cosas buenas.

Kheran es delgadito. Batar es enorme, con mofletes divergentes y un chándal de color azul eléctrico haciéndole flaco favor.

—¿Tenéis herramientas? —demanda.

—Pues, cámara de repuesto y varias llaves —responde Jalber, mientras Kheran desmonta la rueda trasera con la mano que no sostiene un cigarrillo.

—Toma apuntes, Jalber, toma apuntes —le urjo, asumiendo que habrá más pinchazos.

—*Muu, muu…* —Kheran ha detectado el boquete y refunfuña sin disimulo ante la raja que surca el caucho de norte a sur. Visto y no visto, el cuñado sustituye un tubo por otro, desgasta el pedal del inflador y da el trabajo por finalizado—. *¡Ugui, ouh!* —concluye Kheran, que se maneja básicamente con onomatopeyas.

—¡Listo! Ahora toca celebrarlo —anuncia Batar, subiéndose a la furgoneta para trincar la garrafa de *kumis*.

—Nos habéis salvado la vida —reconoce Jalber, ignorando que el licor probablemente se la quite. Por si le faltaba excentricidad a la escena, Batar vuelve con un halcón sobre su antebrazo.

—Y eso… ¿vuestra mascota? —pregunto a Batar.

—¡Oh, no! Es para cazar. Lo pilla todo: conejos, comadrejas, incluso zorros.

—¿Quieres decir que el halcón caza para vosotros?

—¡Claro! Es como esos palos que usan en Australia —cuenta, dibujando la silueta de un bumerán en el aire—. El halcón siempre vuelve con su presa —Batar habla inglés con la destreza con la que pasa el bol de *kumis* a Jalber—. Te gusta, ¿eh?

—Sí, claro, muy bueno —miente él, mojando sus labios en la leche amarga y haciendo ademán de devolverle el cuenco.

—No, no —rechaza Batar, educadamente. Como plan B, Jalber mira a Kheran para deshacerse del brebaje, pero Batar le frena—. No puedes pasarlo hasta acabártelo.

—No jodas… —murmulla Jalber entre dientes.

—*¡Ouh, ugui, muu!* —Kheran, de pie junto a la moto, emite unos vocablos en mongol que suenan a problema.

—Dice que el neumático de repuesto también está pinchado —avisa Batar—. ¿Tenéis parches?

—Creo que sí —dice Jalber, volviéndose hacia su mochila—. Aquí hay uno.

—Genial, y pásale también el pegamento —solicita Batar.

—Mmm… —Jalber duda. Me mira. Le miro. Nos miran. Callados, los cuatro, hacemos del silencio el más fuerte de los gritos. Necesitamos ayuda externa. Subo a la furgoneta, conozco a la mujer y al hijo de Kheran, también a la esposa, la madre, el hermano, la cuñada, el hijo y los sobrinos de Batar. Esto parece una aldea. Con el trajín de mil baches llegamos hasta el asentamiento de yurtas más próximo y voy de carpa en carpa buscando un remedio para parchear el drama. Consigo dos bocatas de salami de caballo, un tubito de pegamento universal y dos barras de cola blanca para hacer manualidades. De propina, y sin querer, me derraman una taza de té hirviendo que me deja las ingles como crema catalana. El dolor, por fortuna, me facilita poner ojos de cordero degollado para implorar a Batar que me lleve de vuelta hasta las motos y que Kheran nos ayude con la reparación.

Anochece sin clemencia y, de regreso, a lo lejos, me parece ver una columna de humo entre las colinas; un fenómeno probablemente relacionado con los ciento setenta y cuatro pitis que Jalber se ha debido de fumar esperándonos.

—¿Qué pasa, Jalber? ¿Tenías miedo de que no volviera?

—Lo que tengo es miedo de volver a tener que beber la mierda esa putrefacta.

—*¡Mash mu!* —Kheran sigue a lo suyo, aguantando la linterna con los dientes.

—Dice que hay, por lo menos, cinco agujeros —traduce Batar.

—¡Pero si está nuevo! —clama Jalber.

—Calma, seguro que podemos parchearlos todos —propongo, cínicamente, como si yo formara parte de la brigada mecánica.

Una hora después, Kheran levanta el dedo pulgar para dar su OK a la operación, nosotros estamos sentados al borde del camino y Batar ha sacado una botella de vodka del furgón.

—España es el equipo de fútbol favorito de Kheran —revela Batar.

—*¡Ugui, Ugui!* —le rebate el propio Kheran— *¡Yerman!*

—Ah, dice que eso era antes, pero que ahora va con Alemania —puntualiza Batar. Su opinión encaja con multitud de conversaciones previas. Viajar siendo español era guay hace unos años, pero desde que la selección nacional dejó de acumular victorias, se ha ido perdiendo esa admiración por los indígenas del tiki-taka—. Y vosotros, ¿adónde vais con esas motos?

—De momento al lago Ögii. Después seguiremos hacia el oeste, hasta donde lleguemos.

—¿Donde lleguéis?

—Tenemos dos semanas hasta coger el Transiberiano para Rusia.

—Pero, ¿qué hacéis? Porque aquí no hay nada que ver…

—Pues, vamos jugando al fútbol para conocer gente y vivir otras culturas —revela Jalber, libre de vodka por ahora—. Si vemos a alguien jugando, niños, adultos, chicos, chicas, lo que sea, nosotros nos metemos a jugar.

—¡Eso es fantástico! Mi hijo juega muy bien al fútbol.

—¿Ah, sí? Pues mañana podíamos montar un partidito en el lago —sugiero, a lo que Kheran brama algo en mongol, demostrando que ya está cuajado.

—Kheran dice que nunca había visto a nadie viajando por aquí sin un grupo organizado.

—Nos gusta ir por libre —explico.

—Tampoco entiende cómo viajáis sin un guía local y sin saber de mecánica. ¿Tenéis GPS?

—No.

—¿Y un mapa?

—Teníamos. Pero se mojó y lo tuvimos que tirar.

—Al menos tendréis una linterna, ¿verdad?

—Eh… ¿Vosotros de dónde venís? —pregunta Jalber, que necesita cambiar de tema para no hundirse al recordar que nuestra única antorcha es un mechero.

—Somos de Altái, pero vivimos en Ulán Bator —dice Batar, entre sorbo y sorbo—. Es el único lugar donde tener un trabajo fijo. El campo es muy duro y todo está demasiado caro —Batar forma parte de esa mitad de la población del país forzada a exiliarse en Ulán Bator, una minipolis donde hoy se asienta, o se tambalea, la economía mongola no agropecuaria. Los cincuenta grados bajo cero que congelan la capital durante el invierno, y los 3400 euros anuales que ganan de media las familias, cuentan el drama de un país tan lleno de recursos como de obstáculos para crecer—. La mayoría de las cosas parecen haber dejado de ser nuestras —reflexiona Batar—. En el sur se encuentran las mayores minas de cobre del mundo, pero la maldita China las está explotando demasiado rápido.

—¿Empresas chinas con concesiones del Gobierno mongol?

—Sí, algo así. Pero son acuerdos firmados a base de sobornos y amenazas. China nunca ha perdonado que Mongolia les dominara durante siglos, y en cuanto pudieron, ocuparon lo que ahora ellos llaman Mongolia Interior, que es precisamente la zona con mayor concentración de cobre —expone él, acariciando al impávido halcón.

—Y tú, Batar, ¿a qué te dedicas? —le pregunto.

—Soy ingeniero de minas.

—Mira, tú, por eso sabes tanto del tema. ¿Trabajas con el Gobierno o en una empresa privada?

—Pues… trabajo para una compañía china.

Cri-cri… cri-cri…

—Ya…, pues al final ha quedado buena noche, ¿verdad?

Batar mueve ficha, aprovechando que la botella está casi seca, y nos avisa:

—Id por delante y así os iluminamos el camino, porque sin luces…

Cuando arrancamos, en la radio del furgón suenan los Boney-M y no nos queda otra que cantar todos juntos *¡Daddyyy, Daddy Cooool…!*, con un desafinar digno de denuncia, para confirmar que la vida sigue mereciendo mucho la pena.

Al despertar, la rueda de la moto de Jalber está desinflada de nuevo. Pinchazos y calambres.

—Otra vez, no, joder, no puede ser —se lamenta Jalber, con la mirada perdida del jugador lesionado que debe abandonar el campo al poco de empezar una gran final. Decidimos olvidar la tragedia y frenar un par de días para reparar cauchos y glúteos, además de aprovechar los espejos retrovisores como camerinos y afeitarnos barbas y cráneos.

—¡Ya estamos! —exclama el hijo de Batar, un niño rubio de trece años con obesidad precoz y unas botas de tacos cargadas de ilusiones. Con él viene su primo el Orejas. En los pies, un balón con el que tratan inútilmente de hacer malabarismos.

No están solos, pues más niños y más padres acuden a la cita con la pachanga.

—Bueno, pues ya están aquí —nos saluda Batar, que para darle ambiente a la mañana también ha venido disfrazado de futbolista—. ¿A qué hora acabarán las pruebas?

—¿Las pruebas? —pregunta Jalber—. ¿Te refieres al partido?

—Bueno, sí, vosotros sabéis lo que hacéis. Ya veréis, son muy buenos…

En el lateral del campo, que es una mar de espigas y estiércol, vemos a los demás niños esperando junto a sus padres la oportunidad de incorporarse al juego.

—¡Oye, pero no os quedéis ahí parados! ¡Venid! —grito, llamando a los muchachos a unirse.

—Eh, perdonen —nos dice un señor envuelto en chaquetón de lana y con las manos sobre los hombros de su hijo—. Pensaba que serían pruebas individuales, para que cada chico mostrase…

—¿Pero de qué pruebas está hablando? —pregunto.

—Ese señor nos ha avisado de que hoy eran las pruebas del Real Madrid…

—¡Del Barcelona, papá! —le interrumpe su hijo, vistiendo la camiseta naranja que usaba el Barcelona en los años noventa. Jalber me mira buscando entender telepáticamente lo que ocurre.

—Mucho me temo que el Batar este se ha pensado que somos ojeadores de un equipo importante —sugiero, atando cabos.

—Si es que no se puede hablar de nada bebiendo el puto *kumis* ese…

Sea como sea, Batar y Kheran han hecho correr la voz por los poblados alrededor del lago y lo que tenemos ahora aquí enfrente es un improvisado *casting* de promesas. El momento que llevaban toda la vida esperando, y nosotros, incapaces de aclarar nada, organizamos rápidamente una histriónica pachanga donde cada cual trata de exponer con orgullo sus cualidades técnicas.

Sobran dos carreras para que los chavales, asfixiados por el exceso de lípidos en su dieta, empiecen a caer como conos. «No puedo más» jadea el Orejas ante la decepcionada mirada de Kheran que, desde la banda, empieza a asumir el futuro de su hijo como mecánico.

Cuando el balón cae al lago, Jalber se saca instrucciones de la chistera:

—Va, prueba de velocidad, a ver quién llega antes... —y los chavales salen disparados hacia las gélidas aguas del lago Ögii, cuya orilla alberga tantos excrementos de caballo que ni Jalber ni yo nos hemos sorprendido esta mañana al descubrirnos ronchas en la piel.

—¡Pero, por favor! ¡Si es que son malísimos! —repite Jalber, que finge seriedad cuando algún jugador le mira de reojo para ver cuál es su reacción tras fallar un remate. Tanto surrealismo nos parte el corazón. Aunque lo verdaderamente surrealista es pensar que un ojeador auténtico vendría en moto hasta este rincón del mundo. Eso sí, ninguna realidad es capaz de frenar la fe en lo fantástico, y regalar ilusiones es legítimo si no hay estafa de por medio, o eso le digo a Jalber para que el show no decaiga. Algunos críos se van y otros siguen llegando. La pachanga se deshace y se reanuda por sí sola. Nosotros, hipnotizados como dos jubilados tras la valla de un parquin en construcción, continuamos corrigiendo posiciones y arengando a los pequeños para que den lo mejor de sí mismos, sabiendo que, a partir de ahora, en cada Navidad, cuando la ilusión se funda con la magia y mis sobrinos le pongan zanahorias a los camellos de Oriente, imaginaré las melancólicas miradas de los chicos del lago Ögii, atentos al teléfono, esperando que suene esa llamada del más allá, para sacarlos del más acá.

*

El desierto de Gobi es libertad y desamparo. Sobre la moto, combato la narcolepsia del paisaje preguntándome qué hago jugando por estos lares. Pienso en la familia, en el cáncer de mi tío que se fue y en el cáncer de mi tío que se quedó, en las últimas palabras de Huong en Vietnam cuando me dijo: «Ten cuidado. Te espera un gran amor, un gran peligro, y un profundo dolor».

Si tenía razón, confío en que el peligro fuera el accidente de tren en India, y que las otras dos estén por llegar, aunque eso será si llegamos nosotros primero, porque dentro de cuarenta y ocho horas tenemos que estar en Ulán Bator y a este ritmo no es muy probable.

Seguimos rodando hasta que el cielo ennegrece y acumulamos ya cinco paradas en boxes, todas resueltas de la misma manera: sentarnos en la arena, echar mil pitis hasta ver aparecer a un ángel salvador que gira cuatro tuercas, brindar con *kumis* y despedirnos bajo un intenso halo de «guiris: dais pena». A este punto, sin luces, gasolina ni dignidad, acampamos junto a una yurta familiar con la determinación de buscar no ya un mecánico sino un forense. Un señor mayor, canoso, fibroso y desdentado, nos saluda con una desgana que suena pretencioso llamar saludo. Nos invita a pasar, se sienta, su mano agarra un mando a distancia, apunta a la tele y empieza a cambiar de canal compulsivamente. Enfrente, una señora, mayor, canosa, fibrosa y sonriente, deja entrever que su casa es tan suya como nuestra, haciéndonos hueco como a hijos pródigos. Por nuestra parte, feo es gorronear, pero más feo es no agradecer, así que nos ofrecemos a cocinar unos *noodles* en la olla con más hollín del condado. El resultado es el que es, pero aun así nos atrevemos a repartir cuencos entre los comensales, que no son pocos, pues a cada minuto entran y salen personas de la yurta, y ninguna tiene mal comer.

—¡¿De España?! Olé, olé, ¡Manolete! —exclama el anfitrión, que representa los cuernos de un toro acercando sus dedos índices a las sienes. Tantos meses siendo interrogados acerca de por qué en España maltratamos a los animales de esa manera, y hemos tenido que llegar hasta la estepa mongola, donde conviven con el ganado sin sacrificarlo mientras no haya necesidad, para encontrar cierto fervor por la tauromaquia.

—Melschoi: M de Marx, E de Engels, L de Lenin, S de Stalin y Choi de Choibalsan —el patriarca nos revela el origen de su nombre.

—Muy comunista hay que ser… —suelto.

—No. Mi madre lo eligió así para protegerme —responde, o eso entendemos. Digamos que su nombre demostraba un grado de sumisión suficiente para contentar a los informantes del Partido en esos años en los que las purgas convertían a las mentes críticas en un solar.

—Algo de comuna sí que hay —replico—. Aquí no para de llegar gente, y lo compartís todo.

—Mi casa es tu casa, esa es nuestra ley. Aquí compartir es sobrevivir, puesto que algún día seré yo quien se quede tirado en mitad del camino, y ese día seré yo quien necesite refugio, ¿entendéis? —revela él, en un despliegue gestual suficiente para inferir sus ideas.

—Y toda esta gente que viene y va, ¿de dónde salen? No hemos visto ninguna casa alrededor —indaga Jalber, tras distraerse un rato chamuscándose los pelos del bigote al encenderse un piti con la lumbre.

—Los nómadas vivimos aislados para que el ganado no tenga que competir por el pasto —explica Melschoi, simulando que mastica hierba. Con unas trescientas cabezas de ganado por familia, resulta normal que sus principales amistades sean el sol y el viento. Eso sí, Melschoi considera normal viajar durante dos horas para simplemente compartir un té en la casa del vecino más próximo.

—Amigos, sí. Amigos bien —añade Khuna, su mujer, quien asiente a todo lo que dice Melschoi, oscilando su cabeza mientras da vueltas al caldo.

—Por cierto, he mirado el paquete de fideos que hemos cocinado y estaban caducados —anota Jalber, señalando los cuencos, todavía llenos, de nuestros anfitriones—. Para mí, que lo poco que han comido ha sido por educación.

—Por educación llevo yo una semana soplando leche podrida.

—Parece que Khuna ha preparado algo mejor para compensar nuestros manjares —se aventura a decir Jalber, poco antes de que ella reparta unos platos soperos con caldo de yegua vieja forrado por un edredón de grasa que cubre ríos de venas imposibles de mascar. Sorbo y sonrisa. Sonrisa y sorbo. Diplomacia gastronómica. En el aire, piezas de carne cruda cuelgan del tendal dejándose morir para su supuesta conservación mientras moscas trapecistas montan su particular Circo del Sol entre unos cartílagos que probablemente acabemos cenando. Si de lo que se come se cría, voy a tener un hijo de PVC.

Estamos contra las cuerdas. La moto de Jalber sigue hecha añicos, pero el partido debe continuar, y si no llegamos mañana a Ulán Bator, perdemos el tren, nos caduca el visado mongol y perdemos el visado ruso, haciendo saltar todo el partido por los aires.

Según amanece, Jalber se va con Melschoi a buscar un tubo de repuesto para la rueda de su moto, y yo veo posibilidades de pachanga con Batu, el sobrino de Khuna, y sus tres colegas que han llegado hasta aquí montados a caballo. Bueno, más que pachanga esto acaba siendo unas olimpiadas, porque solo dos de ellos juegan al fútbol. Otro cree que juega al básquet y pilla la pelota con la mano cada vez que le llega, botándola todo lo que le permiten los socavones del pasto. El cuarto en cuestión también juega, pero lo hace desde lo alto de su caballo. No sé si llamarlo balompezuña o futpolo, pero lo jodido es que nos gana, si por ganar se entiende que nadie le quita la pelota; claro que tampoco nadie se arriesga a sufrir una coz. Él ignora este hecho y se cree digno merecedor al balón de oro. Él y sus huevazos equinos.

—¡Mirad, mirad! —exclama él, reclamando nuestra atención—. Pon el balón ahí —me indica, por gestos, que coloque la pelota en mitad del campo y me aleje. El caballo bufa y levanta las patas delanteras en claro signo de que algo va a ocurrir—.

—Tranquilo. Solo está loco —comenta Batu, que debe estar acostumbrado a que su compañero joda todas las pachangas.

Justa medieval: por un lado, el jinete y su caballito mongol, que tiene aspecto de pony, pero si se pone farruco nos cruje a todos. Por otro, nuestro balón, plateado, reluciente, comprado dos semanas atrás en un bazar de Ulán Bator. «*¡Yihaaa!*» grita el crío, sacudiendo un taconazo al caballo en sus faldones traseros y ondeando las riendas para iniciar el trote hacia el disparo. Bueno, lo del disparo lo digo yo porque me hace ilusión ver a un caballo chutando, pero en realidad su objetivo es otro. A la que se acerca al balón, grita «*¡Dush!*» y, en un alarde de elasticidad propio del mismísimo bailarín siberiano Nureyev, trata de agacharse y pillar la bola con la mano sin bajarse del potro. Lo que nadie esperaba es que el jaco arrancara repentinamente a galopar estilo rodeo tejano. «*¡Suu!*» grita, tratando de calmarlo, pero es demasiado tarde. Los pies del chaval se enredan con los estribos tanto como sus manos con las riendas, y acaba volcando y siendo arrastrado por el caballo unos treinta metros que nos parecen tres mil. Magullado, con el pantalón hecho jirones y sangre en sus rodillas, la cara del jinete augura una buena bronca al llegar a casa; pero, oye, qué sería de una pachanga sin bronca al final.

Entre tanto llega Jalber de vuelta, sentado a la espalda de Melschoi:

—Esta moto es una mierda —sentencia, aportando criterios científicos en momentos de drama—. Como se vuelva a pinchar, la quemo; lo juro.

La yurta huele a lápida, a estiércol a tutiplén. Nómadas rudos, tozudos, curtidos en sus idas y venidas, me hacen sentir un niño de papá que no sabe limpiarse el culo solo, mientras Melschoi y Khuna no han parado de bregar desde que nacieron.

—Nos movemos dos o tres veces al año —explica él, mientras gesticula para simular la deconstrucción de la yurta. Constante mudanza donde el clima decide tu código postal, y nada falta y todo sobra. Enrollamos cigarros siguiendo el ejemplo de Melschoi, que envuelve tabaco picado con aroma a vinagre en viejos recortes de periódico. Cada calada al canuto es una afrenta a la laringe. Estamos tan integrados que logramos quitarle el mando de la tele y zapear hasta dar con una película de tintes épicos.

—¿Y ese?, ¿Gengis Kan? —pregunta Jalber, deduciendo que el film trata sobre el Imperio mongol.

—¡Gran Kan! —responde Melschoi con orgullo—. Es nuestro héroe, aunque los extranjeros le consideréis un salvaje.

—Su ejército era famoso por no dejar supervivientes —anota Jalber.

—Eran muy fuertes, sí, pero Gengis Kan no fue el mejor luchando, sino el mejor político —Melschoi apunta al legado del emperador, que creó las primeras zonas francas sin impuestos o la inmunidad diplomática para los mensajeros de otros reinos—. Mucho de lo que hoy somos, es mucho de lo que él quiso ser —nos deja entender Melschoi, quien considera oportuno recuperar el mando de la tele, sacar el *kumis* para homenajear al Kan y destruir, entre sorbo y sorbo, la sección de necrológicas del periódico que usamos como papel de liar para rular los pitis. Todo esto, amenizado por una película de tan alto contenido erótico que nos da cierto pudor mirar la pantalla, aunque ni a Melschoi ni a Khuna les sonroje lo más mínimo ver cómo un norteamericano gigante fornica con una tailandesa diminuta en un motel de carretera. Momentos así son los que empujan a uno a escribir las crónicas del partido, para que todos jueguen y nadie pierda.

Doblados y entumecidos, salimos de la yurta para ir a dormir a nuestra tienda de campaña que, por obra y gracia de un viento huracanado, ha salido despedida rumbo a Andrómeda. La encontramos colina abajo, convertida en un ovillo de plásticos. No sé si Melschoi cree que nos gusta dormir en una bolsa de supermercado, o si la película le ha puesto búfalo y esta noche quiere arrimarse a Khuna, pero en cualquier caso acabamos asfixiados, sepultados bajo un techo de nylon con fragancia de boñiga.

(Mañana es la jugada decisiva. Acostados. En silencio. Qué bueno es tener a alguien con quien sentirse cómodo estando en silencio. La luna está mórbida, el viento ha desahuciado a las nubes y ahora lucen estrellas haciendo del cielo un mar negro lleno de plancton luminiscente. Aquí está el universo entero, disfrazando de coincidencias todas esas cosas que a uno llevan esperándole desde que nació. Que sucedan, supongo, es cuestión de tiempo. Quizás por eso llamamos suerte al destino, para justificar nuestra falta de paciencia. Qué guapo está el silencio).

Salimos al alba confiando en rodar sin pausa y llegar a Ulán Bator antes del mediodía para devolver las motos, recoger nuestros pasaportes en la Embajada rusa y subir al tren Transiberiano a las seis de la tarde.

—¿Tú crees que nos devolverán la fianza de las motos? —pregunta Jalber, con la visera del casco subida, en la primera parada técnico-urinaria.

—Hombre, eso espero, no fastidies.

—Ya, bueno, si a ti te parece que una tienda de campaña rota, un camping-gas explotado, los retrovisores colgando y un pedal de freno sujetado con alambre no es nada, pues dale, ánimo. Yo con llegar me conformo, nene —describe él, asumiendo que la negociación va a ser tensa.

Dicho y deshecho. Unos veinte kilómetros después, suspira la rueda trasera de la moto de Jalber arrastrándose como una babosa.

—¡No me jodas, otra vez no! ¡Pero si lo cambié ayer mismo! —maldice él, desquiciado por la mala suerte—. ¡Estoy harto, no puedo más!

—Va, tranqui, vamos a buscar una solución.

—¿Pero qué solución ni qué hostias? Si es que da igual, se va a pinchar otra vez…

—A ver, ¿y si me piro con mi moto a buscar un tubo de repuesto?

—¿Tú? Pero si vas perdiendo gasolina todo el rato… ya verás, te vas a quedar tirado, y ahí sí que la liamos, separados e incomunicados.

—Bueno, hay que intentarlo.

—No sé yo…

—Si quieres, quédate tú con los pitis…

—Venga, vale. Aquí te espero —asiente Jalber, con docilidad yonqui.

—Oye, y si viene un camión o una *pick-up*, te plantas ahí, cual estudiante en la plaza de Tiananmén, y que nos recojan…

—¡Claro que sí! Y les pido que nos suban las motos, ¿verdad? Mejor aún, paro a un unicornio y le digo que nos lleve sobre su lomo mientras nos tomamos unas cañitas…

—Venga, me voy. ¿Quieres algo más?

—Con que vuelvas bastará —concluye Jalber, que, aun estando irritable, tiene gracia el cabrón. Me pongo el casco y salgo pitando, preguntándome por qué la vida se nos ha puesto así de jodida y emocionante. Enfilo una loma tras otra y trato de recordar en qué momento olvidé el lugar donde se ha quedado Jalber, cuando escucho un zumbido dentro del casco. Bien, fantástico, tengo una avispa atrapada entre la nariz y el visor. Ley de Murphy. Me rindo. Vamos, mami, dale duro, ya nada peor nos puede pasar, y ¡zasca! siento el aguijón en mi cuello como siente los cuernos un torero de esos que le gustan a Melschoi, quien ahora mismo estará preguntándole a Khuna de qué galaxia dijimos haber venido. Aúllo de dolor, freno, me bajo, me miro, me rasco, pica más, lo dejo, me resigno, subo, arranco y, veinte minutos después, la dueña de un puestito de carretera donde resguardan sus productos del sol en huecos bajo la tierra me hace saber que no hay mecánico ni repuestos en la zona. Compro tabaco, agua y chocolate. Todo básico, nada pertinente.

Apesadumbrado por la falta de soluciones, doy marcha atrás, empezando a asumir que estamos jodidos. El balón se cae al foso y no hay recogepelotas. Tal vez sea hora de recular y reconocer que todo el plan era demasiado ambicioso y que estamos jugando por encima de nuestras posibilidades. Toca desarrollar un nuevo plan, quizás volando hasta Europa, para salir de esta enredadera. Con la gasolina en reserva, sigo rodando y, a lo lejos, tras un cambio de rasante, veo la silueta de una mano extendida hacia el cielo y moviéndose con brío. Es Jalber, ¡sí! Es Jalber saludándome desde la ventanilla de un tráiler. Cuando me acerco, Jalber luce su mejor sonrisa bajo las gafas de sol, y me dice, con tono de mafioso calabrés: «Chati, sube que te llevo».

Su moto ya está en el balde del camión. Subimos la mía haciendo polea con cuerdas de esparto y ¡ale-hop!, de un brinco salto a la cabina para unirme al resto de la tropa.

Nueve horas de vodka, pitis, gritos y panecillos después, nos bajamos en Ulán Bator dando las gracias para confirmar que la amabilidad mongola está hecha de lo que están hechas las nubes.

Toca hacer balance: quemaduras de segundo grado, parásitos, una fianza nunca recuperada por haber devuelto las motos listas para hacer caldo y una cámara de fotos sustraída de mi mochila tras salir de la Embajada rusa al recoger los visados. Imagino la cara del ladrón viendo cientos de fotos de dos barbudos jugando al fútbol por las calles de medio mundo. No puedo enfadarme, así es la vida; un poco como la búsqueda del perfecto orgasmo, ir de fracaso en fracaso, sin perder nunca el entusiasmo.

TRANSPACHANGA

Sonaba el silbato de salida y las nubes de vapor hecho humo envolvían las ventanas de un compartimento que, en ese momento, aún parecía amplio y lleno de posibilidades. Tres días después, es un nicho.

Cualquier aspiración a disfrutar de la calma siberiana se esfumó desde que aparecieron por la puerta nuestros vecinos, tres israelíes y un militar ruso; en realidad, militares son todos:

—Estamos de permiso —cuenta Eran, uno de los israelíes, el más moreno, el más bajito y el más hablador, quien desde la primera parada ha dejado claro que no va a despegarse de nosotros porque tiene ganas de palique y, sobre todo, ha perdido su mechero—. Los israelíes tenemos unos meses sabáticos entre el fin del servicio militar y el inicio de la universidad. Nos sobra tiempo, pero nos falta dinero, así que viajamos por el sudeste asiático, que es muy barato —revela él, que nació en Zikim y creció en un kibutz, la tradicional comuna judía basada en la propiedad colectiva, y hoy en peligro de extinción a causa de las privatizaciones—. Ahora, casi todas se han convertido en cooperativas industriales con trabajadores externos que no residen ni participan en la vida comunitaria.

—¿Y ya no hay gente viviendo en los kibutz? —pregunto.

—Sí, pero es diferente. Antes eran auténticas hermandades. Las familias lo compartíamos todo: la tierra, el trabajo, la comida... hasta la escuela. Cada familia se especializaba en algo, y la cooperativa agrícola se aseguraba de que no faltara de nada. La guardería, por ejemplo, era rotatoria; cada vez le tocaba a una familia cuidar de todos los niños, así que todos teníamos varias madres —describe.

—Vivir así es tontería —comenta el ruso, que no ha dicho su nombre, y cuya ropa, botas y mirada de perdonavidas intimidan incluso más que las medallas sobre su pechera—. ¿Vosotros por qué visitar Rusia? —pregunta, mezclando cordialidad y rechazo.

—Para conocer historias de gente que… —responde Jalber.

—¿Gente? Aquí gente loca. Gente rusa no sabe qué hace…

—¿Y tú?, ¿no eres ruso?, ¿o también estás loco? —bromeo, convencido de que se va a reír. Pero no, el hombre prefiere mirarme con desdén y contestar «No quieras saberlo» haciendo sonar los remaches metálicos de sus botas como crótalos de orquesta. El tipo se expresa con cierta barbarie, es cierto, pero eso no consigue empañar la belleza del momento, atravesando Irkutsk con el deshielo del legendario lago Baikal de fondo, mientras suena la melodía del tren al avanzar por este pentagrama de raíles que se inicia al final de Asia para finalizar en el inicio de Europa.

—Bueno, si lo que buscáis es jugar, habrá que echar un partido Israel contra España —anuncia Eran, retándonos a desplegar todo nuestro patriotismo en el andén—. Eso si os atrevéis, claro.

—¿Atrevernos? Es nuestro trabajo —replica Jalber, incorporándose para mirar el póster de la pared donde se detalla el itinerario del viaje, la hora, el sitio y la duración de cada parada.

—No confíes —le advierte el ruso, con su acento eslavo y mala hostia habitual—. Eso son horas de Moscú, pero este tren pasa por muchos husos horarios diferentes. Póster no vale nada.

—Vaya, pues si no sabemos cuándo es la próxima parada, habrá que jugar aquí mismo. Aunque dudo que estéis capacitados para representar a vuestro país… —añado, de vacile, mientras pillo el balón de debajo de la litera y doy una palmada en la espalda al bueno de Jalber, que ya se está calzando las playeras y me susurra:

—Mira que estos son todos medio soldados. Goles, no sé, pero hostias caen seguro.

Eran hace equipo con Nuri, que está más mazado que los otros dos y tiene mirada de agente secreto del Mossad, y con Omer, que lleva una kipá[12] sobre sus rizos dorados y se pasa el día rezando, pero por muy espiritual que sea, si se pone a repartir, se queda solo. El militar ruso, claro está, pasa de nosotros y se queda en el compartimento refunfuñando cositas en su idioma.

—¿Qué va a ser esto? ¿Un tres contra dos? —protesta Jalber, justificando nuestra posible derrota ya desde el inicio. Eran no se da por aludido y plantea un saque inicial al estilo del waterpolo:

—Ponemos el balón en el centro del pasillo, cada equipo sale desde su portería, y el que lo pille primero, se lo queda.

—Dale, vete tú primero, que eres más rápido —me anima Jalber.

—Lo dices porque nos van a embestir como putos bisontes, ¿verdad?

Jalber se encoge de hombros y me jalea cuando Omer pega un silbido de pastor y da inicio a la transpachangasiberiana.

—¡La Virgen! —grito, cuando, ya en el primer lance, Eran me manda a Chechenia con su codo y se hace con la primera

[12] Pequeña gorra ritual usada tradicionalmente por los varones judíos para cubrir parcialmente la cabeza en lugares de culto, como sinagogas y cementerios, o durante las plegarias.

bola del partido. Toca replegarse y defender, cosa simple en este pasillo que no excederá los noventa centímetros de ancho.

—¡Cebolleta, métele cebolleta! —arenga Jalber, mientras cubro a Nuri, el mazas, que pese a ser torpe con la pelota tiene buena eslora y no me deja un hueco por donde sisársela. Intento empotrarle contra el ventanal, como hacen en el hockey hielo contra las mamparas, pero aparte de hostiarme contra el vidrio, solo consigo que se gire y retrase la bola hacia Eran, que carga la pierna para disparar.

—¡Chuta! —le grita Omer, su portero, mientras Nuri me bloquea el paso con su torso para que no llegue a cubrir el tiro. Eran, solito, la revienta con todas sus fuerzas y el balón sale despedido como diablo.

—¡Qué gilipollas, chaval! —es lo primero que sabe decir Jalber, después de que la pelota, que no es un Mikasa, pero tampoco un Nivea de playa, le deje los testículos hechos tiramisú; eso sí, ha evitado el gol y, siendo un partido entre selecciones, la vasectomía ha merecido la pena.

—Va, saca, ¡a la olla! —le grito, desmarcado en el otro lado del pasillo, que fácilmente tiene quince metros de largo y está cubierto por una moqueta azul zafiro con más ácaros que encanto. Una buena pachanga te hace perder la cabeza; creerte capaz de cambiar los designios de la humanidad con un buen regatito, celebrar goles de churro como si hubieras descubierto la última vacuna o, peor aún, tener la esperanza de que Jalber consiga sortear todas las cabezas que hay por el medio de esta jarana, que en este punto ya ha despertado siestas y curiosidades en los otros compartimentos. De las puertas comienzan a asomar tímidamente algunas cabezas que, entre el asombro y la queja, no se quieren perder el espectáculo. Jalber sostiene la bola con su mano izquierda, la lanza hacia arriba haciéndola flotar ligeramente en el aire, y con el pie derecho hace un saque a la desesperada buscando mi cabeza, o el vagón-cafetería. Observo el recorrido del esférico y mi mente vuela hasta los recreativos que había hace décadas en los bajos del Casino del Sardinero, donde, si tenías suerte y no te daban el palo, podías echar unas partidas al *pinball* e intentar que la bola rebotase contra los obstáculos una y otra vez, con el fin de evitar que cayera en el agujero final y se acabasen así la diversión y la paga semanal. ¡Crash! Porrazo del balón contra la ventana. Hostia a Eran en la nuca y rebote contra las gafas de un padre de familia que se había asomado con su hijo y ahora tiene unas gafas para reparar y una mujer echándole la bronca. La pelota llega rodando hasta el pie de Nuri, el vigoréxico, que la pisa con determinación. «Ahora sí que sí» masculla entre dientes, decidido a abrir el marcador cueste lo que cueste. «¡Tápale, cabrón, que me desmonta!» implora Jalber, que no sabe si cubrir la puerta o taparse las canicas. «Que no llego, tío…» me disculpo, estando aún en la otra punta del pasillo. «Tampoco te mates, ¿eh?» ironiza él, con cara de perro abandonado en gasolinera. La verdad, que tampoco estoy yo para llevar la contraria al morlaco israelí, y si el chaval quiere tirar, pues oye, que disfrute, que a eso hemos venido. Nuri avanza, acercándose a Jalber, y Eran se aparta, dando por perdida la posibilidad de recibir un pase, y es que, viendo la determinación de su compañero, me parece que del 1-0 en contra no nos salva nadie. «¡Espera, espera!» vocea Jalber, intentando frenarle a gritos, «¡que ha entrado el revi…!».

A chuparla, Nuri golpea con violencia a la pelota, que sale despedida y pasa junto a la cabeza de Jalber cual misil tierra-aire, cruzando la supuesta línea de gol antes de estamparse contra la máquina de agua caliente y hacer saltar una de las manillas por los aires, provocando que el surtidor comience a soltar agua hirviendo mientras una nube de vapor inunda el área.

—¡A tomar por culo! —sentencia Jalber, llevándose las manos a la cabeza, mientras Nuri y Eran se chocan los cinco, pensando que el golito ha merecido la pena—. Pero si es que os lo he dicho…

—¿El qué? —pregunto, sin entender nada.

—Eso —contesta, apuntando con su dedo hacia mi espalda, donde al girarme veo la silueta de un tipo con uniforme de revisor.

—¡¿Estáis locos?! ¡¿Quiénes os pensáis que sois?!

—Ha sido un accidente —se excusa Omer.

—Este no es lugar para jugar —sentencia el revisor, dirigiéndose hacia el surtidor de agua.

—Y además se nos ha jodido el menú —comento a Jalber, pues llevamos días alimentándonos a base de *noodles* instantáneos, preparados gracias a ese agua que ahora inunda la moqueta.

—Fútbol es deporte para idiotas —opina el militar ruso, apareciendo para regalarnos la sonrisa de su dentadura en ruinas. Algo es algo.

¡Piiii!, suena el silbido que avisa de que estamos llegando a una parada.

—Salvados por la campana —dice Nuri, sonriendo.

—Salvado tú, figura —replica Jalber, aún de mala leche—. Que nos has jodido la maquinita…

La gente sale escopetada de sus compartimentos, generando una marabunta de pisotones y codazos desesperados por respirar aire puro. La otra revolución rusa. Ambos equipos salimos a explorar las opciones de continuar la pachanga fuera y, en menos de un minuto, ya hemos transformado bancos en porterías y encajado el segundo gol de la forma más tonta posible.

—¡Coño, claro! Es que siendo tres es muy fácil —reclama Jalber, dolido porque se la han metido de caño por debajo de las piernas.

—Ya, Jal, pero es que jugar echándote un piti tampoco ayuda.

—Ahora la culpa va a ser del piti, ¿no? Venga, pues nada, tiro el piti… —rebate él, lanzando la colilla a la papelera. Se ha picado, y eso siempre saca el jugadorazo que lleva dentro. Aparte de todo esto, y por un tema de supervivencia, deberíamos aprovechar la parada para buscar una alternativa ahora que nos hemos quedado sin agua caliente en el vagón, pero en este andén los quioscos solo venden fruta confitada, vodka y chocolatinas; además, solo aceptan rublos, y no hay dónde cambiar moneda. Habrá que improvisar algo que no sea volver al vagón-cafetería, donde la última vez nos forzaron al bebercio mientras el cocinero cortaba un pollo congelado con una sierra eléctrica a ritmo de turbo-folk. En eso de improvisar anda también Jalber, que pilla la pelota y reanuda el juego sabiendo que en cualquier momento nos toca subir al tren de nuevo. Le pido que me la pase, pero creo que no lo va a hacer; primero, porque estoy cubierto, y segundo, porque tiene sed de venganza.

—Dale, muévete un poco… —me dice Jalber, ahora que Eran le ha pillado la matrícula y no le deja avanzar. Está jodida la cosa, y si se la roban, siendo él nuestro portero, nos hacen el 3-0 y nos mandan para casa.

—¡Dámela! —exclama, por sorpresa, el militar ruso, que igual nos humilla que nos rescata. Jalber, sorprendido, pero aliviado, le tira el balón, y el mostrenco, que corre sin levantar la cabeza, pega un trallazo seco y fulminante para colar la bola entre los postes demarcados por unos bancos con la inscripción RZhD, compañía de ferrocarriles rusos.

—Uno a uno —dice Omer, tímidamente, y asumiendo que lo jugado en el pasillo del tren no cuenta.

—Ahora sois tres. Ya no hay excusas, ¿verdad? —esgrime Eran, chinado por el empate, y porque el ruso acojona sobremanera. La gente se para a curiosear, el revisor de antes vuelve y nos dice que aquí también está prohibido jugar, pero esta vez el militar le dice que no joda y nos deje tranquilos. Perestroika para todos. Les robamos el balón según sacan de centro y acosamos el área rival impulsados por la actitud homicida de nuestro nuevo fichaje.

—¡Ponla al segundo palo! —Jalber me indica la estrategia antes de centrar desde la banda. Recojo el guante y le tiro una banana en almíbar, templadita y deliciosa, para que él salte, marcando los tiempos con elegancia, e impacte el balón con la frente buscando picarla al ángulo, donde espera encontrarse con el gol. Pero la pelota impacta en la pierna de Omer que, aunque estaba ahí por casualidad, sonríe como si lo tuviera todo planeado. Menos calculado debía de tener que el ruso iba a pillar el rebote y meterle un zambombazo a la pelota que, vale, sí, mete gol, es el dos a uno, y una victoria casi segura, pero la manda lejísimos, al final del andén, y el silbato del jefe de estación nos avisa de que toca volver a la jaula.

—Lo de la ley de la botella, esta vez yo creo que no… —comento a Jalber, asumiendo que ninguno se atreve a decirle al ruso que tiene que ir a por la pelota. Faltan quince horas para llegar, y seguro que en Moscú encontramos a alguien con balón.

—No pasa nada. Lo importante es que hemos cumplido nuestra palabra con el cónsul ruso —anuncia Jalber, pasándome el brazo por encima del hombro.

—¿De qué estás hablando?

—¿Recuerdas cómo le convencimos para que nos dieran el visado?

—Sí, sí, diciéndole que íbamos a jugar un partido y tal…

—Ya, pero, ¿dónde?

—En… ¿Kazán?

—Pues eso —replica él, marcando hoyuelos al sonreír, mientras me señala el cartel donde pone el nombre de la estación—. En Kazán hemos jugado.

HOOLIGANISMO

Buscábamos estajanovismo, esfuerzo, sacrificio en la cancha; encontramos rechazo, indiferencia, telón de acero. Todos los intentos por unirnos a pachangas moscovitas antes de que caducara nuestro visado exprés acabaron en gélidas negativas, del tipo: estamos acabando; estamos completos; largo de aquí. Desde Rusia con desamor. La falta de acogida ya se vislumbraba entre las joyas, peinados y bugas que desfilan luciendo chasis y glamur por la ribera del río Moscova a la sombra de mastodónticos edificios estalinistas cuyos bajos han sido alquilados por franquiciados de McDonald's y Kentucky Fried Chicken. La revolución ahora es así: socialismo o barbarie, pero pon kétchup en las patatas.

No nos vamos a quejar, alguna vez tenía que ser, y tan necesaria es la excepción como la regla. Otra cosa es la ambigua sensación de sorpresa y desencanto que a uno le dejan esas conversaciones con locales en las que el entrañable, inteligente y acogedor eslavismo postsoviético se revela negacionista del nepotismo putinista, la injerencia rusa en Ucrania y lo jodida que es la vida para disidentes y minorías en ese país-continente donde no te puedes acoplar a un partido.

La solución, jugar en Estonia, Letonia y Lituania, hasta llegar a un campo cuyo estado del césped revela por qué en Polonia se comen tantas patatas. Pegadito a la antigua fábrica de acero, desplegando óxido y melancolía de lo que quiso ser socialismo utópico y acabó en tópico antisocial, este lugar ha sido testigo de suficientes batallas como para que la de esta tarde no le pille desprevenido. Pachanga pura y dura. Nosotras somos ocho, y ellas, las rivales, nueve, pero jugamos a campo entero como si fuéramos veintidós. No tiene sentido alguno, pero calidad sí, la que quieras.

Anna, que es delantera, diestra y espigada, controla el balón con fineza italiana y se la deja suave a Kata, nuestra pivote, para luego desmarcarse al galope, escapando de su sombra, aunque eso le haga caer en fuera de juego una y otra vez.

—No creo, ¿eh? —se lamenta ella, ante las defensas rivales—. Todavía estaba en mi campo cuando me la han pasado.

A su abuela Aneta, sentada en un banco de hormigón desgastado junto al patatal, no le importa una mierda eso del órsay y sigue animando a su nieta pese a que la jugada ya esté invalidada. A sus ochenta y cuatro años, la señora va sobrada de fanatismo. Entendible, por otra parte, habiendo vivido el nazismo, el estalinismo y el librecambismo aquí en el distrito de Nowa Huta.

Aneta viene a ver a Anna todos los martes, que es el único día de la semana que las chicas pueden juntarse para jugar. Quieren montar un equipo de fútbol, pero no son bastantes jugadoras, no tienen quien las entrene y no tienen panoja ni patrocinador que las apoye. Lo que tienen es una furia maravillosa: agarrones de coleta, segadas a media altura y bocadillos de tibia para merendar. Kata, que ya sabe lo de los agarrones, lleva el pelo cortado al raso; zapatillas sin tacos y un estilazo al tocar la pelota que marca tendencia en el extrarradio de Cracovia.

—¡No, no! —exclama Aneta, la abuela, cuando Kata me pasa el balón y me fajo de una rival.

—¿Qué pasa?, ¿qué quiere? —pregunto a Anna.

—Dice que no te pasemos el balón —explica ella, riéndose—, que seguro no lo devuelves.

Con los trompazos que me estoy llevando y la tierra que me estoy comiendo, esperaba más cariño por parte de la matriarca, pero es lo que hay. Y encima le hacen caso.

Hay tanta distancia, tantos charcos y tantos matorrales entre una portería y otra, que nadie ha tirado a puerta aún. Anna en eterno fuera de juego, Kata repartiendo arte y yo de último defensa, aunque nuestra portera, Antonija, me dice que me aparte, que no le dejo ver bien y que ella lo para todo.

—Oye, que si queréis me voy, ¿eh? —protesto, mirando a Anna, que es quien me ha traído aquí.

—No, no, ¿por qué?

—Coño, porque sobro, y conmigo sois impares.

—Bueno, como tú quieras… —responde.

—Pero, cabrona, que lo he dicho de broma, para que me pidieras que siguiera jugando.

Ella se ríe, ahora y casi todo el rato. También cuando una jugadora del otro equipo engancha una pseudovolea y nos cuela un gol ridículo con el balón botando varias veces antes de entrar en la portería. Nuestra portera, Antonija, se ha tirado, o se ha desplomado, a dos metros de la zona por la que pasaba mansamente el balón con destino al 1-0 en contra, pero no parece asumirlo.

—A mí no me mires —le aviso, sabiendo lo que se viene, mientras ella resopla con rabia.

Estridentes, se oyen unas carcajadas a mi costado, donde hay unos chavales desternillándose junto al muro que separa la cancha de la acera.

—¡Jajá! ¡Putas perdedoras! —grita uno de ellos, con cara de bulldog y un bate de béisbol en la mano derecha. Son tres; chándales de pitillo, gorras bien caladas y unos bigotes de pelusilla que no acaban de crecer tanto como a ellos les gustaría.

—Se van a enterar esos gilipollas —avisa Antonija, dirigiéndose hacia ellos con determinación. No sé qué les dice, pero a uno le quita la gorra y le manda el cigarro a hacer parapente de la bofetada que le sacude.

—Vaya idiotas —apunta Kata, cuando uno de los muchachos me señala con el dedo—. Quieren saber si eres del Wisła.

—¿Quién? ¿Yo?

—Sí, claro —confirma ella, —están preguntando que si apoyas al Cracovia o al Wisła.

—Pues…, no sé, ¿a quién tengo que apoyar? —pregunto, aturdido por la situación y por el bate de béisbol en la mano de uno de ellos

—No les hagas caso —me aconseja Anna, acercándose al banco donde está sentada su abuela—. Se pasan el día en las paradas del tranvía dando palizas a los aficionados del equipo contrario y despachando droga como si fuera su oficina —revela ella, acostumbrada a esta guerra de andar por casa entre los fanáticos del Cracovia y del Wisła, los principales equipos de la ciudad. Anna, Kata, Antonija y sus colegas juegan al fútbol por puro placer, y parecen tener los ovarios curtidos de tanto retrasado.

—Te has librado de una buena, ¿eh? —asegura Antonija, volviendo al grupo—. Les he dicho que no eres un perro, como llaman a los del Cracovia, así que estás a salvo. Aquí, en Nowa Huta, todas somos del Wisła.

La verdad, esperaba algo más tranquilo cuando decidí lanzarme al ataque en solitario desde Tallin hasta Zagreb. Mientras Jalber se reúne con su familia en Varsovia, yo llevo semanas tirando desmarques en un eslalon vertiginoso que me permita avanzar rápido y certero hasta la frontal del área balcánica. Allí espero juntarme con mi compañero de escuadra y, quizás, encontrar un hueco para el remate definitivo. Pero en este partido sobran los imprevistos y nada es lo que parece. Anna, por ejemplo, se pasa las mañanas haciendo que estudia y las tardes haciendo que trabaja en la gestoría familiar, pero, en realidad, a ella solo le interesan los martes por la noche, cuando juega con sus compañeras en el campo de la fábrica de Nowa Huta. En eso nos parecemos mucho.

—Oye, ¿a ti cómo te dio por ir jugando de sitio en sitio? —me pregunta Kata que, aparte de tocar el balón con dulzura, tiene el tren inferior modelo tractor y nunca pierde el equilibrio.

—Pues surgió pensando en qué podía tener en común con otras personas muy diferentes a mí, algo que fuera universal…

—¿Y el fútbol lo es? —deja ella caer, mientras me tira el balón.

—Creo que sí… —replico—. Puedes montar un partido con una bola de papel, o con una simple botella… ¡a mí eso me fascina! No hacen falta redes, ni canastas, ni raquetas, ni guantes, ni nada; ni siquiera tiene que haber un campo delimitado. Quien no juega al fútbol es porque no quiere.

—O porque no le dejan —responde Anna.

—Ya, pero eso es como todo en la vida. Si no te dejan ir al cine, ¿eso lo hace menos universal?

—¿Cuántas veces has jugado un partido con mujeres durante este viaje? —cuestiona Kata, mirando al resto con complicidad.

—¿Solo con mujeres?

—Sí, ¿cuántas?

—Mmm… las que han surgido.

—¿O sea…?

—Cero.

—Pues eso. ¿Has pensado en cómo el fútbol excluye a la mitad de la población? —cuestiona retóricamente—. Te lo digo yo, que soy de Polonia, donde somos vistas como las jodidas bolleras que quieren jugar a ser hombres.

—Ya…, quizás no sea tan universal —reconozco.

—Anda, ¡toma! —suelta Kata, tirándome un caño entre las piernas, para acabar de hundirme.

La verdad, aparte de necesaria, es irreversible. Diría que nueve de cada diez pachangas han estado protagonizadas exclusivamente por hombres. En el resto, a veces ha habido niñas, o anécdotas, como la pachanga jugada con Clo, la rastas suiza, en Yangón; pero siempre de forma puntual y espontánea. Mujeres adultas locales, entre Vietnam y Polonia, ni una sola.

—Pero no es el fútbol el que nos excluye, sino la sociedad —añade Kata, cogiendo el balón con las manos para volver al campo y reanudar el partidillo—. Enciendes la tele y ¿qué ves? Un jugador, hombre, celebrando un gol mientras una mujer en la grada luce escote y le lanza un besito a la cámara. ¿Te lo imaginas al revés? Seguro que no —sentencia ella.

—Para nosotras, jugar el fútbol es una cuestión de resistencia popular —asevera Anna—. Por eso viene siempre mi abuela a vernos, porque ella de resistir sabe más que nadie.

—¿Tan dura era la vida aquí? —pregunto a Aneta, usando a su nieta como intérprete.

—Para nada. Nowa Huta era una maravilla —dice ella, refiriéndose al lugar elegido por Stalin para demostrar al mundo el poderío de su modelo de planificación centralizada—. Cada manzana de bloques era un pequeño barrio, y cada barrio tenía su parque, su guardería, su almacén, su economato, su enfermería…, había de todo, y funcionaba muy bien —afirma, recordando esa época en la que Vladimir Lenin

Steelworks era la empresa siderúrgica más grande del bloque soviético. Un gran sol de hierro, alrededor del cual orbitaba toda la comunidad—. Todos teníamos trabajo. Era cansado pero satisfactorio, el sueldo era suficiente para vivir porque los servicios sociales se encargaban de todo, y la educación era buenísima; menos inglés, se enseñaba de todo.

—¿Y qué pasó? Porque la fábrica está abandonada… —pregunto, observando por encima de una tapia mellada de grafitis y zarzamoras dos grandes torres de ladrillo visto, donde antes debían soplar vientos de fundición y hoy no son sino un cementerio de suspiros.

—Esos tarados se lo cargaron todo —asegura Aneta.

—Imagino que se sufrió mucho cuando llegaron los nazis… —opino.

—¿Qué nazis? —clama Anna—. Los soviéticos eran los que te traían loca, ¿verdad, abuela?

—Mientras no hicieras nada malo, no había problema. Recuerdo que a los informantes les llamábamos «nubes», porque siempre estaban ahí, observándote desde lo alto sin que tú supieras quiénes eran —narra Aneta, gesticulando mucho con unas manos que son todo arrugas, tembleque y sabiduría—. Lo que pasa es que lo que ellos llamaban comunismo funcionaba solo en el papel, y en Polonia se olvidaron de un detalle muy importante para nosotros.

—¿La libertad?

—No. La religión —me corrige.

—Claro, que para la URSS todo era un rollo muy laico —apunto.

—Decían que Nowa Huta era la Ciudad sin Dios, pero, imagínate, esto estaba lleno de creyentes; católicos, eso sí, como tiene que ser. Los rusos lo único que hacían era quitar cruces y poner estatuas de Lenin y de Stalin por todas partes.

—Y por eso comenzó el motín… —añade Anna, que habrá escuchado la historia mil veces, pero que entre el sopor de partido que siguen jugando sus compas y la gracia de su abuela para contar historias, no tiene dudas sobre dónde centrar su atención.

—Decidimos construir una iglesia en lo que llamaron la plaza Lenin, y plantamos una cruz de madera bien grande en el centro del solar para marcar nuestras intenciones. No tardaron ni dos días en llegar los buldóceres de Stalin a derribarla…

—¡Pero, abuela, Stalin ya llevaba muerto unos cuantos años!

—¡Da igual, yo te juro que miraba esas excavadoras y veía al bigotudo manejando la pala! Ellos derribaban la cruz por la noche, y nosotros volvíamos a ponerla por la mañana. Así durante meses, arriba y abajo, empujados por nuestro obispo, Karol Wojtyla, que celebraba las misas en plena calle, haciendo frente a los porrazos que nos daban las autoridades.

—Y al final, ¿qué?, ¿os dejaron en paz? —pregunto.

—Pues más o menos. En Moscú estaban demasiado ocupados quitándole la tierra a los *kulaks*[13] y acabaron dejando el tema, sobre todo cuando hicimos huelga en la fábrica, porque el acero en esa época era intocable, y aquí ya estábamos montando el primer sindicato polaco…

—Fuisteis un poco los primeros *hooligans* de Cracovia, ¿no? —le insinúo, buscando a Anna con la mirada para asegurar una traducción inofensiva de mis palabras.

—¡Seguro! Para lo bueno y para lo malo, porque murieron demasiadas personas, así que no podemos decir que fuera una victoria, pero sí fue la primera gran resistencia tras la ocupación.

[13] Familias campesinas que se resistían a entregar la producción durante la colectivización agraria.

—¿Y es casualidad que el mismo cura que se enfrentó a los comunistas acabase siendo papa? —inquiero, buscándole las cosquillas, tras descubrir los antecedentes activistas de Juan Pablo II.

—Mira, como dijo Einstein, que tenía sangre polaca, las casualidades son cosas creadas por los dioses para poder permanecer anónimos —parafrasea Aneta, riéndose entre sus dientes postizos y dignos a partes iguales. Lo suelta leve, pero se posa denso. Anna se ríe igual que su abuela. Enfrente, Antonija, nuestra guardameta, encaja otro gol, y ahí vamos, comiendo pipas, viendo antifútbol y resistiendo, sin importarnos el marcador, ni lo que venga después.

BALONES A LA OLLA

Colinas que son cruces que son fosas. En el aire aún se sienten las mirillas de los francotiradores serbios del Ejército Nacional Yugoslavo.

—1335 días sintiendo que alguien te está apuntando con un fusil, ¿te lo puedes imaginar?

—Nah, eso hay que vivirlo… —contesta Jalber—, mejor dicho, nadie debería vivirlo.

La ciudad está hundida. Una olla en el fondo del valle, aplastada en el congelador de la memoria por quienes ya no recuerdan cómo olvidar. Sarajevo sigue limpiándose las heridas con el agua ensangrentada del río Miljacka. Esto fue muchas cosas, pero sobre todo fue terror: los desvelos, las goteras, el miedo, los truenos de cada explosión. Cuatro años de asedio, de rezos suplicando sobrevivir en esta cárcel de hojalata y cañerías congeladas; agua que no corre, luz que no ilumina, semáforos sin corriente ni esperanza ni personas que esperen al verde, cruzando la calle a todo correr, despavoridas, con la vida en un cántaro de gotas y balas derramadas.

—Si los francotiradores serbios no acertaban, nos alcanzaban las bombas —recuerda Meha, pesando verduras en la balanza—. ¿Veis esa mancha roja en el suelo? Cada huella de resina es un impacto de mortero. —Las palabras de Meha, tendera en el mercado de Markala, es lo más vivo que suena por aquí—. No sé qué os dirán los demás, pero para mí doce mil personas son muchos muertos que olvidar. —Su puesto es de pimientos rojos con tres puntas en forma de corazones sin latir. Cuando nos mira, sus pupilas nos cuentan tristezas—: En este mercado, un solo misil mató a sesenta y ocho compañeros. Claro que nos pasamos el día hablando de la guerra. Es espantoso, lo sé; pero, ¿cómo puedo abrir el puesto cada mañana sin recordarlo? El que diga que no se volvió loco, miente.

Sería el miedo yugoslavo al futuro, sería la hoguera multiétnica que durante décadas avivaron las avaricias imperiales serbias, las trazas de colaboracionismo nazi en algunos croatas o la endémica islamización de bosnios y albanokosovares, que veinticinco años después del último disparo, el que no sonó, la disolución del rencor es solo una aspiración insegura de sí misma.

De Bosnia quedó un solar: una república bajo protectorado europeo dividida en dos regiones tan antagónicas como irreconciliables: la federación de Bosnia-Herzegovina, popurrí de bosniacos[14] y croatas, y la República *Srpska*, una mini-Serbia, fiel a Belgrado y en permanente gresca con la capital, Sarajevo.

—Aquí da igual que seas serbia ortodoxa o bosnia musulmana; vas a estar jodida en cualquier caso —se lamenta Hanna, una amiga de una amiga de una amiga, estudiante de psicología, con quien vamos en bus camino del aeropuerto. Razones para el pesimismo no le faltan: dos de cada diez familias bosnias viven en la pobreza. De las ocho restantes, cinco viven en el filo y una mala racha o cosecha les hundiría en la pena.

[14] Los nacionales de Bosnia-Herzegovina son los bosnios, término que abarca comunidades serbias (serbobosnios), comunidades croatas (bosniocroatas), y comunidades originarias del lugar, que serían los bosnio-bosnios, pero eso, aparte de sonar redundante, provocaría recelos de pureza en el resto, así que se denominan bosniacos, o bosnios-musulmanes, lo que resulta paradójico, porque a los otros nadie les llama bosnio-ortodoxos o bosnio-católicos.

—Todo el mundo se quiere ir de aquí —revela Matej, compañero de universidad de Hanna. Espigado, flequillito juguetón, y un chándal de táctel multicolor con la inscripción *Yugoslavia Old School* en la espalda—. Todos mis vecinos, los que no murieron, se marcharon a Alemania o Suiza en cuanto abrieron este túnel —asegura él, en referencia al lugar al que nos han traído.

—¿Por aquí huían durante el asedio? —pregunta Jalber, sacando el balón de la mochila en cuanto llegamos.

—Por aquí escapé yo —proclama Hanna, de pie junto a una boca del túnel que en su día unía Sarajevo con la zona segura[15] establecida por la ONU junto al aeropuerto.

—Le denominaron así, pero de segura tenía poco. Los serbios lanzaban morteros sin hacer distinciones —explica Matej—. Figúrate qué agobio suponía cruzar por ahí dentro: un pasillo de metro y medio, con desprendimientos cada dos por tres, un cable eléctrico soltando chispas por la derecha y un tubo que goteaba gasolina por la izquierda.

—La peña se pasaría el día aquí haciendo cola para poder salir, ¿no? —intuyo.

—No exactamente. La prioridad era suministrar armas, comida y combustible, pero en cuanto vieron la oportunidad de hacer negocio comenzaron con el estraperlo de víveres y la venta de salvoconductos para quienes pudieran pagarlo.

Matej es de Sarajevo. Mamó conflicto desde la cuna. Hanna también es hija de la guerra. Su madre, croata de Mostar, se la pudo llevar a ella y a su hermano Igort hasta Eslovenia,

[15] En el contexto del conflicto yugoslavo, el Consejo de Seguridad de la ONU declaró que zonas amenazadas como Tuzla, Srebrenica o Sarajevo y sus alrededores debían ser tratadas como zonas seguras, y exigió el cese inmediato de los ataques armados, así como la retirada de unidades militares serbias a una distancia desde la cual dejaran de constituir una amenaza.

aunque él llegó cojo y sordo de por vida. Su padre nunca salió del túnel. Ella, muy eslava, muy tosca en el hablar y muy suavecita en el sentir, cree que los extranjeros no entendemos nada de lo que pasó en Bosnia.

—No es rencor, es que me jode que vengan de sus maravillosos mundos occidentales creyendo tener la puta solución a todo —confiesa— pero la realidad es que este túnel lo construimos los bosnios sin la ayuda de nadie. ¿Y sabes por qué? Porque los extranjeros que había aquí eran periodistas creyéndose vedettes y cascos azules jugando a las cartas —concluye.

—Que permitieran construirlo, ¿significa que también los serbios querían que la gente se fuera? —pregunto, atisbando cómo pudieron hacer esta galería bajo una lluvia de misiles.

—Los serbios, a lo mejor sí, pero el Gobierno bosnio no —replica Matej—. El presidente, Izetbegović, estaba obsesionado con mostrar nuestro sufrimiento y victimizarnos hasta convencer al resto del mundo de que los malos eran los serbios y los croatas —anota, cogiendo el balón con la mano, para acto seguido añadir—: Aunque eso a vosotros no os ha quedado del todo claro —dice, aludiendo a los colores de nuestra pelota, similares a los de la bandera croata.

—No te creas que no lo he pensado —replica Jalber, que ya sufrió la mirada desconfiada de los oficiales bosnios al cruzar la frontera—, pero, ¿qué íbamos a hacer? ¿Tirar el balón a la basura?

—Tirarla no —replica Matej—, pero reventarla, ¡sí! —añade, en tono jocoso y preparándose para chutar con fuerza.

—No pretenderás meterme gol, ¿verdad? —avisa Jalber, frotándose las manos, y visiblemente convencido de poder detener el lanzamiento de Matej.

—¿Qué insinúas? —vacila Matej—. Yo a los croatas les pateo en la cara.

—¡Oye, gilipollas! Que yo soy medio croata —le corta Hanna, asestándole una patada en la espinilla mientras trata sin éxito de quitarle el balón.

—Ya, por eso a ti solo te pateo media cara —contesta Matej, viniéndose arriba con unos regatitos que no le van a llevar a ningún lado. Para entonces ya he colocado la mochila de Matej y mi sudadera en la tierra a modo de postes.

—Hanna va conmigo, y Matej contigo —anuncia Jalber, que sigue con ganas de ser portero para poder tirarse en palomita.

—Yo paso —avisa Hanna—. A mí me da asco el fútbol.

—Va —le animo—, que vas a ser la primera bosniocroata en jugar una de nuestras pachangas.

—¡Oh, qué honor! ¿Pero no decíais que esto del fútbol era lo más universal del mundo?

—A ver, niñas sí que se han apuntado muchas veces, pero mujeres adultas, pocas —reconoce Jalber. Hanna nos arroja una mirada de condescendencia infinita, pero no llega a decir lo que piensa porque antes la interrumpe Matej:

—Pues si las mujeres no jugáis, por algo será —suelta, con desidia, domando el esférico con una elegante pisadita balcánica. Hanna resopla, y Matej busca portería a todo correr, con esa silueta suya a medio camino entre atleta fibroso y cuerpo escombro. Hanna me adelanta por la derecha y le entra a saco, pero no lo hace con los pies sino con las manos, y aunque Matej se lleva un buen hachazo en el pecho, es ella la que sale rebotada y cae de culo, mientras él logra zafarse sin demasiado esfuerzo y avanzar hasta Jalber para colocar el balón entre su pie derecho y el terraplén que encauza el túnel.

—Bosnia 1-Croacia 0 —festeja Matej, que al final va a ser más nacionalista que nadie.

—Tú estás tonto —replica Hanna—. Aquí solo hay un español y una bosnia medio croata jugando contra otro español y un bosnio medio gilipollas.

—Anda, saca… —se ríe Matej, quitándole hierro al asunto.

Hanna retrasa el balón y Jalber trata de hacer pasecitos en corto con ella, pero el campo está en cuesta y cada intento de pared es un canto de cisne. Recuperamos el balón rapidito y, contra todo pronóstico, Matej valora finalmente la opción de pasármela. Yo, aprovechando que Jalber está lejos de esa portería improvisada que es la boca del túnel, decido intentar sorprenderle por alto:

—Jal, ¿querías mercancía? ¡Pues toma! —le grito, soltando un pepinazo que, por mal que apunte, no va a haber quien lo pare…

—¡Mierda! —grita Hanna, cuando oímos a alguien acercándose por nuestra espalda.

—*¡Odlazite*[16]*!* —vocifera un señor, visiblemente cabreado y agitando las manos.

—¡Vámonos, rápido! —avisa Matej, pillando las cosas y huyendo en dirección a la carretera.

—¿Qué quiere ese? —pregunto a Hanna, aludiendo al gritos.

—Bah, dice que nos vayamos y que somos unos bastardos. Pero tampoco hay que hacerle mucho caso. Es uno de los Kolar, la familia que controla el acceso al túnel. Consiguieron una licencia y ahora todo el mundo tiene que entrar por su casa para visitarlo, pero ¡que le follen!, solo quedan unos pocos metros de túnel en pie, y no se puede hacer negocio de algo así.

A través de la ventanilla del tranvía que cruza Sarajevo leo gritos de aerosol clamando justicia en las paredes: muerte para

[16] *¡Fuera de aquí!*, en serbocroata.

Karadžić[17] y la OTAN. Sobre la acera, chicas embutidas en pantalones vaqueros a la última moda y chicas bajo el hiyab. Las ganas de olvidar se resisten a pactar treguas con el odio en este valle donde antes convivían almas musulmanas, judías, ortodoxas y católicas, pero ahora muchas recelan y todos se sospechan. Décadas después de la pseudopaz firmada en Dayton, por los cafés se habla a menudo de otra posible guerra civil entre bosniacos y serbobosnios. *El hombre multicultural construirá el mundo*, reza una placa en el suelo junto a la avenida Mariscal Tito. Probablemente sea la mujer multicultural quien tenga que reconstruirlo.

—¿Y vosotros ahora adónde vais? —pregunta Hanna, tras contarnos que este año acaba sus prácticas y que aspira a trabajar como psicóloga para ayudar a su gente a lidiar con el trauma de la posguerra.

—Pues ya estamos acabando el viaje —le explico—. Primero vamos a Srebrenica, y de ahí bajaremos hasta Albania para pillar un ferry a Italia. Y nada, de ahí a España, son dos pachangas.

—¡Oh, qué pena! —dice Matej, dándome una palmadita en el hombro—. ¿Por qué no seguís?

—Bueno, ya llevamos casi un año jugando y…

—Perdona —me interrumpe Hanna—, ¿has dicho que vais a Srebrenica?

—Pues sí, esa es la idea. Vamos a jugar, y a ver si entendemos un poco mejor lo que pasó…

—¿Estás seguro de que la gente de Srebrenica quiere que visiten su tragedia?

—Imagino que depende de cómo se haga —argumenta Jalber, diplomáticamente.

[17] Expolítico serbobosnio condenado por genocidio y crímenes de guerra por el Tribunal Penal Internacional de la Haya para la antigua Yugoslavia.

—¿Qué queréis ver?, ¿las calles por donde corrían las mujeres escapando de las tropas serbias?, ¿el polideportivo donde se creyeron a salvo? Allí asesinaron a ocho mil personas en una sola tarde sin que nadie hiciera nada por evitarlo, ¿es eso lo que queréis ver? La gente de Srebrenica está cansada de fotógrafos, políticos y falsas promesas. El horror ya no se puede ver.

Tres horas después estamos sentados en el pasillo de un autobús con *overbooking* discutiendo si tiene más sentido llegar hasta Albania por Kosovo o por Montenegro. A miles de kilómetros aún, siento ya la brisa del barrio pesquero de Santander, el freír de las rabas y la espuma de una caña bien tirada. Una señora encorvada, con un pañuelo negro sobre la cabeza y dos bolsas llenas de ropa mostosa, se baja en Srebrenica. Nosotros nos miramos y, sin decir nada, pasamos de largo, pensando que a veces no tiene sentido dar vida a la muerte.

COLA DE VACA Y OTRAS GAMBETAS

En el borde, nada. Continuamos circulando sin que los oficiales serbios se inmuten siquiera. Consideran que estamos entrando en la región de Kosovo, una más de las tres que componen la Gran Serbia, y por ello no hace falta detenerse. Un kilómetro después frenamos para que los oficiales kosovares nos estampen su sello en el pasaporte, refrendando que estamos entrando en un nuevo país, lo que nos impediría regresar a Serbia porque, a su juicio, no hemos salido de su país en ningún momento. «Hay que parar» nos avisa el conductor, sin más explicaciones, metiendo el freno de mano para estacionar en la cuneta, bajarse del minibús y sacarse unos mentolados del bolsillo de la camisa. Poner las luces de emergencia, ¿para qué? Eso sí, el bumpi lo deja encendido, no vaya a enfriarse el pobre.

—Del río para la izquierda, serbokosovares; del río para la derecha, albanokosovares —explica mi compañero de asiento, Marko—. Y debajo del agua… los bosniacos —añade, girando el pulgar de su mano derecha para indicar el lecho del río—. *¡Kaput!*

La niebla, la noche y la quema de maleza forman espirales de humo melancólico sobre unas aldeas arrasadas que quizás nadie intente reconstruir jamás. Kosovo significa campo de mirlos; mirlos blancos, difíciles de atisbar, enigmáticos, únicos en este triángulo de las Bermudas balcánicas.

En Pristina nos saluda Besnik:

—¡Mirad qué ciudad! ¿Os parece una verdadera capital? Aquí nadie puede aspirar a nada —afirma él, que es kosovar, se siente albanés y tiene pasaporte serbio. Su pelo, canoso y lacio; sus gafas, camino del anticuario; su hijo, Marko, que venía con nosotros en el minibús desde Belgrado, nos ha alquilado una habitación de mala muerte en su casa familiar reconvertida en pensión. Marko parece decidido a desayunar tarde, vivir en pijama y rascarse la huevada. Su padre trabaja en el Centro de Rehabilitación para Víctimas de Tortura.

—Básicamente damos apoyo legal y psicológico a quienes siguen aquí y a quienes escaparon a Albania; pero es agotador: las mentes torturadas se van derritiendo con el tiempo —explica Besnik, antes de entrar a la sala de archivos, dejándonos alrededor de una mesa de piedra, con un cenicero por estrenar y dos vasitos llenos de café grumoso.

Jalber ojea la portada del diario Koha Ditore fingiendo saber albanés. Está tan contrariado como yo después de que ayer nos echaran del patio de un colegio en Belgrado. Saltar la valla para ponernos a jugar con los estudiantes parecía buena idea hasta que un profe decidió llamar a la policía y acusarnos de allanamiento de morada. Sea como sea, necesitamos cerrar esto con una buena pachanga, aunque aparte del estadio central, poco verde se ve por aquí. Además, una parte de mí se resiste a creer que el partido se esté acabando. Medio mundo está por ser jugado, y empecinado como soy, llevo semanas gestando un plan en la cabeza al que, ojalá, Jalber no sepa resistirse.

Besnik vuelve con unas carpetas cubiertas de polvo para mostrarnos decenas de casos y testimonios de torturas, a cada cual más inhumana y a cada cual más propia del ser humano.

—¿Y dices que aún hay gente encerrada en cárceles serbias? —pregunta Jalber, sosteniendo el expediente de un chico desaparecido en 1999.

—Miles. Habrán pasado más de veinte años para el resto del mundo, pero aquí continúan las represalias a albaneses por el asesinato de serbios. En Belgrado se resisten a perder una tierra que consideran suya.

—¿Y hasta qué punto lo es? —interrogo.

—Yo ya no tengo una versión objetiva de nada —replica él—. Cuando acabó la Gran Guerra, Kosovo quedó encajada en lo que entonces se llamaba Unión de Pueblos Eslavos, que luego fue Yugoslavia, pero es que los kosovares no somos eslavos, ¡somos albaneses! —clama Besnik, que en instantes pasa de la calma chicha a tener hinchada la vena del cuello; luego sorbe café, cala pitillo y se le pasa—. El lío comienza cuando los partisanos kosovares, que contribuyeron decisivamente en la lucha contra los *fascios*, fueron premiados por el mariscal Tito, concediéndole a Kosovo el rango de región especial; eso, en realidad, no servía para nada más que para hacernos sentir especiales, sin realmente serlo —contextualiza Besnik, sobre la fracasada arquitectura multiétnica yugoslava, diseñada para que albaneses, serbios, romaníes, armenios y turcos lograran convivir sin conmatarse. Kosovo se transformó en otro subterfugio de la descolonización, con todas sus consecuencias—: Llegó Milošević a la presidencia y comenzó su campaña de odio, proclamando que los albaneses éramos los invasores, ¡hasta en la radio se decía que éramos herejes! Una semana después empezaron los asesinatos en aldeas albanesas, y al poco se creó el ELK[18], que comenzó a arrasar villas serbias. Así, como en un combate de boxeo, cada asalto se fue volviendo más violento que el anterior.

[18] Ejército de Liberación de Kosovo.

—Lo que no entiendo es de dónde sacó tanta fuerza el ELK para poder defenderse —pregunta Jalber, que si no lleva tres cafés no lleva ninguno.

—Sois demasiado jóvenes para entenderlo —advierte Besnik, expresando metafóricamente lo pardillos que le parecemos—. Al inicio, el ELK era algo muy casero, cuatro desgraciados pegando tiros y quemando casas con antorchas. Pero no tardaron en recibir apoyo de fuera.

—¿De la OTAN? —intuye Jalber.

—De la OTAN directamente, no; pero sí de quienes la administran. ¿No veis que lo tenemos todo? Estamos cerca del mar Negro y del Adriático, no somos ni muy musulmanes, ni muy comunistas y tenemos mucha experiencia en comercio ilegal. Cuando Clinton convenció a los demás de que había que frenar a Milošević, los americanos ya tenían claro que su objetivo en la zona era quedarse, y alimentar al ELK fue la mejor manera de meter el pie en la región.

—Pero aquellos bombardeos de la OTAN se vendieron como la demostración de lo mucho aprendido en Srebrenica —apunto.

—Mira, en Estados Unidos hay gente fantástica, y nuestra asociación recibe mucho apoyo de ellos, pero es innegable que su prioridad no era salvar vidas.

—Entonces, ¿qué era?

—Kosovo era lo que es: un caballo de Troya en los Balcanes.

Besnik narra los hechos de forma decidida y traumatizada, sabiendo mejor que nadie que, por muchas estrategias diplomáticas y mucha guerra preventiva que algunos quieran vender, bombardear para conseguir la paz es como follar para alcanzar la virginidad.

De regreso a la pensión pasamos por la calle George Bush, el bulevar Madre Teresa de Calcuta, y la avenida Bill Clinton, donde una estatua en bronce del expresidente estadounidense corona una rotonda destinada a colapsar el tráfico de salida de la ciudad. En el muro de enfrente hay un grafiti apelando al mundo a *comer menos animales y más coños*, mensaje que encaja a las mil maravillas con la media sonrisa esculpida en el rostro del bueno de Bill. Aparte, y si algo hemos sacado hoy en claro, es que en Pristina hay dos tipos de calles: unas con mercadillos, que resumen perfectamente la fragilidad de este narcoestado en construcción, con gasolina licuada, pitillos adulterados, teléfonos robados, motos trucadas, ropa falsificada por la mafia ítaloalbanesa y bultos a la altura del coxis que delatan la tenencia de armas cortas sin intención de disimulo; y el resto de calles, las vacías, ruina, charco y perdición que resumen este país mucho mejor aún.

—Si os queréis duchar, dadle, que en cinco minutos cortan el agua —nos avisa Marko cuando entramos en su tugurio—. Imagino que mi padre os habrá dado la chapa con Bondsteel, ¿verdad?

—La verdad es que no. ¿Quién es ese? —responde Jalber, alzando las cejas para enfatizar.

—¡Joder, la base militar más grande de Estados Unidos! Ahí entrenaron a las milicias del ELK, y ahora lo usan como centro de detención. Nuestro pequeño Guantánamo —sostiene Marko, que habla todo el rato en tono vacilón. Se pasa el día tirado en el sofá, quemando hachís y jugando a la PlayStation con un amigo que, a juzgar por su mirada, podría ser sicario.

—¿Y tienen a muchos yihadistas ahí encerrados? —inquiero, haciéndome hueco en el sofá para seguir la partida que están jugando en la videoconsola.

—¡Para nada! Casi todos son albaneses acusados de sabotear las redes.

—¿*Hackers* informáticos?

—¡Qué va! —contesta Marko, descojonado, que no solo se parece físicamente a su padre, sino también en lo de pensar que somos unos primos—. ¡Redes de contrabando! Kosovo es la gran aduana del mercado negro: drogas, armas… todo entra y sale por aquí.

—Eso debe de mover mucho dinero —apostilla Jalber.

—Muchísimo; pero lo mueven pocos.

—Y teniendo esa pedazo de base militar, ¿cómo dejan que ocurra?

—La base sirve para que ocurra —me corrige Marko—. Por eso los capos tienen impunidad total. Fijaos en Thaçi, uno de los líderes del ELK, acusado de narcotráfico, y ahí está.

—¿Cómo dices que se llama? —pregunta Jalber, que siempre que puede toma notas.

—Hashim Thaçi. Aquí le llamamos la Serpiente.

—¿Pero es muy conocido o qué?

—Claro. Es el presidente de Kosovo —replica Marko, tan pancho, y se levanta para ir a mear.

Jalber me mira y finge que se le troncha el cuello, simbolizando su nivel de estupefacción. Yo pienso en la cola de vaca, un popular regate consistente en mostrar la pelota al marcador, invitándole a pensar que la puede atrapar, para después sorprenderle girando rápidamente el cuerpo 180 grados con la pelota pegada al pie. El nombre de esta gambeta proviene de cómo las vacas giran su cola de lado a lado para espantar a las moscas. En Kosovo alguien intenta engañar al mundo con la misma técnica de despiste, pero algo debe de fallar en el movimiento, porque mientras unos marcan el gol, los cadáveres continúan atrayendo moscas que espantar.

—Al final, ¿qué? ¿Habéis jugado un partido de esos vuestros? —pregunta Marko, de vuelta al salón, y recordando la turra sobre pachangas que le dimos en el minibús.

—Nada. Ayer en Belgrado nos echaron de una escuela y estamos sin pelota —narra Jalber, con resignación—. Y ahora por la tarde hemos ido al estadio a ver qué surgía, pero no nos han dejado entrar, así que una mierda, porque Pristina es uno de los últimos sitios del viaje.

—No os preocupéis. Si la cosa es jugar en Kosovo, tranquilos, que jugáis… —asegura Marko, contoneando el mando de la videoconsola con sus manos—. Aunque sea una pachanga virtual.

—¡Me vale! —acepto su propuesta, empujando a Jalber hacia el sofá.

—A ver, ¿qué equipo escoges? —me pregunta Marko, pasándome el mando de su colega el *killer*, que me atraviesa con una tímida sonrisa y dos córneas de hielo.

—Un España-Kosovo sería lo suyo, ¿no? —propongo.

—Kosovo no sale en el juego, pero me puedo pillar Albania —replica Marko, que presiona los botones del mando con soltura y va pasando de menú en menú sin que Jalber ni yo tengamos tiempo de leer lo que pone en cada pantalla. Luego añade:

—Vamos a ver si corréis tanto como aquellos soldaditos españoles que salieron de aquí pitando.

—¿Españoles? —duda Jalber, que detesta los canutos y los videojuegos, pero se adapta a todo.

—Sí, claro, pero que no pasa nada, ¿eh? Ya sé que vosotros tenéis la guerra esa con los vascos.

—Bueno, guerra, guerra, tampoco es, y en todo caso, lo de ETA se acabó.

—Pues antes bien que los utilizabais para no apoyar nuestra independencia —incide Marko, quitándome el mando de las manos—. Oye, ¿tú sabes jugar a esto? ¡Dale al círculo, hombre!

—Yo qué sé, me he equivocado —me excuso—. Creía que el pase era el triángulo…

—El pase, sí, pero en profundidad. Para pases cortos tienes que presionar el círculo —explica Marko, que debería ir asumiendo nuestra falta de competencias para esto.

—¡Goool! —grita en mi cara el muy zorro, festejando que un tal Salihi ha marcado a puerta vacía porque no sé a qué botón no debía darle pero le he dado sin querer y mi portero ha decidido dejar la portería al descubierto e irse de paseo por el mediocampo.

—La segunda parte la juegas tú, ¿eh? —amenazo a Jalber.

—Sí, claro, con el marcador en contra. Qué bien… —ironiza él, que lleva un rato en internet buscando información sobre las tropas españolas en Kosovo—. Oye, Marko, no sale nada de eso que dices tú sobre los vascos y vuestra independencia —advierte Jalber.

—Se lo dijo vuestro presidente a Obama: que si apoyaba la autodeterminación de Kosovo luego iba a tener lío con los vascos, los catalanes y los marroquíes.

—¿Los marroquís?

—También quieren la independencia, ¿no?

—Ellos ya son independientes —aclara Jalber, decepcionado tras comprobar que los conocimientos geopolíticos de Marko son una bomba de humo.

—Kosovo no debería reconocer a España hasta que España reconozca a Kosovo.

Se hace el silencio.

Eso lo ha dicho el amigo de Marko, que hasta ahora no había abierto la boca y creo que hasta Marko está flipando, lo cual me da una oportunidad de oro para robarle el balón y lanzar un contraataque majestuoso:

—¡Chichoooo! —vocifero, levantándome del sofá y bailando el *waka-waka* para celebrar el empate ante un Marko que sigue en estado de shock por la intervención angloparlante de su camarada.

—Eso no tiene sentido. La historia de España y de Kosovo son diferentes —esgrime Jalber, que en estas cosas se calienta y además cree que alargar la discusión retrasará su cita con el mando.

—¿Acaso no se formó España a través de guerras? —alega Marko—. Pues Kosovo también. Surge de la guerra, pero de una más reciente. Esa es la única diferencia.

En legitimidades emancipadoras, no lo sé, pero en la videoconsola Marko se fundiría al mismísimo Simón Bolívar. Tras varias derrotas humillantes, nos manda a la cama con un triste bagaje de tres goles a favor, dieciocho en contra, y la excusa repetida una y mil veces por Jalber y por mí de que nuestro mando estaba roto.

—Oye, Jalber, ¿hasta cuándo se queda Gavin en el Líbano? —le pregunto, una vez metidos en nuestro zulo, y refiriéndome a un amigo en común, que ahora trabaja en Beirut.

—Pues no estoy seguro. ¿Por?

—Por ir.

—¡¿Ir?!

—Sí, ¿qué pasa?

—Que el plan era otro.

—¿Jugar en Europa y volver a casa?

—Por ejemplo.

—Vaya sosería.

—Joder, pero si es que habría que cruzar Siria…

—O pillar un avión.

—¡Ah, no! Dijimos que la única regla era viajar siempre por tierra.

—Cierto. Por eso necesitamos una excepción que confirme la regla.

—Joder, no sé… —murmulla Jalber, determinado a resistirse—. ¿Y cuánto tiempo?, ¿cuánta pasta? Porque, ojo, que jugar en Oriente Medio no es como ir a Tailandia de vacaciones.

—Bueno, algo habremos aprendido hasta ahora…

—Ya…

—Venga, va, si te mueres de ganas…

—Puf… —suspira, intentando resistirse—. Sería como jugar la prórroga, ¿no?

—Sería, no. Será.

PRÓRROGA

ESTO ACABA EN PENALTIS

Es noche cerrada con candado, el cielo llueve toda la lluvia, y la aduana, junto al río que separa Bulgaria y Turquía, parece el agujero negro que algún día aspirará el vivir. Nos bajan del bus para que vayamos dejando el pasaporte en la ventanilla, de uno en uno y sin colarnos.

—Vamos y volvemos, ¿eh? —advierte Jalber, que lleva días peleándose con el calendario para poder llegar hasta el área libanesa antes de que se cumpla el tiempo reglamentario.

—Mira, si hace falta, aplicamos el gol de oro, y listo —le calmo.

—Pues espero que no. Mejor que acabe en penaltis, porque aquella regla fue un desastre.

Antes lo dice, antes nos separan del grupo y vociferan como si estuviéramos atracando un banco y quedaran rehenes vivos.

—¡No tenéis visado! —chilla el policía tras la ventanilla.

—¿Visado? —se sorprende Jalber—. Pero los ciudadanos españoles nunca hemos necesitado…

—Ahora sí. Españoles necesitan visado.

—Vaya, pues a ver ¿cuánto cuesta?

—Visado mañana.

—¿Mañana? ¡No puede ser! —contesta Jalber, ante el riesgo de quedarnos tirados bajo el diluvio y sin transporte.

—Mañana —dice el turco, aparentemente orgulloso de bloquearnos la entrada.

—Jalber, dile que tienes que jugar en Galatasary, a ver si cuela… —propongo, recordando nuestro exitoso plan para conseguir el visado en la Embajada rusa de Ulán Bator.

Jalber ignora mi sugerencia, y se retira de la ventanilla, desmoralizado. —Venga, voy con el plan B —anuncio, situándome frente al oficial con la cartera entre mis manos. —A ver, seguro que hay alguna manera de…

—¿De qué?

—De que no sea mañana, sino ahora.

—Uf… —resopla el oficial, entre aturdido y desesperado. Detrás de nosotros se encienden los faros del autobús y su tubo de escape tose humo gris avisando de que va a reiniciar la marcha—. Mira, ¿veis aquella garita? —señala el oficial, apuntando a una caseta con una luz roja intermitente—. Es el puesto del Ejército; a lo mejor pueden ayudaros —concluye.

Los militares turcos encargados de salvarnos la papeleta.

—¡Oigan! Nos tenemos que ir. Vayan subiendo, por favor —nos exhorta el conductor del autobús, que dice que tiene que llegar a Estambul y volver a Sofía en el mismo día.

Cogemos las mochilas y corremos unos doscientos metros hasta llegar a la caseta de obra. Tocamos con insistencia. Desde fuera se escucha una televisión encendida, pero su sonido queda camuflado bajo los ronquidos de alguien que, por volumen y cadencia, podría ser un gigante o un oso pardo. Cuando finalmente abre la puerta, vemos su aspecto, y se mantiene la duda.

—*Meharba*[19], nos han dicho los policías que aquí se paga el visado —me tiro el triple, a ver si fluye, mostrando un billete de cincuenta dólares y nuestros pasaportes.

—¿De dónde sois?

[19] *Hola*, en turco. Se puede utilizar en cualquier momento del día y en todos los contextos, nunca falla.

—Yo de Fútbol Club Barcelona y él de Real Madrid —contesto. Jalber me mira sorprendido, y luego asiente. Las situaciones límite exigen comportamientos limítrofes.

—Mmm…, esperad aquí —contesta el hombre plantígrado, llevándose los pasaportes con él.

Cuarenta minutos después ha dejado de llover y el autobús debe estar ya llegando a Estambul. Jalber y yo caminamos a paso lento por el arcén de la carretera, ya en territorio turco, agradeciendo la predisposición del militar a vendernos el visado a cambio de unos dólares extra para su bolsillo, en un auténtico signo de fraternidad entre pueblos corruptos. No hay transporte hasta el alba, y el pueblo de Edirne queda a siete kilómetros de aquí, así que toca patear con las energías tan remojadas como nuestra ropa y nuestros zapatos.

—Tengo la sensación de que en vez de avanzar, estamos retrocediendo —dice Jalber.

—¿Por ir hacia el este? ¡Al contrario! El partido siempre avanza. Eso sí, al inicio de la prórroga los equipos deben colocarse de nuevo en sus posiciones iniciales —rebato.

—Ya, pero llegados a ese punto, muchos jugadores están tan agotados que piden el cambio.

En la margen izquierda, bajo el terraplén, hay un corro de gente resguardándose bajo una lona plástica. En el centro, una hoguera en peligro de extinción da lumbre y calor a quienes la rodean. Nos acercamos, dudando de si vamos a ofrecer o a pedir ayuda. Una señora, oronda y con velo sobre su cabeza, disimula su recelo para recibirnos con hospitalidad. Habla inglés, se llama Shams, y nos presenta a todo el clan: su marido, Mohamed, un señor con bigote de pachá; Hairan, su hija, una adolescente con rizos de oro y mirada inocente; Mustafá, de doce años y con orejas de soplillo, y Mohamed, de unos ocho, y el pelo cortado usando una cazuela como molde.

—Nos han cogido cruzando el río y nos han mandado de vuelta —cuenta Shams, cuyo nombre significa *sol* en árabe, y quizás por eso ilumina tanto con su mirar—. Les he dicho que queremos pedir asilo y que puedo pagar los billetes de autobús hasta Sofía, también el visado, el hotel… pero ni siquiera me han escuchado.

La familia ha sido interceptada por una patrulla de la policía búlgara, y los han mandado de vuelta a Turquía sin la posibilidad de solicitar protección internacional. Entre la garita búlgara y la turca hay un par de kilómetros, y por ahí han estado deambulando Shams y su familia hasta que los militares turcos les han dicho que se fueran de vuelta a Estambul. Es la primera vez que intentan cruzar, así que están desconcertados y preocupados.

—¿Qué van a hacer con nosotros? ¿Devolvernos a Siria? ¡Por encima de mi cadáver! —advierte Shams, quien nació en Mosul, al norte de Irak, y a los quince conoció a Mohamed en la ciudad siria de Deir Ez-Zor, donde se enamoraron. Su padre, profesor de Teología en una universidad turca, prohibió la relación porque Mohamed no es árabe, sino kurdo, así que Shams se fugó a Siria, donde pronto se quedó embarazada de Hairan, la hija mayor. Hace seis meses, combatientes del autodenominado Estado Islámico irrumpieron en su casa para darle a Mohamed un ultimátum: o te unes a la causa o reclutamos a tu hijo mayor, Mustafá. Unirse incluía atacar la zona de Afrín, donde vive la suegra de Shams, y por mucho marketing yihadista que escuchasen, no les quedó otra que marcharse.

—Alá es grande, sí, pero esos del Daesh están locos —asegura Shams, llevándose la mano a la sien, ante la tímida sonrisa de su marido, Mohamed, que no entiende sus palabras pero deduce el concepto. Los que sí hablan inglés, y de maravilla, son los hijos:

—¿Vosotros también habéis cruzado el río? —nos pregunta el más chiquito, al que llaman Hamudi, a modo de diminutivo, para distinguirle del padre.

—No, aún no. Quizás mañana —le explica Jalber.

—Oh, pues tened cuidado. El agua está muy fría y Mustafá casi se ahoga.

—¡No es verdad! ¡Casi te ahogas tú! —le discute su hermano, entre risas, convirtiendo lo cruel del migrar en un juego de niños. El río Evros, que separa Turquía de Grecia y Bulgaria, se ha convertido en el principal paso y obstáculo para decenas de familias sirias, iraquíes y afganas, que tratan de llegar a Europa. Nosotros, viajando en sentido inverso y con todas las facilidades del mundo por haber nacido ricos europeos, nos sentimos razonablemente avergonzados.

Hamudi, que tiene por ojos dos luceros del alba, hace un rato que ha fichado nuestro balón, y viendo cómo ha despejado el cielo, la luna nos regala un buen foco para iluminar este estadio.

—Jalber y Mustafá contra nosotros dos, ¿vale? —le propongo al enano, que patea la bola sin más criterio que su ilusión.

—¡Pasa, pasa! ¡Aquí! —se desgañita Hamudi, quien se queda descolgado como híper-delantero-palomero, y no baja a defender hasta que nos meten gol; entonces sí, vuelve corriendo hasta nuestra portería para recoger la pelota del bancal y sacar de centro, en algo muy de críos, que es olvidarse del resultado y de la estrategia y centrarse en su única verdad importante: el contacto con la bola.

—Eres muy malo —le reprocha Mustafá a Jalber tras encajar un gol. Jalber se queda de piedra, con los brazos en jarra, ante el desplante de su propio compañero de equipo. Mojado, sin dormir y arrastrando dudas sobre nuestro plan de pachanga mesopotámica, Jalber farfulla entre dientes y pilla la bola con vehemencia para sacar de centro, dispuesto a recuperar su honra. Se saca a sí mismo, no se la pasa a nadie, regatea a Hamudi sin necesidad de hacer nada y, cuando le salgo al paso, cagado por si decide tirar a trallón, me quiebra pisándola con clase para marcar el 3-1 a puerta vacía.

—Puto niño… —murmura Jalber para sus adentros, mientras regresa hacia su campo con los deberes hechos. Hamudi activa el protocolo habitual y viene corriendo hacia el área, toda vez que la jugada ya está acabada. A la altura de mediocampo, si es que podemos llamar campo a este rectángulo imaginario de barro y asfalto rodeado por campos de acelgas y espinacas, Jalber y Hamudi se cruzan de forma real y metafórica. Unas personas escapando del origen y otras huyendo del destino.

Mohamed padre se desespera intentando resucitar el fuego con ramitas húmedas. Hairan, adolescente en la edad del pavo y enganchada al móvil, valga la redundancia, confiesa que echa de menos a sus amigas y que esto de migrar le parece una faena porque ya había empezado el instituto en el distrito de Kavatas, en la orilla asiática de Estambul, y que tiene miedo de no poder integrarse en un instituto europeo. Juntos, quieren llegar hasta Holanda, donde vive la tía de Shams, pero saben que será difícil. Por quince dólares, los militares turcos les dejaron pasar desde Hassaké, en Siria, hasta Urfa, en Turquía.

—Es un colador —narra Shams—. Entran tantos extranjeros para unirse a ISIS que se pasan el día abriendo y cerrando la valla. Solo hay que esperar a que pasen ellos, y luego ya te dejan pasar—. Shams cree que lo del califato es una pantomima y que va a durar cuatro días. Más miedo le da pensar en el camino que les queda por delante. Hamudi se queda dormido entre los muslos de su padre, soñando con los goles que aún le quedan por marcar, y Mustafá se rinde apoyado sobre la mochila de Jalber, que ahora no puede sacar los pitis del bolsillo y se lamenta recordando los reproches durante el partido:

—Pues nada, chato. A ver quién es el malo ahora.

La claridad del alba empieza a desvestirse. Hairan también duerme, es la única con saco de dormir, y Shams no cierra los ojos, vigilando siempre que sus cachorros estén bien. La miro y me sonríe, sin saber, en esta vida, quién es quién, quién no busca un refugio y quién huye de qué.

MEDIO MEDIAPUNTA

Jalber en realidad se llama Alberto. Nació en mayo del 81. Estudió en los Concepcionistas de Segovia y se matriculó en Ingeniería industrial, pero lo dejó para pasarse a Económicas en la Universidad Autónoma de Madrid, donde participó en un programa de prácticas que solo le exigía ir a clase durante cinco meses al año, desempeñándose el resto del tiempo como becario en Michelin, aunque ni él sabe muy bien lo que hizo allí. Sin visos claros del futuro, se apuntó al viaje de final de carrera, y volando hacia Cuba nos conocimos. En esa época aún se podía fumar en la parte de atrás de los aviones, y tras doce horas de droga y palique nos hicimos inseparables, iniciando una amistad simbiótica y verdadera.

—Ha pasado demasiado tiempo —advierte él, cuando nos bajamos del *dolmus*[20] a las afueras de Sapanca—. No vamos a reconocerles ni de coña —añade, destilando pesimismo. Han pasado ya diez años desde que un terremoto destruyera esta aldea y nosotros viniéramos como profes voluntarios para ayudar durante la reconstrucción. Nuestro plan ahora es buscar a aquellos alumnos a los que en su día dábamos clases de inglés y, si se puede, volver a jugar juntos.

—¿Te imaginas que de pronto aparece uno en plan: *hey, guys, how are you doing?* —Jalber se ríe solo, ironizando sobre lo jodidos

[20] Furgonetas privadas dedicadas al transporte de pasajeros y mercancías entre pueblos de la Turquía rural.

que íbamos de inglés por aquel entonces y lo poquito que debieron aprender los críos. Un hecho desolador teniendo en cuenta que llegábamos a Turquía tras una temporada en Inglaterra, empalmando trabajos precarios bajo esa ficticia sensación de libertad que regala todo intento de emancipación. Jalber estuvo en Bristol, primero como cajero de supermercado, y después vendiendo zapatillas deportivas en un centro comercial. Ni él entendía lo que le decían, ni los demás le entendían a él, pero ahí estaba cada día, hincando la rodilla en la moqueta para poner cordones y repartir calzadores. Tiene eso: adaptabilidad. Anda siempre a pasitos cortos, estilo *geisha*, pero suele llegar donde quiere. Le sale natural. Avanza silencioso y absorbe lo que le rodea para crecer; un bambú bien regado.

El pueblo, Sapanca, ha cambiado lo justo. La mezquita, en el centro de la plaza, sigue comandando el territorio.

—Perdonad, ¿os suenan estas caras? —pregunta Jalber, mostrando las fotos de los estudiantes a los camareros del restaurante en el que estuvimos comiendo el mismo tipo de kebab durante tantas semanas.

—Y este chaval rubio, ¿tampoco le conocéis? —insiste Jalber, buscando alguna pista—. Creo que su nombre era Oçan.

—Mmm, sí, este me suena… —asiente con la barbilla el chef, que ni es chef ni nada, pero lleva sobre la cabeza la *toque blanche* propia de quien domina los fogones—. Id ahí enfrente, seguro que saben algo —nos recomienda, indicando el Ayuntamiento como posible archivo histórico.

De vuelta a la Turquía profunda, árida e insecularizable. Porque sobre el papel, este país es laico, pero en la práctica son los *sheikhs*[21] quienes marcan el camino, los actos y los pensares.

[21] Traducido al castellano como jeque, en realidad significa anciano, y es un concepto árabe comparable al de maestro espiritual con tremenda influencia política.

Lo han intentado muchos, pero nada, ni siquiera Atatürk, el fundador de esta república y primer presidente, pudo revolucionar el apego de las familias a la fe islámica, por muchas escuelas, subsidios agrícolas y nuevas carreteras que prometiera. Ni la gente se enteró de lo que Atatürk quería para ellos, ni Atatürk consiguió que ellos lo quisieran para sí mismos. Hasta hoy, la identidad otomana sigue perfilada por un dios no otomano, sino árabe, y los imanes en las mezquitas reciben todo el apoyo gubernamental para defender su monopolio del perdón divino y los billetes al paraíso. Lo entiendo perfectamente; sin nuestra confianza en lo metafísico no habría ni distrito ni pachanga. Por eso estamos aquí, una década después, volviendo al lugar al que prometimos volver. Con Jalber es fácil; es un tipo de palabra. En ocasiones le cuesta encontrar su momento, pero siempre cumple. Se le ve la honestidad a la legua. Hay ojos que te esconden verdades, y miradas que invitan a confiar. Jalber es del segundo tipo. No tiene ni idea de cómo fingir, ni siquiera cuando no dice la verdad. Otra cosa es que se calle lo que piensa, siente y padece; eso lo hace de lujo. Con todo, su falta de expresividad emocional es una bendición, porque nunca dice mierdas inoportunas o sin sentido. Es un tipo de lo más complejo y de lo más sencillo. Ni alto ni bajo, flacucho, pero con apariencia de fuertote por la anchura de sus espaldas, que parecen de nadador, aunque él en realidad fuera profesor de tenis. Adora el deporte: fútbol, a nivel de enfermo, pero otros deportes también, menos el críquet, claro, sobran los motivos. India fue muy dura con él. Le pilló de sopetón, no pudo calentar bien y salió al campo con el balón ya en juego, por lo que es normal que le costara pillar el ritmo. Además, salía de una doble lesión: fístula en la rabadilla y hostia en el corazón. Se está separando, o mejor dicho, se ha separado de su exmujer, aunque aún tiene que firmar los papeles del drama. No es que él quisiera seguir casado, sin embargo, le pesa no entender por qué se deterioró tanto la relación. Le da vueltas al tema, calladito, fingiendo observar el paisaje a través de cualquier ventanilla, pero ya nunca le pregunto, porque ya nunca le hace falta. Eso sí, este partido le está sentando de vicio. Desde que debutó, supo apretar los dientes y aguantar estoico durante horas y horas de buses, jeeps, bicis y canoas. Supo decir «basta» cuando tocaba parar, y me dijo «no estás solo» cuando era yo el que sufría. Eso de coger el dolor ajeno y llevárselo con uno mismo solo pueden hacerlo personas con el pecho lleno de cosas buenas.

—A ver, déjame ver las fotos —dice la secretaria del alcalde, dejando de lado su labor pública para centrarse en la búsqueda de aquellos niños que hoy ya serán adolescentes—. Estas dos son mellizas. Una se llama Tukçe y se fue a Ankara a trabajar —revela ella, en mitad del pitote que se está montando en el Ayuntamiento por la presencia de forasteros. Somos la anécdota del mes. Aquí todos opinan: el lugarteniente, la ingeniera civil, los concejales, un policía visiblemente molesto por tener que interrumpir su ceremonial lectura del periódico, la bedel y, por supuesto, el alcalde, que se parece físicamente a Erdoğan.

—¡Tú, jefe de Turquía! —bromea Jalber, señalando la foto del presidente que luce colgada en la pared de su despacho. El alcalde tarda en pillar la coña, pero acaba riéndose.

—¡¿Emre?! —grita la secretaria del alcalde, que lleva un rato rastreando perfiles en Facebook.

—¡Sí! ¡Ese es Emre! —exclama Jalber, tras reconocer a un muchacho al que en su día apodamos Tristón por su mirada taciturna—. Mira, el pobre aún conserva las orejitas —añade.

No es el primero que reconocemos, pero sí el único que a ciencia cierta todavía vive en Sapanca. La investigación de la secretaria arroja más datos: una chica se ha casado en Karasu, otro está en el Ejército haciendo justicia a su ya beligerante actitud cuando tenía siete años, y otro murió muy joven en accidente de tráfico. Esto último nos rompe el mentón, pero Jalber no decae:

—A casa de Tristón, por favor —anuncia, montándose en la parte de atrás del coche oficial del Ayuntamiento, toda vez que se ofrecen a llevarnos en plan comitiva. Jalber está desatado, y eso es lindo, porque ha pasado malos momentos durante el partido, y el cansancio acumulado podría hacer que en cualquier momento se le subiera la bola del gemelo y pidiera el cambio.

—Con lo demonio que era el Emre, no sería raro pillarle en un garaje mezclando anfetaminas —vacila Jalber, camino de la casa donde supuestamente vive Emre—. También te digo una cosa, con que no nos atraque, yo feliz...

Jalber, seguido por la secretaria del alcalde, quien por cierto no sabemos si está siendo súper maja o simplemente aprovechando la ocasión para rascarse el chichi y ventilarse la mañana a modo de prebenda, sube las escaleras de acceso a la casa y llama al timbre con expectación.

—¿Emre? No, lo siento. Está en la ciudad, trabajando —anuncia el padre, luciendo dos hereditarias orejas de elefante asiático y tratando de hacerse entender a base de bruscos gestos—. Pero vuelve esta noche, porque los viernes juega con los amigos —anticipa, usando a la secretaria del alcalde como intérprete, antes de contarnos cuánto recuerda aquel verano y cómo motivamos a los chavales del pueblo a estudiar inglés; eso sí, Tristón se quedó a medio camino. Ahora es mecánico, así que vamos a tener que darle una lección de repaso; en la cancha.

En la orilla sureste del lago Sapanca queda el viejo campo, antes lleno de fango y lamentos, y ahora convertido en una carpa antilluvia con césped artificial y marcador electrónico, lista para la práctica de fútbol-7. Además, hay un bar y un puestito de alquiler de botas usadas. Tristón, de momento, no aparece, pero poco tardamos en acoplarnos a la melé de chavales que descosen a patadas un balón amarillo fosforito. Con nuestras barbonas pobladas, narices chatas y pieles descuidadas, Jalber y yo pasamos por turcos, y hay que aclararlo si queremos que nos dejen jugar.

—¡Españasss, aquí! —grita uno de los jugadores, tratando de ficharnos a ambos para su equipo. Una apuesta arriesgada, desde luego, porque eso hará que el equipo rival doble su nivel de agresividad para demostrar su valía frente a los extranjeros.

Toda la táctica se resume en dar pelotazos y ver lo que sale. Fútbol intifada, piedras al poste y misiles a la escuadra. Puntapiés, agarrones e insultos entre ellos. La defensa del equipo contrario hace gala de una pubertad hormonalmente anárquica y juegan con la violencia de quien se siente incómodo en la calma. Paradójicamente, a Jalber se le ve jugando más a gusto que nunca, pero eso tiene una explicación, y es que el puestito de alquiler de botas le está permitiendo correr por vez primera con unas zapatillas de su talla, tras tantos meses empeñado en calzar unas alpargatas camboyanas llenas de *flow* pero que le hacen daño en la puntera. Él, como siempre, trata de ubicarse como mediocentro al inicio, pero acaba de mediapunta. Yo le digo que juega de medio mediapunta, porque ni crea ni destruye, pero es broma. Ya me gustaría a mí jugar con la humildad y generosidad con la que juega él. Tolerancia no tanta, o al menos no hoy, cuando se caga en los muertos de nuestro delantero, porque no suelta la pelota.

El chaval, que le llega a Jalber por el sobaco, no solo no se la pasa nunca, es que se la sopla todo tanto que llega a quitarle la pelota de los pies al propio Jalber:

—Pero, ¡¿qué haces, mamón?! ¡Que voy contigo! —grita Jalber, indignado. Quizás esté canalizando la frustración de no ver a Tristón, porque de momento no se le ve, pero a mí no me importa, porque, como siempre, la mejor historia es la de Jalber.

CONTRAATAQUES CONTRARREVOLUCIONARIOS

—Hitler, bien.

—¿Cómo dices? —pregunta Jalber, sorprendido.

—Israel mata a musulmanes y Hitler mata a Israel. Así que Hitler, bien.

En una sola frase, Hamed nos resume siglos de estudios antropológicos sobre cómo la forma de mirar al mundo viene determinada por nuestro origen, nuestro entorno y nuestro clan. Ni los judíos que murieron, ni los palestinos por morir, conseguirán que una idea nueva sobreviva en una mente cerrada. Eso me hace pensar Hamed que, desde que nos recogió junto a la estación de tren de Isfahán, nos tiene con el corazón en un puño a base de frenazos, cambios de sentido sin sentido y un taxímetro dispuesto a dejarnos en cueros. Conduce el taxi de su suegro, postrado en una cama desde hace años, y luego se reparten las ganancias. Raja del Gobierno iraní, sin rubor alguno, detallando cómo arruinan su país y el dolor que ello le provoca. Aparte, intercala sus opiniones con preguntas curiosas acerca de las diferencias que vemos entre Alemania e Irán, ya que, pese a las múltiples intentonas de Jalber por aclarar el asunto, Hamed sigue obviando nuestra españolidad, y a mí, la verdad, me parece fantástica su equivocación siempre y cuando nuestro supuesto alemanismo y su gusto por el *Führer* conlleven algún tipo de descuento.

—Oye, Hamed, nos han dicho que en Irán no se puede jugar al fútbol al aire libre —indago, tratando de entender cuánto hay de mito y de verdad en la rumorología antipachanguera.

—¿Quién os ha dicho esa barbaridad?

—La familia con la que viajábamos en el tren. Decían que es algo inmoral…

—Ah, es verdad: no está bien que las mujeres vean a los hombres en pantalones cortos.

—¿Y por qué no juegan con pantalones largos?

—Eh… ¡mirad!, por ahí se va al Palacio de Ali Qapu. No os lo podéis perder.

No sé si Hamed no ha entendido mi pregunta o es que no tiene la respuesta. Tampoco sé si la estación de tren estaba lejísimos del albergue de su primo, si Isfahán es más grande que Tokio o si Hamed está haciéndonos la pirula para meternos un sablazo, pero si es así, reconozco que nos está distrayendo de lujo, contándonos que cuando va a la mezquita no es capaz de seguir las lecturas del mulá[22] porque el Corán solo puede estar escrito en árabe y aquí hablan farsi.

—Os lo juro, no le entendemos —asegura Hamed, que tiene los ojos muy juntitos, peleándose entre sí.

—Anda, ya —replica Jalber, que ya ha tenido falacias suficientes con lo de ser considerado germánico—, pero si yo he visto traducciones al inglés. No me vaciles…

—Puede ser, pero de infieles. El Corán verdadero solo puede ser leído en la lengua en que fue revelado, Dios así lo quiera —dice Hamed, que pese a no tener prisa por llegar disfruta saltándose varios semáforos en rojo al rebufo de una ambulancia.

—Pero si no entiendes lo que dice el mulá, ¿cómo interpretas lo que debes hacer? —pregunto.

—El mulá nos lo explica, claro —revela, alzando la vista para mirarnos por el retrovisor con sus estrábicas pupilas de

[22] Miembro del clero para los musulmanes chiíes. Reconocibles por su capa y su turbante, los mulás en Irán ejercen el poder cotidiano al ser quienes más controlan la jurisprudencia islámica. Los mulás supremos son, de hecho, los ayatolás.

color marrón. Colgando del espejo se balancea una *misbaha*, la versión islámica del rosario para llevar la cuenta de los rezos, chocando sus canicas contra la luna delantera del taxi. A nuestro alrededor, una hecatombe de motos, todas abrigadas con una capota frontal y dos manoplas incorporadas al manillar como guantes de boxeo para pelear contra el frío. Los peatones hacen equilibrios funambulescos para cruzar de acera en esta meca del derrape donde fluir es cuestión de fe; por suerte, aquí hay fe para dar y tomar. En lo de ir a la moda ya van más justitos: mujeres que visten de negro y hombres de gris marengo; ellas tapadísimas de cuello a pies y ellos entre chaquetas de paño y uniformes de funcionario. Que sí, que la gente es muy maja, y yo muy etnocéntrico, muy guiri y muy cuñado, pero este luto sin funeral transmite bajona.

Hamed nos cuenta que en Irán hay racionamiento de gasolina:

—La gente tiene acceso a cien litros cada mes, y no puede pasarse de esa cantidad, excepto si eres taxista, como yo, que entonces puedes tener seiscientos litros, pero con las colas que se forman en las gasolineras puedo tardar hasta cinco horas en llenar el depósito.

—¡Para, para! —impreca Jalber.

—¡¿Que pare aquí?! —brama Hamed, agitado.

—¡Sí, aquí mismo!

—Pero ¿qué haces? —le pregunto, sin entender nada.

—Mira ahí enfrente y dime que no es un espejismo —responde Jalber, bajando la ventanilla para señalar con el dedo a un grupo de chiquillos corriendo a lo lejos. Uno de ellos va chutando un balón fofo y cuarteado. Nosotros, que llevamos semanas escuchando la carraca sobre lo imposible que será jugar por estas tierras, tenemos que aprovechar la más mínima oportunidad.

—Cambio de planes, Hamed —sentencio, antes de abrir la puerta del copiloto, sacar la cartera y darle a Hamed quince mil tomanes[23], que es más de lo que marca el taxímetro. Hamed asume su destino y, con cierta ternura, balancea la cabeza de lado a lado, pareciendo entender nuestro magnetismo hacia el balón. «Están locos estos alemanes», pensará.

Para entonces, los críos han desaparecido. Iniciamos la persecución. Callejeamos entre zapaterías, sastrerías, bisuterías, peleterías y una infinidad de camareros sirviendo una infinidad de vasitos de té. Buscamos por aquí y por allá, pero nada, ni rastro.

—¿Habéis visto a unos chavales corriendo? —pregunto, con gestos, a unos señores con barbas muy acicaladas que giran el mentón para negar toda pista.

—Mierda, les hemos perdido —dice Jalber, resignado y con los brazos en jarra.

—Qué fracaso, tronco— concluyo, cargando de nuevo la mochila a mi espalda para continuar la marcha—. Ya nos dijeron que en Irán no iba a ser fácil lo de…

—¡Escucha! —exclama Jalber, con instinto sabueso, al oír unos gritos lejanos pero suficientemente nítidos. Asiento con la barbilla, me sonríe, y salimos corriendo hacia su origen.

Los laberintos de la ciudadela de Isfahán nos llevan de callejuela en callejón hasta la hiperbólica plaza Naqsh-e Jahan, donde fuentes y estanques refrescan una explanada rodeada por arcos, luceros y bóvedas de estilo safávida[24]. En una esquina, y sobre dos pancartas inmensas que cuelgan de lo alto del

[23] Unidad monetaria usada en Irán desde que el valor del rial, la moneda oficial del país, cayera en picado por el embargo comercial y las sanciones impuestas por su supuesto programa nuclear. Un tomán son diez riales.

[24] El imperio safávida conquista Irán en 1500, coge lo mejor de sus predecesores persas, mongoles, árabes y turcomanos, y lo peta a nivel comercial, político y cultural. Se crea la figura del sha, una especie de rey, para dominar el imperio, se armonizan leyes, se unen tribus y se construyen las bases del Irán moderno.

Gran Bazar, se muestran los retratos del ayatolá Jomeini y del actual Líder Supremo, Khamenei, ambos con semblante serio y el ceño fruncido, pareciendo dominar todo lo que aquí acontece. En el lado opuesto de la plaza, una bandada de chicos corren tras la pelota entre gritos y pisotones.

—*¡Uan, chu, zri, fors…!* —nos saluda uno de ellos, seguramente el más pequeño de todos, contando con los dedos para mostrarnos sus nociones básicas de inglés y aritmética. Se llama Taimur. Pelo arremolinado, tez tostada y pantalón de pana con parches y manchas. Su hermano mayor, Sarif, poco tarda en preguntarnos quién juega mejor de los dos para asegurarse el fichaje estrella de la tarde. Jalber se va con él, y yo me quedo con Taimur, que me llega por la cintura pero reparte patadas en la espinilla con generosidad y dedicación. Seremos quince jugadores por equipo, modo rugby, contacto estrecho y ataques directos. Se juega, se grita y se ríe a tope. Antes de estrenar el marcador, Taimur ya se ha peleado con casi todos sus rivales, y aunque su hermano suele interceder por él, en una de las broncas acaba recibiendo un puñetazo en la cara.

—¡Pastún, hijo de puta! —grita el enano, entre sollozos, mientras su hermano le agarra tratando de calmarle. Son casi todos afganos, pero cada uno de su padre y de su madre. Taimur y Sarif, por ejemplo, son tayikos, una minoría étnica conocida por su oposición a los talibanes pastunes y por su bravura en el combate. Taimur ejemplifica bien esta última virtud, y vive el partido como una auténtica batalla.

—¡Dale, fiera! —le digo, tras sufrir una zancadilla y caer rodando por el suelo—. Te toca chutar —motivándole a centrarse en el juego, pues pocas cosas podrían captar tanto su atención como ser el elegido para tirar esta falta al borde del área.

—*¡Yesss!* —replica él, pillando carrerilla antes del lanzamiento para patearla y ¡zumba!, punterón lleno de rabia y poca precisión que acaba con la bola en unos arbustos a los pies del palacio de Ali Qapu, la delicia arquitectónica recomendada por nuestro taxista Hamed que impera el suroeste de la plaza.

—Es una marabunta, macho —avisa Jalber, visiblemente acongojado por las hondonadas de críos lanzando contraataques a su alrededor. No hay líneas laterales ni líneas de fondo, así que tampoco hay córneres ni saques de banda. Todo vale, el juego nunca se detiene, y en una precaria triangulación armada a base de pases fallidos y rebotes fortuitos, Sarif asiste a Jalber para que marque el 1-0. Taimur, que ataca poco y defiende menos, me pide explicaciones con la mirada, descargando la responsabilidad de una posible derrota sobre mis hombros de adulto extranjero.

—Estaréis contentos, ¿eh? —reprocho a Jalber, en broma, para respaldar a mi pequeño caudillo en su resentimiento hacia los abusones del equipo contrario.

Reiniciamos el juego sacando desde el centro del campo, y nuestro punta, que lleva de palomero todo el partido, se encomienda a Alá con los dedos apuntando hacia el cielo, antes de trazar una jugada en solitario que acaba muriendo en la orilla. Mahdi, el muchacho pastún que antes crujió a Taimur con un certero puñetazo, recupera la bola y sale disparado hacia el ataque en busca del 2-0. Trastabillado, con algo de fortuna en el choque, el chaval sale indemne de la vengativa segada tirada por Taimur, y continúa la galopada hasta que el ruido de un motor le hace frenarse en seco.

—*¡Basijs, basijs!* —gritan todos, corriendo despavoridos hacia los arcos laterales de la plaza.

—Pero, ¡¿qué pasa?! —exclamo, mirando a Jalber, que tampoco entiende nada, cuando una motocicleta Honda se nos cruza por delante a modo de defensa central. Sentados sobre la moto, dos tipos en traje militar, que gritan y persiguen a

Mahdi, quien regatea con destreza cada intento del copiloto por zurrarle con una porra en la espalda. «¡Corre, Mahdi!» le jalean sus amigos, empujándole a escapar cual rayo hasta que logra desaparecer entre los tenderetes con el balón en la mano y sin que la moto pueda darle caza.

—*¡Basijs, basijs!* —repite el pequeño Taimur, mezclando risa y miedo.

—En Irán: ayatolás sí, fútbol no —revela su hermano Sarif, apuntando con el dedo índice hacia los retratos de Jomeini y Khamenei, bajo cuya presencia parece considerarse ofensivo practicar deporte—. Una mierda para ellos —añade Sarif, viendo a Mahdi reaparecer en la plaza, triunfante, y con una sonrisa de oreja a oreja tras haber conseguido despistar a los *basijs*.

Conocidos como los «guardianes de la moral», los *basijs* son en realidad una milicia a sueldo del Estado, formada mayoritariamente por jóvenes que sobrevivieron a la guerra contra Irak de los años ochenta, y que ahora, no tan jóvenes, se dedican a velar por el cumplimiento de las leyes con argumentario religioso[25], incluyendo el acoso a las mujeres por no llevar velo o por llevarlo mal puesto, multar la venta de alcohol, perseguir a minorías bahair, kurdas o baluchis por sus prácticas herejes, y ahora, también, boicotear pachangas.

—¡Pasa el balón, venga! —exclama Taimur, con su metro veinte de altura, que de cada tres frases que dice, dos son imperativas. Y Mahdi no sé si está cansado o es que aún no se ha recuperado del susto, pero su pase es una desgracia, y la

[25] Por aclarar conceptos: Alá es el dios que revela cositas a Mahoma, el profeta, y este lo plasma, de forma literal, en el Corán, el libro sagrado del islam, y en la Sunna, una especie de anexo que dice lo que está bien y lo que está mal. Todo junto hace la llamada ley islámica, o *sharia*, pero como son cositas algo desfasadas, los expertos en el tema, que son los mulás para los chiíes, y los ulemas para los sunitas, interpretan los escritos y desarrollan la denominada *fiqh*, que *a priori* es una jurisprudencia islámica más práctica y adaptada a sus tiempos.

pelota acaba cerquita de la fuente central, donde reaparece la cara del difunto Jomeini, esta vez esculpida en un bajorrelieve de metal dorado bajo la cascada de agua—. ¡Oiga, el balón! —exige Taimur, para variar, a unos transeúntes que no le hacen ni caso. La mayoría de personas caminan rápido, nos observan con cierto recelo y bajan la mirada para evitar cualquier tipo de contacto con el esférico.

—Esos, o tienen miedo de los *basijs*, o es que son muy paquetes —suelta Jalber.

De vuelta al juego, olvidamos quién iba en cada equipo y cuál es el resultado. Ante la posibilidad de que esta sea nuestra primera y última pachanga en Irán, me vengo arriba, controlo la pelota con soberbia, regateo niños como quien sortea conos, engaño a Sarif en un doble amago de manual y mato a Jalber con un recorte que lo deja convertido en una mopa, listo para fregar el suelo de la plaza con la lengua. Levanto la vista, el portero está cerca y acojonado, podría jugármela con un buen chut de empeine, pero junto al poste hecho de jerséis está el pequeño Taimur, solito y desesperado por empujar la pelota al fondo de la portería. Negarle el pase sería traicionar a la humanidad entera. La bola sale picadita para que Taimur se convierta en torpedo, tirándose en plancha para rematar de cabeza en busca de la gloria eterna. Que siendo esto una pachanga, podría rebajar sus expectativas, pero no lo hace, y de eso se trata este juego, de creer que aquí, entre cuatro adoquines, están el origen y el destino del cosmos.

—¡Goool! —gritamos al unísono. Su emoción al marcar demuestra que quien nunca haya metido un gol debería hacerlo cuanto antes, aunque fuera por ley, para comprenderlo.

—¡¿Lo habéis visto?! —exclama él, festejando el tanto como si hubiera ganado la Copa del Universo. Le trinco por las axilas, le subo a mis hombros y se muere de risa, cosquillas y felicidad. En realidad, se ríen todos y felicitan a Taimur por su gesta.

Ya veo los titulares de mañana: «Afganos exiliados y españoles por exiliar pachanguean frente a la grada de los ayatolás». Aunque poco dura la celebración, porque de nuevo suena el ¡brmm! de la motocicleta de los *basijs*. Esta vez son cuatro, y vienen decididos a extinguir la fiesta.

—¡Venid aquí, no os quedéis parados! —nos alerta Sarif que, a sus quince años, ejerce de líder de la manada. Un crío del equipo de Jalber, con cabeza buque y hoyuelos de pillo, se embaraza de balón y lo hace desaparecer bajo su camiseta. La dispersión parece ensayada, todos saben hacia dónde correr y, en menos de cinco segundos, no queda ni rastro del partido. Las motocicletas giran sobre su propio eje; los *basijs*, con la visera de sus cascos levantada, miran desafiantes a su alrededor con ostensible frustración. Jalber y yo, escondidos tras las columnas de entrada a la mezquita del Shah, nos reímos de la escena junto a Sarif y Taimur.

—¡Qué tontos! Si es que parecen pastunes de lo tontos que son —bromea Sarif, confirmando las rencillas y prejuicios que existen entre los pastunes y el resto de grupos étnicos de Afganistán. Sarif, que tendrá quince pero está forjado en acero, vino desde Afganistán junto a su familia y ahora trabaja como repartidor en un taller de alfombras. A veces le toca tirar del carromato, y otras veces le dejan coger la camioneta, aunque no tiene carnet de conducir ni edad para sacárselo—. Da igual. Aquí nadie controla nada —asegura él. Chapurrea un inglés más que suficiente, y confiesa echar de menos su Herat natal, sin que eso le despierte ninguna gana de volver—. A Afganistán, no. Pero a España sí me iba. Seguro que allí todos juegan al fútbol —dice Sarif—. Incluso los *basijs*.

LIBERTAD DE MOVIMIENTOS

«¿Buscas gente joven de mente abierta y liberal?».

Ese es el comentario que Jalber se encontró ayer por la noche, escrito a mano y en el margen de la página 268 de una guía turística de Irán que encontramos en la recepción de un motel en Yazd, al sureste del país. Junto a la nota, aparecía un número de teléfono, y Jalber, sin analizar pros ni contras, sacó su móvil, se alejó de la mesa donde cenábamos sopa de camello y, quince horas después, estamos en un autobús con destino a un lugar llamado Mesr.

La carretera corta las arenas del desierto en dos montones, el calor asa los sudores y probablemente estemos dándole al azar demasiada responsabilidad, como reconoce el propio azar, cuando bajamos del autobús y nos quedamos tirados en mitad de la nada durante horas. Aparece un señor que, sin mediar palabra, nos monta en su coche, arranca, conduce un par de horitas más y nos deja enfrente de una casa de adobe. El hombre toca la puerta con los nudillos, vuelve a subirse al coche y desaparece. Se gira el picaporte y una pareja de ancianos nos invita a pasar como si llevaran toda la vida esperándonos. Su expresión bascula entre la pena y la decepción; no sé qué esperaban, hacemos lo que podemos. Tienen un terrario con iguanas; las sacan y nos ponen un reptil en el regazo a cada uno. Nadie explica nada. Parecen desbordados por la situación. Si esta es la comuna hippie que prometía la guía, bienvenido sea Benidorm. Los ancianos entran y salen del salón compulsivamente, el señor lleva trapos de cocina y la señora cubos llenos de agua de aquí para allá. Quizás ha quedado varada una ballena en mitad del pasillo y están tratando de reanimarla. Hace tiempo que no entendía una situación tan poco y tan mal. Dicen que esperemos, pidiendo paciencia con los gestos de sus manos. Sacan pastas de té y una jarra con café. Jalber está congelado cual estatua de lava en Pompeya; dice que no se mueve para no asustar a la iguana, yo digo que está acojonado con el bicho. Para un día que íbamos a ser recibidos por alguien, y al final, acabamos en un sofá de escay, domando lagartos e intercambiando silencios con tímidas sonrisas nerviosas en una sala de estar donde preferiríamos no estar. La anciana mira a Jalber, le sonríe, sonríe él, me mira, sonrío yo, miro al señor, que sonríe también y mira a Jalber, que me mira y sonríe a la señora generándose un bucle de dentaduras postizas y carraspeos que temo no vaya a acabar nunca. La fantástica capacidad que tenemos los humanos para sorprendernos a nosotros mismos nos permite disfrutar del momento hasta que finalmente se oye la llegada de un coche fuera de la casa.

—¡Bienvenidos! —exclama, entrando en la sala, un tipo con suficiente pinta de loco como para poder unirse a esta escena—. ¿Estáis listos? —pregunta él—, ¡pues nos vamos! —añade, sin esperar nuestra respuesta, señalando el camino de salida hacia la calle. Mi lagarto se baja él solo del sofá. A Jalber se lo tienen que quitar entre dos.

—Subid mejor en la parte de atrás… —aconseja, con honestidad, dada la falta de puerta en el asiento del copiloto. Aparte, el capó del coche es un acordeón aplastado y los faros frontales parecen ojos de plástico enganchados con muelles a unas gafas de broma.

—Esto no llega a ningún lado —dice Jalber, combinando escepticismo y realidad.

—Pues de algún lado habrá venido —contesto.

—Sí…, y qué hostias se ha dado por el camino.

Mursat, nuestro anfitrión, el eslabón perdido de Darwin: flaquísimo, altísimo, cabello eléctrico rizado casi afro, muy funky, nada persa, barba de tres días, lentes con montura al aire que se le derraman por la punta de la nariz y un cableado aparentemente defectuoso tanto en el coche como en la cabeza. Pregunta por España, por nuestras costumbres y nuestras pachangas; escucha nuestras respuestas con distracción, conecta la radio, mete un casete, se enciende un trujas de marihuana que convierte el coche en cápsula del tiempo y arranca veloz hacia la noche oscura.

Casas de arenisca a medio hacer. Jorobas de camellos bajo la farola de la luna. Las algaidas del desierto comienzan a engullirnos en un cobrizo infinito sin entrada ni salida.

—Esto es música tradicional sufí: solo tres cuerdas, ¿no es fabulosa? —susurra Mursat, exhalando canabinoide y dejándonos llevar por sus bandazos al volante, la nube de humo y los gorgoritos de la cantante.

Cuando el auto se frena, a los pies de una enorme duna, Jalber sale de su letargo:

—¡No me lo creo! —dice con excitación—. ¡Qué maravilla!

—Sí, oye, qué pedazo de paisaje —consolido sus palabras.

—¡No, joder! —me azuza, con la mirada perdida en un grupo de gente, cuyas siluetas se mecen a la orilla de una hoguera—. ¡Tetas y culos! —clama Jalber, estrujándose el pecho con instinto de macho alfa. Quizás sea espejismo o alucinación, pero tras semanas rodeados de capas y chadores, ver a la peña con pantalones vaqueros y prendas de colores nos pone búfalos. Musrat, que ha salido pitando del coche, nos presenta al grupo, integrándonos en este sarao donde fluyen licores, rulan porrazos y cabalgan las carcajadas. Esto es Mesr, la otra cara de Irán.

—Entonces, vosotros sois los del fútbol, ¿eh? —pregunta Valis, un muchachote con inquietante look de rockabilly—. Pues a ver si es verdad que sois tan buenos… —nos reta, con sus patillas a lo Elvis y unos botines de cuero difíciles de justificar en este desierto.

—No sé qué os habrá dicho Musrat, pero que juguemos mucho no significa que juguemos bien —le aviso, para evitar decepciones.

—¡Ah! Como en España juegan los mejores… —replica Valis, mientras su colega Bahar monta una especie de portería con dos palos incandescentes extraídos de las brasas.

—De portero se va a poner su padre —advierte Jalber, mientras trata de organizar los equipos. Hace dos minutos la mayoría decían que les daba pereza moverse por el frío y ahora todo quisqui se apunta a pachanguear en este mar de dunas. Resultado: bote a la deriva. Cada jugador hace la guerra por su cuenta, y Jalber naufraga tratando de concienciar a sus compañeros sobre las ventajas de jugar en equipo. El Valis, flequillito engominado, se resiste a descalzarse y flota como puede, hundiendo sus botines en la arena sin que las olas de la suerte conviertan sus brazadas en gol.

Le robamos el balón fácil, pero tampoco es que lo petemos. La ausencia de líneas de banda es un hándicap.

—¡Ey, que por ahí no vale! —reclama Ava, la chavala que se ha quedado de portera en el equipo de Jalber, para así estar más cerca de la hoguera.

—Pero ¿por qué? —pregunta Bahar, haciéndose el sorprendido.

—Anda, calla, y dame el balón —le cruje Ava, cortándole la jugada cuando rodeaba la portería por detrás, en una maniobra más propia del hockey sobre hielo que del fútbol sobre arena. Yo se lo habría perdonado, porque va en mi equipo y porque, teniendo que aguantar al rockabilly ese todo el día, Bahar tiene el cielo ganado. Ava le quita la bola y saca de un patadón a lo alto y a lo lejos. Jalber la baja con dulzura, con la misma dulzura con la que se cae de morros, pero se levanta y combina con Valis, que logra marcarnos un gol de esos que dan mucha rabia porque son fruto de mil rebotes desafortunados y de que a nuestro portero le dé miedo el balón y que cuando le chutan ni siquiera se aparte porque está demasiado ocupado tapándose la cara y los huevos.

¡Piii, piii!, suena el claxon del coche de Musrat, invadiendo el campo para hacer sonar la bocina a modo de vuvuzela y animar a la tribuna, además de camuflar las toses de los jugadores que, follados por el esfuerzo, jadean encorvados y con las manos sobre las rodillas.

—¡Descanso! —implora uno que se ha fumado no sé cuántos triturbos.

—Vaya equipo. Sois fiel reflejo de mi país —espeta Ava—. Una broma de mal gusto.

—¿Tan jodido está Irán? —le pregunto, aprovechando el parón para recuperar el aliento.

—Pues como esto: cuatro machitos pensándose los mejores del mundo, y luego no son capaces ni de chutar un balón.

—¡Oye, un respeto! Que los españoles tampoco son gran cosa —se defiende Valis, que pese a la sudada no piensa quitarse la chupa de cuero con tachuelas.

—¿Ves? Así somos —se ríe Ava, negando con la cabeza para desacreditarle—. Aquí todos se creen muy contrarrevolucionarios, pero en la práctica, son unos bravucones.

—Eso pasa en todos lados…

—Pero no es igual. Aquí, cuando Jomeini volvió de su exilio, dijo «a partir de ahora, Dios es la ley, y la ley soy yo». ¿Queríamos revolución? ¡Pues, hala!, ¡toma revolución!

—Pero hubo un referéndum, ¿no? Quiero decir, el régimen fue elegido —apunto.

—¡Ja! ¿De verdad crees que la gente habría votado sabiendo que…?

—¿Que qué?

—Que sería esta mierda.

—Ava, es paradójico que todas las personas que criticáis el régimen, la ley islámica y la represión, sin embargo, habléis de ello tan tranquilamente.

—Sesenta años de dictadura son suficientes para aprender cuándo, de qué y con quién podemos hablar.

—¡Y dónde! —apostillo, abriendo mis brazos para señalar el oasis de libertad que nos rodea.

—Aquí es diferente —contesta ella, bajo sus rizos rubios y un poncho de motivos aimaras—, la policía sabe lo que hay, y por eso nunca vienen.

—Y tú ¿cómo te enteraste de que existía este lugar?

—Por mis padres. Cuando se unieron al movimiento socialista, en los años del sha, este sitio era muy popular. Ahora todo ha cambiado. La mayoría de los comunistas fueron asesinados por Jomeini, y Mesr pasó de ser un punto de encuentro a ser una especie de reducto clandestino.

—Cualquiera diría que con el sha estabais mejor.

—¡Ni de coña! Ahora están obsesionados con la religión, pero con el sha era lo mismo, solo que al revés. Él odiaba la religión y por eso abolió todo: rezar en público, llevar la cabeza cubierta…, mira, las chicas dejaron de ir a la universidad porque no querían ser vistas con el pelo suelto, y pasamos de ser uno de los países con mayor número de universitarias a ser uno de los que menos —ejemplifica Ava, sentada sobre la arena, y prendiéndose un canuto ahora que ya ningún jugador se mantiene en pie—. El sha no entendía nada; pero, vamos, tú tampoco esperes entenderlo —añade, mirando hacia arriba, donde algún dios pulsa el interruptor de las estrellas y enciende la noche. Más allá, veo a Jalber entre las dunas y las siluetas de quienes se contonean junto al balón y el fuego, jugando a ninguna otra cosa que cantar y bailar.

—Seguro que en Europa piensan que molaba más el occidentalismo del sha —columbra Ava.

—Bueno, daba más libertades que los de ahora, ¿no?

—Ya, ¿y las revistas, las pantallas y los escaparates llenos de productos extranjeros? Todo tenía que ser antipersa. El sha renunciaba a su propia cultura, y nunca comprendió que la libertad impuesta, deja de ser libertad —sentencia ella, poniéndose en pie para servir un poco de no-sé-qué en dos vasitos de cartón—. Necesito irme de Irán cuanto antes; no puedo más —dice Ava, brillándole los ojos cuando se imagina la escapada.

—Joder, pues yo estaba pensando en quedarme a vivir en Mesr…

—Eres hombre. No puedes entenderlo. Mi padre no me deja hacer nada, y esta sociedad de mierda…, cuando no son los hombres de mi barrio, son los *basijs* los que me acosan. Todos diciendo que debo casarme y ser madre, ¡uf, qué infierno! Ni siquiera tengo con quién compartir mi frustración —Ava expone su pesar. Decidida, arquitecta, flaquita, dos ojos de ese color verde que tienen las algas cuando el sol las brilla en la arena, se acerca hasta que nuestras rodillas entran en contacto, y me pregunta—: Tú, ¿qué?, ¿pensabas que sería fácil jugar en Irán?

—La complicación es el encanto de jugar en Oriente Medio.

—Ey, ni Irán es Oriente Medio, ni los persas somos árabes —replica Ava—, pero eso vosotros nunca lo entenderéis.

—¿Y tú entiendes por qué un país tan lleno de gente buena y preparada está tan controlado por cuatro cabrones?

—Hay mucha gente interesada en que todo siga igual.

—Tú seguro que no —digo, y se le salta la risa, tras un vano intento por mantenerla atrapada entre la tensión de sus hoyuelos.

—Ah, ¿sí? ¿Y en qué se me nota? —contesta, exigiendo detalles.

—Poca cosa: estar fumándote un lirio con un chico extranjero, no llevar hiyab… —ironizo, señalando su pelo dorado, a lo que Ava se ríe y simula colocarse un velo imaginario—. Es de coña ver esas peleas constantes entre los *basijs* y las chicas que dejan caer sus flequillos por fuera.

—Se supone que con cubrirnos el pelo ya vale, pero luego cada mulá y cada marido lo interpretan a su modo. Mostrar flequillo es la rebeldía que nos queda. No es casualidad que seamos el país con más operaciones de cirugía estética: nariz, labios, ojos…, todo de plástico, ya, pero para tres cosas que podemos mostrar, al menos que sean bonitas. ¿Es ridículo? Puede ser, pero para muchas eso es lo más parecido a la libertad, igual que otras defienden el derecho a cubrirse la cabeza para mostrar su rechazo a las imposiciones occidentales y vuestros sistemas superdemocráticos donde hombres ricos, blancos y cristianos mandan, consumen y juzgan nuestros velos. Lo ridículo es que vuestros políticos aborrezcan el velo en nombre de la libertad. ¿De verdad les importa mi bienestar? ¿En serio? Entonces, ¿por qué no aborrecen las bombas que matan a las mujeres musulmanas en Siria o Afganistán?, ¿por qué no aborrecen la falta de libertad de las mujeres palestinas cuya tierra ocupa Israel? Por mucho que hablen de derechos humanos, no pueden disfrazar su islamofobia ni su miedo a lo diferente. Sobre todo cuando lo diferente es pobre. Por eso se prohíbe el velo en algunos colegios europeos, porque es muy cómodo dar respuestas llevando una careta puesta. Así nos ofenden igual, pero se sienten menos culpables. Y mira que yo no soy religiosa, que el islam es una puta cárcel, pero dime tú, ¿qué religión se salva? Ninguna. Los judíos le cortan medio pene a sus bebés y los cristianos se ponen cucuruchos en la cabeza para taparse el rostro —apunta, quizá sin distinguir la Semana Santa del Ku Klux Klan.

—La diferencia es que en Europa puedes pasar de todo eso, pero en Irán, no —replico.

—Claro, es que somos el eje del mal —replica, vacilona—. Odiamos a los occidentales y queremos mataros a todos, jajá, ¿o no te daba cierto miedo venir a Irán?

—Yo lo que temo es no poder jugar, o no acabar el partido.

—Tranquilo: los deseos no saben morir —contesta Ava, aplastando la colilla—. Pero, oye, ¿vamos a estar hablando de política toda la noche? ¡Venga! ¡Ven a bailar! —sugiere, tan menudita como es, clavándome sus pupilas de persa azabache que lo que no cautivan lo distraen.

—¿Pero eso de bailar pegados no está prohibido en Irán?

—Sí, sí. Justo por eso.

HEZBOLAZO

Sobrevolamos Siria. Abajo, los carros antiaéreos de Al-Assad tratan de recuperar posiciones. El Ejército Libre Sirio se difumina entre muertos, mutilados y emigrados. Las trincheras del Estado Islámico liquidan unas esperanzas ya olvidadas y almas gélidas buscan ropa de abrigo en el armario del Mediterráneo sin más mantas que la espuma de las olas entre Lesbos y Lampedusa.

Dijimos que solo habría una regla: nada de aviones, y este vuelo es la excepción que exige toda regla. Podría decirse que estamos recorriendo una parte del campo en camilla, como un jugador lesionado al que retiran por la línea de fondo, para reaparecer después como nuevo tras ser untado de aerosol milagroso. Cierto que viendo cómo ronca Jalber, quizás haya confundido el Reflex con el cloroformo. Angelito. Se está quedando en los huesos. Cansado, preocupado por la pasta y por el futuro, llega muy justito de fuerzas a esta prórroga.

Mientras tanto, estudio la disposición táctica de nuestro próximo terreno de juego: Líbano. Un canapé entrando en la boca de Oriente Medio. El pequeñajo de la clase, extorsionado por los abusones de siempre, Francia, Siria, Inglaterra e Israel, pero rebelde, raquero, el fenicio congénito que durante el recreo intercambia bocatas por cigarros robados a su padre. Abróchense los cinturones, vamos a aterrizar.

En el parquin del aeropuerto nos espera otro jugador, un fichaje muy particular:

—*¡Benvenuti, ritardati d'il mio cuore!* —grita, bajo una gabardina de estiloso corte romano y haciendo aspavientos para que nos acerquemos. Llega tarde y de resaca, pero llega, que es más de lo esperado. Gavin, antiguo compañero de trabajo en África, italoirlandés de discurso experimentado y comportamientos preescolares, una maravilla de ser humano que nos recibe desquiciado por la presión del contexto:

—Vivir aquí es una experiencia socrática: solo sé que nadie entiende nada de lo que pasa —avisa, mientras subimos a un taxi sin licencia. Por las afueras de Beirut, los edificios se amontonan entre sí jugando al jenga para no caerse. Hay soldados y alambradas en casi todas las esquinas. Hay iglesias y mezquitas en cada esquina donde no hay soldados o alambradas.

—Mucha gente y poco espacio. Líbano es una piñata de esas que se cuelgan en las fiestas de cumpleaños —apunta Gavin, una vez llegados a su barrio, Mar Mikhael, donde comparte piso con una chica de Bolonia—. Una piñata que todos quieren moler a palos para que caiga, aunque queden ya pocos caramelos que recoger. Mirad qué mezcla, este es el barrio de los cristianos maronitas, pero también hay católicos, armenios ortodoxos, falangistas[26], drusos y, por supuesto, musulmanes, suníes y chiíes, cada cual con sus facciones.

—¿Todos juntos? —pregunta Jalber, incrédulo.

—Solo revueltos. Cada comunidad tiene su barrio, sus zonas de influencia y sus ansias de expansión; bueno, en realidad nadie quiere ganar más espacio, sino que lo pierdan los demás. Un drama. Por si faltaba algo, con la guerra aquí al lado, uno de

[26] No confundir la Falange Española —movimiento fascista fundado en los años treinta por José Antonio Primo de Rivera— con la Falange Libanesa (o Kataeb), partido político cristiano-maronita fundado en 1936 por Pierre Gemayel, e inspirado en los movimientos nacionalistas europeos de la época, pero adaptado a la realidad confesional libanesa.

cada cuatro habitantes es refugiado, así que imaginaos la situación: ¡una *bellezza, ragazzi!* —ironiza Gavin, cafetera en mano.

Desayunamos Marlboro con *espresso* en una terracita donde cocinan con camping-gas. Por mi costado desciende una cesta atada a una cuerda.

—Son los vecinos de arriba. Están muy viejitos y los de la tienda les ponen ahí la compra para que no tengan que subir las escaleras cargados —cuenta Gavin, mientras mete papeles en un maletín con el descontrol de un abogado antes del Juicio Final. Trabaja en una ONG que asiste a personas refugiadas de Siria y llega tarde a una reunión.

—Aquí la peña habla inglés, ¿sí? —pregunto, por ir anticipando malentendidos.

—Inglés, francés, árabe…, todo depende de con quién os topéis —responde—. Escuchad, esta noche hay jaleo. No os perdáis.

Es doce de diciembre. Fresco tirando a frío. A ambos lados de la calle se solapan tienditas de ultramarinos propias de la época en la que niños con boina vendían periódicos vociferando *¡extra, extra!* para captar lectores. El barrio armenio es pura lepra arquitectónica. Edificios en ruinas, cachos de acera y un tráfico caótico, donde obesos vehículos osan atravesar callejas estrechas a fuerza de claxon. Abuelos que prenden sishas, beben té, y miran a abuelas cargadas de paquetes con vegetales. Entre la rotonda de Daura, donde se acumulan los minibuses, y la plaza de los Mártires, donde se ensalza la patria, puro gotelé de agujeros de metralla en cada muro. En el puerto de Raushe gira una noria y, junto a la cabina donde se compran los boletos, la oruga de un carro blindado avanza lentamente, con el cañón apuntando a Chipre. Dicen que Beirut es tan árabe y vanidosa, que si le llamas árabe a un local probablemente te rompa la cara.

—Vamos por esas callejuelas, a ver si hay críos jugando —sugiero a Jalber cuando surcamos Hamra, el distrito clave de los suníes, las boutiques y los restaurantes glamurosos. Él para, resopla y lo anuncia:

—Me voy. No puedo más.

—¿Cómo? —pregunto.

—Que cuelgo las botas, tío. Llámalo calambre, flato o lo que tú quieras, pero se me está haciendo pequeña la portería. En dos semanas me voy —sentencia él.

No digo nada. Asiento con la cabeza.

Que Jalber abandonara la cancha antes del final siempre fue una opción, una certeza mal confesada; aun así, cuesta asumirlo. Son tantas gambetas pegaditos el uno al otro que asumir su marcha me provoca un desolador nudo en el estómago. De reojo, miro al banquillo, pero no hay suplentes. Nunca quisimos hacer cambios.

Cuando se pira el sol, nos encontramos con Gavin, que llega revolucionado del trabajo. Es miércoles, pero eso no importa en este insomne barrio lleno de bares *cool*, música *funky* y farlopa *hipster*. «*¡Saluti, ragazzi!*». No nos hemos quitado el abrigo y Gavin ya nos ha colocado un gin-tonic en la mano a cada uno. Las aceras están copadas por grupos de gente que intercala sorbos, risas y contoneos al ritmo de tremendos temazos *chill-hop*.

—Buah, chato, ni me acuerdo de cuándo fue la última vez que nos tomamos una copa —confiesa Jalber, tan desubicado como yo en este ambiente festivo canallita.

—Da gracias a Alá por haber merendado —replico, tocándome la bandolera en la que guardo aún medio bocadillo, satisfecho por haber intuido que Gavin no se molestaría en darnos de cenar.

—Venid, que os quiero presentar —dice el italiano, rodeándonos por los hombros para llevarnos hasta un grupo de chavalas—. *¡Attenzione!* Estos son los chicos de los que os hablé —anuncia él. Por lo visto, lleva semanas haciéndonos publicidad entre sus conocidas, hablándoles del viaje, del partido y de lo supuestamente aventureros que somos. No sé qué expectativas ha generado, pero frente a la puerta del Bar Chaplin hay la suficiente cantidad de chicas como para que nuestra incomodidad supere sus expectativas. Jalber y yo somos dos auténticos retraídos en esto del ligar. Seguramente por eso acabo hablando con el único chico que hay por aquí.

—En Líbano, toda persona con un arma es un *checkpoint*. Y en Líbano, estarías loco si no tuvieras un arma —dice Philip, que es periodista, es majo y está borracho, por lo que al hablar se pega demasiado a mi boca y no puedo evitar envidiar a Jalber, que conversa con una zimbabuense aparentemente sobria. Mi Philip es corresponsal en el Cairo, pero también cubre las noticias del Líbano, y hoy quiere demostrarlo—: Desde el fin de la guerra civil, el país vive en una tregua constante. ¿Fue innecesaria la guerra? Quizás sí, pero duró demasiado poco —teoriza Philip, en el mismo momento en el que se acerca Gavin para susurrarme al oído que Philip es un brasas y que me aleje de él cuanto antes. Lo dice él, que va chuzo y flirtea de grupo en grupo cual urogallo en celo. Philip ni se percata y continúa a lo suyo—: Este país es una granada de mano. La Constitución les obliga a repartirse el poder entre las principales sectas: un presidente cristiano, un primer ministro suní y un jefe del senado chiíta.

—No está mal, ¿no? Así todas las comunidades se ven representadas —opino.

—Puede ser, pero llevan treinta meses sin acuerdo para formar el Parlamento. Aquí todos se odian —asevera Philip, que, por cierto, lleva un chaleco de reportero de guerra bastante follacas.

—Escucha, Philip: si se odian es porque se necesitan —suelto mi frasecita, con indestructible solvencia sociológica, y me alejo camino del baño con los deberes hechos. ¿Bombita de humo? Pues sí, pero no está el Philip como para quejarse tras el palique soportado. Mi huida, en todo caso, se ve boicoteada por Gavin, cerquita de la barra, que me pone otra copa en la mano y grita:

—¿Qué haces hablando con ese tolai? Ah, vale, que tú eres como él, ¡anda, dame un abrazo! *¡Come ti amo, cazzo!* —Luego me da un beso en la coronilla, y añade—: Va, dale, que las chicas están a tope. —Jalber me sigue desde el otro lado de la barra, con la mirada perdida, mientras finge que escucha a una finlandesa de mirada agria. Sigo en shock por su decisión. No quiero que se vaya. Sacar el balón sin él no fue sencillo. Entrar en el área rival y rematar a puerta solo va a ser toda una epopeya.

—Yo es que necesito beber para desconectar, ¿sabes? —me cuenta Audrey, una francesa rubia con los labios pintados de rojo sangriento que me asalta en la cola del baño y decide respetar el espacio entre labios propios y ajenos tan poco como Philip. Trabaja en Unicef y justifica su alcoholismo por la presión del contexto y la constante amenaza de atentados. Escuchándola, creo que la resaca es un factor decisivo en la falta de impacto de ciertos programas de ayuda internacional. Gavin, a lo lejos, hace gestos lascivos incitándome a aparearme con Audrey. Cuando comienzo a sentirme incómodo en esta feria de ganado, salgo fuera, y escucho a las chicas que están sentadas sobre el capó de un coche etiquetándonos por categorías: me lo follaba, no me lo follaba o ya me lo he follado.

—Me encanta esa vida vuestra de ir por el mundo jugando pachangas —revela Mónica, una amiga italiana de Gavin—. Lo que no sé es por qué os ha dado por ahí.

—Bueno, lo de jugar es solamente un anzuelo para conectar con la gente, así llegamos a historias que nada tienen que ver con el fútbol, pero que de otra forma no serían ni contadas ni escuchadas —contesto, buscando cierto equilibrio entre ser sincero e ir de guay.

—¿Y aquí vais a jugar también? —pregunta otra chica que acaba de llegar y sentarse junto a Mónica. Al mirarla, su boca, sus ojos, su pelo fuera de control, su todo, me siento hipnotizado.

—Eh…, sí, sí, nos gustaría jugar mañana en Dahiye —comento, a contrapié y lleno de rubor.

—¡¿En Dahiye?! ¿Sabes que ese barrio está controlado por Hezbolá, verdad? —indaga Mónica.

—Claro, por eso quiero ir. Vamos a intentar jugar cerca de la fortaleza —explico, en alusión al supuesto escondite de Nasrallah, el líder de Hezbolá—. Si se puede bien, y si no, pues nada.

—¡Estáis locos!

—A ver, primero iremos a dar un paseo en plan tranqui, y luego ya se verá.

—Escucha: ahí no se va de paseo.

—¿Qué pasa? —pregunta Jalber, incorporándose a la conversación.

—Nada, que dice que lo de Dahiye puede ser un poco delicado.

—¡Joé! Entonces no vamos —Jalber aprovecha para intentar abortar un plan que nunca le convenció del todo. Yo sigo noqueado por la mirada de la chica que está junto a Mónica.

—Si vais, nada de cámaras, por favor, ¡no hagáis ni una foto! —avisa Mónica, con tono serio—. No es ninguna broma, tened cuidado, llevad el pasaporte y, si podéis, contactad antes con alguna persona local —advierte ella, que conoce bien Dahiye porque trabaja con las autoridades municipales de cada barrio.

—Estate tranquila —replico, escuchando los gritos de Gavin a lo lejos, que lleva un buen rato tratando de remolcar al grupo hasta una discoteca. Es una bestia parda; le amas o le detestas. A mí, la fuerza de la gravedad me lleva a quedarme mano a mano con la chica de antes, la de los ojos siderales: Valentina. Es de Milán, pero se siente calabresa porque su familia es del sur y, como italiana que es, no entiende el mundo sin hablar de su familia. Tiene el pelo de Mufasa y sus rizos anárquicos van pidiendo una libertad que jamás ha existido. Creo que es la única chica en Beirut sin maquillaje en la cara, y yo me quiero quedar a vivir entre sus muslos para siempre, pero cuando uno lleva tiempo sin echar un polvo es realmente difícil discernir entre una simple descarga de feromonas y un flechazo verdadero.

—Mira la matrícula de ese coche —dice ella, señalando la placa de un Maserati despampanante que baja por la calle a nuestro costado.

—Todo cincos… ¿qué pasa? —pregunto.

—Ahora está de moda escoger el número de matrícula como símbolo de estatus, ¡y cuesta una pasta! Por ejemplo, ese 5555 puede costar 30 000 dólares —asegura Valentina, que vive en Líbano desde hace un año, y trabaja como cooperante en proyectos de educación.

—¡Qué horterada! Con ese dinero podrían comprarse varios coches.

—En Beirut no importa lo que tengas, sino lo que los demás crean que tienes.

—Pero de ahí a gastarse el dinero así…

—¿Sabes eso que dijo Martin Luther King de que aunque mañana se acabara el mundo él hoy plantaría un árbol? Pues aquí igual, pero con matrículas y gin-tonics. Los libaneses son hedonistas radicales. Saben que en cualquier momento puede estallar otra guerra, así que no planifican demasiado su futuro —revela, hasta ser interrumpida por un crío melenudo que le tira de la manga de su chaqueta de cuero. «¿Queréis una rosa?» ofrece el pequeño, al que pienso en decirle que debería estar en el colegio, pero siendo viernes noche, tampoco tiene mucho sentido creerme que soy su padre. Además, yo hace rato que ya no sé ni lo que digo porque si Valentina me dice ven, lo dejo todo, y dos gardenias para ti, con ellas quiero decir...

—¡El gorro! —exclama el crío, señalando la cima de mi cabeza.

—¿Qué? ¿Lo quieres?

—Es bonito —contesta él, enmarcado por sus melenas color chocolate. Está barrilete, lo suficiente para ensombrecer a su amigo, que está justo detrás de él, siguiendo la escena con un ramo de flores en cada mano.

—¡Tú, Puyol! —bromeo, apodándole así dado su parecido con el exjugador del Barcelona, todo garra y pelos al viento—. Y tu amigo, Neymar —añado, para integrarlo.

—Vale, mi primo es Neymar —replica, levantando el pulgar de su mano derecha.

Nasri Puyol nos cuenta que tiene once años. Es vendedor ambulante, recorre cada noche los bares del barrio Mar Mikhael tratando de colocar mecheros y flores para olvidar el frío. Es sirio. Más escapado que refugiado, porque ni tiene refugio ni lo espera. A su edad yo estaba haciendo la primera comunión disfrazado de marinerito.

Pasamos de Gavin y de su discoteca. Abro bandolera, saco el medio bocata de la merienda, hacemos una bola con el papel de aluminio que lo envuelve y organizamos un mundial entre los taburetes de la terraza del bar y una boca de incendios.

—¡Yo, portero! —dice el primo Neymar, saltando de emoción. Se llama Noor y tiene fisonomía de anguila: chiquitajo, delgadito y escurridizo. Jugamos a tirarnos penaltis, limitados por la rudimentaria pelota que se deshace a cada patada. Nasri Puyol está feliz. Ha dejado las rosas encima del maletero de un Volkswagen Golf muy machacado por la vida, y me pregunto cuánto tiempo hace que estos dos no juegan, que no olvidan el drama, que no pueden ser tan niños como son.

—De Alepo fuimos al valle del Bekaa, y luego a Beirut, porque Bekaa está nevado y no hay comida —Nasri Puyol cuenta lo que sabe, limitado por lo que recuerda y lo que no entiende de mis preguntas, aunque Valentina destila un nivel de árabe más que apañado para la ocasión. Noor Neymar no se entera de lo que hablamos, o sí, pero está demasiado ocupado quitándose la sudadera para ejercer de portero con todas las garantías. Tres tandas de penaltis después, cuando Noor ya tiene las rodillas desolladas de tirarse en palomita, resuenan en el cielo las explosiones de unos fuegos artificiales lanzados lejos de aquí. ¡Pum! ¡Flash!

Estarán festejando una boda, pero Nasri y Noor se tapan los oídos con las manos, mostrando una expresión facial llenita de miedo. Gestos de niños que han oído la tierra temblar cerquita de su pecho, que han corrido y se les han congelado los dedos de los pies mil y una veces, que han pensado en los muñecos y en los coches de juguete que dejaron atrás, y que ahora van de grupo en grupo ofreciendo rosas al por menor. A veces son rechazados o ignorados, muchas otras son recibidos con sonrisas por adultos de juerga en esta ciudad tan surrealista, de paz, de guerra y de todo lo que hay en medio, que hoy es casi nada.

Deshecha la bola de papel, pitamos el final, los pequeños recogen sus mercancías y se van, riéndose, como Valentina, que coge un taxi para volver a su casa, mientras yo simulo que no muero por seguirla. Junto a la boca de una alcantarilla, hay una rosa pisoteada. Se le habrá caído a Puyol durante la pachanga. La recojo y la meto en la bandolera. Será que a cierta edad, un poco por amor propio, un poco por picardía, lo que más necesitamos es aquello que fingimos no desear.

*

Es viernes, día de reposo y mezquita en la mayoría de los países árabes. Las calles de Mar Mikhael son cristales rotos y colillas a medio apagar. Gavin se desespera tratando de cazar un taxi que nos lleve a Dahiye, ya que en cuanto pronuncia el lugar de destino, los coches salen disparados sin opción de negociar.

—Estando en el barrio cristiano va a haber pocos que quieran llevarnos —argumenta él, ignorando que su aliento a vodka pueda ser otra razón para el rechazo—. Pero, vosotros, ¿por qué coño siempre buscáis problemas?

A la octava intentona, explicándole al conductor que puede dejarnos a las afueras del barrio, conseguimos que acepte llevarnos al sureste de Beirut. Por la ventanilla derecha se divisa el alicaído estadio de fútbol Camille Chamoun, clausurado al público desde 2005 cuando el presidente Hariri, de la falange cristiana, fue asesinado por Hezbolá. Con el fin de evitar la violencia, ahora los equipos juegan a puerta cerrada mientras las barricadas del Ejército custodian la entrada. Una ristra de edificios tatuados con esquirlas hasta parecer coladores aviva el recuerdo de las llamas en un país sostenido por las remesas enviadas por sus emigrados para que tantas familias malvivan mientras unas pocas lucen bótox y bolsos Louis Vuitton.

El taxista frena sin aviso y nos despacha. La avenida de entrada a Dahiye está repleta de carteles con imágenes de mártires. Las mujeres compran panes gigantes y patas de cordero; cuando nos las cruzamos, bajan la mirada hacia el negror de sus velos. En el aire ondean trillones de telas amarillas con un kaláshnikov verde impreso en el centro; es la bandera de Hezbolá, el autoproclamado Partido de Dios. Banda criminal para unos y ONG para otros, Hezbolá es un partido político, con representación en el Parlamento libanés, y una organización incluida en la lista de grupos terroristas de Estados Unidos y la Unión Europea.

Un atentado contra la Embajada estadounidense en Beirut llevó a Hezbolá al estrellato hace más de dos décadas, y desde entonces forma parte, junto a ISIS, Hamás y Al Qaeda, del *reality* de celebridades malignas confeccionado a partir del 11-S. Confesados chiíes, sus lazos con el régimen iraní y su rol como escolta del presidente sirio Al-Assad, además de su ambigua pero innegable coalición con la resistencia palestina, hacen de Hezbolá un ente decisivo en la orgía geopolítica de Oriente Medio. Gavin, que lleva tiempo viviendo en Líbano, atisba los argumentos de sus fans y de sus detractores:

—En 2006, (Hezbolá) asesinó a varios militares (israelíes) en una emboscada al sur del país, capturando además a un par de soldados como rehenes. Como represalia, el presidente (israelí) ordenó bombardear Líbano, quizás pensando que así erradicaría el antisemitismo… —ironiza él, susurrando las palabras tabú, consciente de que en este barrio toda pared es megáfono.

—Eso es como violar a alguien esperando que acabe enamorado de ti —anoto.

—Pues espero que hoy no nos confundan con el violador —advierte Jalber, medio en coña, medio en lo otro, sabiendo que en Dahiye te puede estar apuntando igual el AK-47 de un miliciano alauita de Nabatieh que un M16 en manos de un soldado judío de Haifa.

Aparte de intentar acabar con Israel, Hezbolá es considerado una suerte de Estado dentro del Estado. Parte de sus actividades pasan por construir escuelas y hospitales, o asegurar compensaciones para las familias de los mártires y de los hogares golpeados por la artillería israelí.

—En realidad, (Hezbolá) demuestra preocuparse por su gente bastante más que el propio Gobierno. Además, matan al enemigo. Es un dos por uno. Normal que les idolatren —revela Gavin.

—Tú, mucho evitar ciertas palabras, pero luego vienes vestido como un rabino ultraortodoxo —le digo, acusándole de boicotear nuestro plan de camuflaje con sus pantalones de pinzas y su trenca de felpa en tonos oscuros.

—Es verdad, chato, pareces mormón —Jalber se apunta al vacile, cuando pasamos frente a un retrato gigante de Hassan Nasrallah que cubre toda la fachada del edificio más alto del barrio. Es el gran líder, el clérigo cuya voz de arenga se abre paso entre una barba selvática y dos ojitos furiosos tras sus gafas de erudito. Dicen que vive escondido entre Irán, Irak y su fortaleza en Dahiye. Probablemente no duerma ni tres días seguidos en el mismo sitio.

—Molaría jugar en la fortaleza, ¿no? —proclamo, elucubrando el plan mientras surcamos calles pasaditas de presión atmosférica. Enfrente hay un puesto de control para vehículos. Jalber no sabe muy bien adónde queremos llegar ni parece confiar en que esto salga bien. Por detrás va Gavin, refunfuñando. Esta es una zona restringida para extranjeros, especialmente si te relacionas con refugiados sirios, explica Gavin:

—Trabajo con gente que ha huido de Alepo porque las tropas (de Al-Assad) los querían matar. Estos (Hezbolá) son sus aliados, y tienen ahora mismo francotiradores en las ventanas de Alepo disparando a familiares de mis colegas, así que, si os parece, vamos a pensar que nada de esto está ocurriendo, que yo no he venido aquí jamás y que no vamos a ir más allá de ese *checkpoint* de ahí delante. —Gavin habla solo, incapaz de frenar nuestra emboscada, mientras pasamos pegaditos a la pared de los edificios para evitar que nos vean desde la garita de control. Gavin destila sudores fríos y lamentos contra los escaparates de kebabs y bisutería barata al atravesar el barrio Haret Hreik, en cuyo corazón surge la gran mezquita Sayyed al-Shuhada, financiada con dinero iraní, pero sin un ápice del gusto arquitectónico persa. En su auditorio se dan discursos especialmente beligerantes, aunque Nasrallah siempre arenga a sus fieles a través de una pantalla, por motivos de seguridad. A cien metros hay otra barrera que impide el paso—. Ya os lo dije: aquí no juega nadie. ¡Venga, mejor nos volvemos ya! —dice Gavin.

—No jodas, es sábado, no hay escuela ni rezo. Seguro hay alguien jugando en alguna esquina —le rebato, cautivado por el olor a pachanga. Esto es un gabinete de crisis en toda regla—. Gavin, ¿tú conoces la historia del Maracanazo?

—Mi cultura futbolística se reduce a los gritos de mi madre cuando Irlanda ganó a Italia en un Mundial —contesta él, de padre romano y madre dublinesa.

—En 1950, Brasil y Uruguay se disputaban la final del Mundial en Río de Janeiro. Jugando en casa, todos daban a Brasil por vencedor. Habían acuñado ya monedas con los nombres de los jugadores brasileños, a la orquesta no le dieron ni la partitura del himno rival, ¡e incluso el entrenador uruguayo les dijo a sus jugadores que lucharan para que la derrota fuera lo más digna posible! —le cuento, ante su mirada escéptica—. Pero, al final, ¿sabes quién ganó? —Gavin levanta una ceja dando por sobrentendida la respuesta—. Pues hoy, nosotros somos Uruguay.

«*¡Yallah, yallah!*», cerca de acá se oyen gritos de chavalería.

—¿Lo oís? Ahí hay tema… —aventuro a decir, subiendo el ritmo para dar la vuelta a la manzana, y llegar hasta el origen del bullicio. Un balón de plástico bota como un canguro. Varios charcos de agua negra demarcan las líneas laterales del campo y un enjambre de niños disfrutando del fútbol, en Beirut, en Dahiye, igual que en Lima o Gotemburgo.

—Dime, Gavin, ¿qué otra cosa es tan universal?

—¿El dinero? —responde él.

—Joder, ya, pero esto nos une a través de la alegría. Lo del dinero suele conllevar tristeza —zanjo el asunto, girándome como Obdulio Varela, el capitán de aquella selección uruguaya, para zambullirme en la melé de críos mientras Gavin mira al segoviano con cara de no verlo claro. Los chavales me acogen con risas y sorpresa. Juegan mal, corren mucho y gritan demasiado. Dos tiros al poste y una segada después, la aglomeración de gente observando atónita el suceso nos confirma que aquí todo lo desconocido es sospechoso.

200 000 espectadores había aquel 16 de julio de 1950 en el estadio Maracaná. Jamás en la historia un partido ha vuelto a reunir a tanta gente; ni hace setenta años, ni ahora en Dahiye, se esperaban tanta osadía para jugarles de tú a tú, a la uruguaya. En este barrio, los agentes infiltrados del Mossad, el servicio secreto israelí, llevan décadas tratando de geolocalizar cada movimiento y espiar cada conversación. Cada cara desconocida supone todo un desafío para la tradicional prudencia y amabilidad árabe. Unos me miran raro, y otros me miran peor, pero la mayoría aplaude las jugadas como si fueran fans. Contagiado por el ambiente, que no es festivo,

pero sí de jolgorio, me vengo arriba con un remate de chilena que me sale rana y acaba estrellado contra el retrovisor de una *pick-up* Toyota. Enfrente, sentados en la acera, Gavin mira el reloj y Jalber mira las nubes. Mi equipo encaja un gol más que merecido, pues defensivamente estamos hechos unos zorros, y la celebración parece un adelanto del carnaval, con el goleador extendiendo los brazos para hacer el avioncito. Esto es la absoluta felicidad irracional. Entre el caos de los críos, me escapo para suplicarle a Gavin que nos eche una foto con el móvil sin que se note mucho.

—Necesitamos ilustrar la historia para poder contarle a nuestros nietos que jugar en Dahiye no fue ninguna locura.

Gavin acepta la idea a regañadientes y saca el teléfono del bolsillo de su trenca. Al instante, sin tiempo para pulsar el botón en la pantalla del móvil, suena un fuerte sonido de motor que congela el ambiente. Frenazo y derrape. Tres motoristas nos rodean, nos miran serios, amenazantes. No son soldados, desde luego. Pantalón vaquero, chaqueta de chándal de táctel, gorra bien calada y zapatillas deportivas. Miliciano de manual.

Sustraen pasaportes y teléfonos, ajustan sus armas entre el pantalón y el calzoncillo de forma ostentosa para hacernos saber que van armados. «¡Subid!» grita uno de ellos. Y sí, claro que subimos; juegan en casa, no hay nada que decir. Mi motorista lleva barba, está fuertote, es rudo, acelera y tumba la moto para sortear coches aunque sea más por impresionar que por necesidad. El viento de cara convierte mis labios en molinillo de papel y en una brisa tonta mi gorra sale volando. «Eh, perdona, es que se me ha caído la visera…». Cuando le pido que vuelva atrás para recogerla, su cara de sorpresa nos pone en igualdad de condiciones. Algo así pasó en Maracaná, cuando tras marcar Brasil el 1-0, y vista la locura desatada en las gradas, Obdulio Varela decidió reclamar fuera de juego al árbitro aunque sabía que no había motivo para ello. En ese momento le pareció la única forma de enfriar el partido y evitar la inercia goleadora de la *canarinha.* Pues eso, damos media vuelta, recojo la gorra y seguimos con el secuestro como si aquí no hubiera pasado nada. Digo secuestro porque una privación de libertad sin cargos ni proceso es un secuestro, pero también podemos llamarlo pachanga *sui generis*, y aquí no pasa nada.

Un badén, dos badenes, tres; pasamos por la barrera que vimos a la ida, pero las motos no paran, no les hace falta. En quince largos minutos llegamos a un aparcamiento en desuso: una carpa, una lona, una especie de calabozo al aire libre, y nosotros tres, que no sabemos si nos da la risa o el pánico. Una bandera confirma que es una base de Hezbolá. Andan iracundos. Primeras preguntas, primeras sospechas. No entienden cómo hemos llegado hasta aquí, no entienden que Gavin tenga dos teléfonos y que yo no tenga ninguno, no entienden que estuviera jugando al fútbol, y como se pongan a investigar un poco más tampoco entenderán que mi equipo fuera perdiendo 3-1 a pesar de tener mejores jugadores que el rival. Nos encierran entre cuatro paredes. «Bueno, al menos hay sillas». Jalber trata de consolarnos desde el inicio. Se muestra sereno; yo sonrío como un bobo, y Gavin se aferra al Marlboro creyendo que todo puede ir a peor.

En inglés macarrónico, con tono de cabreo, un señor trata de interrogarnos.

—¡¿Qué estáis haciendo aquí?!

—Esto… verás, nosotros estábamos jugando al fútbol… —expongo.

—¡¿Cómo que fútbol?, ¿qué quieres decir?!

—No, bueno, le explico —intercede Gavin—, es que estos chicos van jugando al fútbol de país en país, y querían jugar aquí porque en cierta manera el deporte representa la unión entre…

—¡Aquí no se juega al fútbol! —exclama, airado, el hombre en chándal.

—Eh…, perdona, no es por discutir, pero yo estaba jugando… —replico.

—¡No! Aquí la gente va de casa al trabajo, y del trabajo a casa, nada más —sentencia el tipo, antes de desaparecer tras una cortina.

—¿No sería mejor preguntarle qué es lo que a él le mola y así le decimos que eso es justo lo que el fútbol representa? —susurra Jalber.

—Eso, rollo que el fútbol representa violencia, golpes… —añado.

—Callad, cabrones, que vienen —Gavin pone un poco de seriedad cuando vuelve el interrogador, esta vez acompañado por dos más. Las preguntas se repiten: ¿de dónde sois?, ¿qué hacéis en Líbano?, ¿en qué países habéis estado?, ¿por qué estáis en Dahiye?, ¿quién os ha traído?, ¿cómo se llaman vuestros padres?, ¿cuál es el PIN de este teléfono?, ¿y de este otro?, y vuelta a empezar con un largo etcétera de preguntas en bucle.

Acabada la ronda, se asoma uno y nos hace fotos contra la pared, de frente y de perfil.

—Gavin, tronco, sonríe un poco, que pareces un preso —le digo.

—Es que estamos detenidos, retrasado —replica el romano, con razón esta vez.

Antes de irse, el fotógrafo se ajusta la pipa, dejando entrever la empuñadura y el cargador; luego nos pide calma y paciencia. Incongruencias de un rapto.

—¡*Vaffanculo*, no quedan pitis! —exclama Gavin.

—¡No jodas! Estamos muertos —dramatiza Jalber.

—Calma, hombre, voy a pedirle al guardia, que seguro tiene —digo, levantándome para preguntar—: Perdona, ¿un cigarrín por ahí no tendrás?

—¡¿Uno?! —grita Jalber, desde el fondo de la habitación—. ¡Pide más, tío!

—Eh…, perdona, en realidad necesitaría tres —corrijo, alargando la palma de mi mano derecha para recibir un paquete de Cedars a medio acabar que el guardia me ofrece con una cara de póker imposible de describir. Solucionado el problema de la nicotina, aún queda otro mucho mayor, y es que durante el registro de nuestras pertenencias se han fijado en el libro que llevaba Jalber en el bolso, una guía de Beirut elaborada por artistas locales, en la que se describen recorridos por las ruinas de la guerra, por los muros de grafitis y otras curiosidades, llenito de mapas dibujados a mano, incluyendo el de Dahiye.

—¡¿Qué es esto?! —pregunta exaltado el interrogador.

—Una guía turística —explica Gavin.

—¡No hay turistas en Dahiye! ¡Decidme! ¡¿Qué es esto?! —grita de nuevo, quizás sospechando que somos espías mapeando la zona. Eso sería imperdonable. Rascan cada página del libro buscando una segunda capa, pero no encuentran nada, y eso les destroza los nervios. Yo me pregunto si de verdad creen que los del Mossad se pondrían a jugar al fútbol en mitad de la calle.

Pasan las horas, más preguntas, más silencios eternos llenos de hambre e incertidumbre. A Gavin le esperan sus colegas de curro para cenar y sufre imaginándose la paranoia colectiva que su ausencia debe estar provocando, teniendo en cuenta que sus amigas sabían de nuestra intención de venir a Dahiye. Hace frío, el sitio es húmedo, y la falta de libertad maximiza las penas. Cuando preguntamos si podemos ir a comprar algo de comer, sabiendo que no nos dejarán salir, nos traen rollos de falafel y latas de Pepsi. Jalber se viene arriba y trata con el hombre que antes nos dio su media cajetilla; diez minutos después aparece con un paquete de cigarrillos libaneses.

—¿Cuánto es todo? La comida, el tabaco… —cuestiono, frotándome los dedos índice y pulgar para simbolizar dinero. La media sonrisa del guardia bonachón habla sin palabras:

—Estáis con una de las bandas armadas mejor financiadas del planeta, ¿y queréis pagarnos la comida?

Hay que reconocer que el tipo es un hacha en esto de privarle a uno de la libertad pero haciéndole sentir como en casa. Tres desgraciados en un calabozo de Hezbolá sin saber por qué y sin que nadie sepa que estamos aquí. No es para reírse, pero lo hacemos como mecanismo de defensa. Hablamos de todo un poco, de la guerra en Angola, de microcréditos, de ONGs fantásticas y de ONGs pufo, de que seguramente no van a matarnos, pero que a lo mejor nos expulsan del país. Discutimos sobre qué es la felicidad y recordamos juntos cuándo fue la última vez que lloramos. El tiempo hoy no tiene prisa. Pasamos de la carcajada a la desesperación sin darnos cuenta y sin remedio.

—Me meo, no aguanto más —dice Gavin—. Voy a decírselo al gordo.

—No hay huevos de decirle: «perdone, señor terrorista, ¿puedo ir al baño?» —Jalber está tan creativo que así da gusto cualquier secuestro.

—Pero vosotros dos sois completamente deficientes, ¿verdad? —Gavin se despide así de filosófico antes de ir a la letrina habilitada para la ocasión.

Cae la noche, damos vueltas en círculo alrededor de la mesa, pienso en cuánto me gustaría ver a Valentina, la chica de Milán, en cuanto nos liberen, en descubrir sus pezones, en sus ojos tristes cuando habla de sí misma y en sus ojos brillantes cuando habla de los demás. Dudo si contarle a Jalber que no puedo dejar de pensar en ella, pero siento que no es el momento adecuado, así que cambio de tema:

—Es bastante paradójico, ¿no?

—¿El qué? —pregunta Jalber.

—Lo de Hezbolá e Israel. Ambos tienen representación parlamentaria, reclaman la zona de las granjas de Sheeba, hacen uso de la fuerza para lograr sus propósitos, y de vez en cuando lanzan misiles a su vecino, violando el derecho internacional y justificando la muerte de los demás en nombre de la paz. Sin embargo, Hezbolá está considerada una organización terrorista mientras que Israel tiene embajada en Madrid y en Bruselas.

—Es una puta broma —afirma Jalber—. Pero tú estás desarrollando síndrome de Estocolmo.

Fuera suena un estruendo tremendo, llegan vehículos pesados y se oye algarabía, una mezcla de saludos y reproches en árabe. No sabemos si eso es bueno o malo.

—De esta, o nos cuelgan o nos liberan —augura Gavin, más pálido de lo normal. Entran cuatro militares en nuestra precaria celda y nos ponemos en pie:

—Somos el Ejército Regular de Líbano. Preparaos, os venís con nosotros —dice el sargento al mando de la operación.

Pactan la entrega como se cambian cromos. Los del Ejército, al igual que Gavin y los de Hezbolá, piensan que somos limítrofes. Por supuesto, cae rondita de preguntas, las mismas de siempre, pero esta vez con menos tensión. Una hora después nos cargan como paquetes de mensajería en un 4×4 blanco, pequeño e incapacitado para acoger a siete pasajeros, especialmente si uno de los pasajeros es un soldado con clara debilidad por la bollería industrial. Nos trasladan a una base militar cercana al aeropuerto y allí nos dejan, sin explicaciones ni esperanzas. Nos prohíben hablar entre nosotros e insisten en preguntar sobre el origen de la dichosa guía turística y sus mapas. Intentan sin éxito descifrar el código PIN de los teléfonos móviles, y cuando Gavin y Jalber se los dan, resulta absurdo que no se lo hayan preguntado antes. Revisan el contenido de los chips y descargan las fotos y las agendas de contactos. Vuelven a preguntarnos qué hacemos con nuestras vidas, desesperados por encontrar una respuesta más creíble que lo de viajar por el mundo sin más pretensiones que jugar en la calle. El soldado encargado de vigilarnos deja su pistola sobre la mesa, saca su móvil y nos enseña un vídeo de un encierro en Sanfermines. Es seguidor del Barcelona, le gustaban Xavi e Iniesta; criterio tiene, eso sí. Congeniamos hasta ser trasladados a otro cuarto donde descansan los soldados de guardia. Nos ofrecen mandarinas y café, vemos una telenovela turca en una televisión diminuta y vuelve a llamarnos el interrogador:

—A ver, aquí en Beirut, ¿dónde vivís? —pregunta, y con esta creo que van treinta y ocho veces. Gavin se esfuerza por dibujar un plano de su calle, pero el resultado es un garabato ininteligible.

—Joer, tío, lo que tienes de cultivado en la mente lo tienes de torpe en las manos —le dice Jalber, riéndose de sus frustrados esfuerzos por describir dónde vive.

—*¡Ma che cazzo!* El problema es que la ciudad se deshace y se rehace cada poco tiempo, así que la gente ya no hace ni el esfuerzo de poner un puto número a sus casas —se indigna Gavin, cansadísimo de responder preguntas y de pensar en la preocupación de sus colegas sirios a estas horas de la madrugada.

Nos llevan a la sala del superintendente, un viejito arrugadito con la chaqueta del chándal abierta hasta el esternón, por donde brota el pelo canoso de su pecho. Ojitos azules de guapo póstumo,y vozarrón para hablarnos con extraños gritos llenos de benevolencia. Tiene las mejillas tan rojas que cuando sonríe con sus dientes blanquecinos, su cara parece la bandera de Líbano, con su bigote haciendo de cedro en la mitad.

—Italia, España, ¡podéis iros! —anuncia, confirmando que no han encontrado pruebas incriminatorias.

Enfilamos la salida, todavía en estado de shock, cuando, antes de atravesar la última barrera y sus concertinas laterales, aparece un soldado bramando con furia «¡Stop, stop!» como si fuéramos gente peligrosa tratando de infiltrarnos en la base.

—¡¿Y ese qué quiere?! —pregunta Jalber.

—*¡Porca miseria!* ¡Nos está apuntando! —alerta Gavin, que no puede más.

Por fortuna, otro soldado sale del edificio principal y calma al de la garita, mientras nosotros salimos risueños cual alumnos de primaria el último día de clase antes de las vacaciones de verano. Tirados en mitad de la carretera, solo queda volver a casa, tranquilizar a los amigos de Gavin y brindar con unas birras Almaza para celebrar que sí, que un día jugamos en Maracaná.

LA POSESIÓN LO ES TODO

—Si quiere más detalles, yo se los doy —anticipo al agente israelí, antes de que vuelva a preguntarme cómo he llegado hasta aquí—. Serían las tres de la tarde cuando salimos de la estación de buses de Ammán. Desde el minarete de una mezquita cercana, el cántico del muecín llamaba a los fieles mientras nosotros chupábamos atasco, porque no sé quién ordena el tráfico en Jordania, pero salir de esa ciudad es una agonía. Además, las ventanas del autobús no se podían abrir, y eso era una sauna…

—Esa información no es relevante.

—Ya me imagino, pero es que lo relevante se lo he contado ya a sus dos compañeros, que por cierto, uno de ellos habla muy bien español —replico, con cierta sorna, al agente.

—¿Qué hizo después?

—Cuando llegamos frente al puente del Rey Hussein, requisaron nuestros pasaportes y nos bajaron del autobús. Luego se formó una cola larguísima y estuvimos esperando, de pie y bajo el sol, hasta llegar a un edificio donde registraron mi mochila y mi cuerpo minuciosamente. Luego, nos tocó esperar en otra fila antes de acceder a un nuevo control de equipajes. Ahí me quedé descolgado porque me abrieron la mochila y lo sacaron todo, así que tuve que rehacerla y no había manera de cerrarla, y cuando llegué a la siguiente sala de control vi cómo se llevaban a mi amigo a la oficina de ahí enfrente, mientras que a mí me traían a esta sala donde he sido interrogado

¿cinco?, ¿seis veces? sin saber muy bien lo que tengo que decir para poder irme.

—Muy bien —responde el oficial israelí, con un desafiante timbre de voz, mientras cuadra los papeles con sus notas y hace un último intento por sacar información—. El problema es que tu amigo ya nos ha dicho la verdad.

Dejando de lado lo flipado que está este tío queriendo jugar a polis y cacos, hay que reconocer que el avispero de Oriente Medio tiene aguijones para dar y tomar. No han transcurrido ni diez días desde que jugamos en Dahiye, y ya hemos pasado de simples mochileros a terribles sospechosos para los servicios de inteligencia israelí. Nuestro delito no es otro que haber estado recientemente en Líbano e Irán, sus archienemigos, pero confío en que no investiguen mucho más porque si descubren que somos esos a los que atrapó Hezbolá la semana pasada, nos espera un inesperado y trágico final de partido.

—Joder, chato, no sé qué les has dicho, pero cada vez que entraba uno de los tuyos en mi sala, iba echando pestes —comenta Jalber, una vez que estamos juntos de nuevo.

—¿Qué quieres que les diga? —replico —¿Lo de tu fístula en el culo o mi operación de fimosis?

Jalber se muerde los labios, entre la risa y la desesperación. Por fortuna, nos dan luz verde para continuar, así que nos acercamos a la última ventanilla de la aduana, donde le pido a la oficial de turno que no me selle el pasaporte, pues tener la estampa israelí me podría granjear problemas para entrar en ciertos países, como por ejemplo, Líbano, donde se han quedado Valentina y mi sentir. La mujer accede a mi petición de malas maneras y me entrega un papel aparte, con un sello de la estrella de David, y la fecha límite para abandonar el país.

En el aparcamiento nos espera Eran, el chico israelí al que conocimos en el tren Transiberiano, y que debe volver a la academia militar tras disfrutar de su año sabático.

—Aquí somos todos soldados, lo queramos o no. Los hombres tenemos que estar un mínimo de tres años haciendo el servicio militar; las mujeres, seis meses, aunque muchas se quedan más tiempo —revela, mientras bordeamos el cerro sobre el que se asienta el pueblo de Jericó—. Mirad, ahí el alcalde es palestino y los policías israelíes; judíos y árabes gobernando juntos. No todo está perdido.

—¿Pero se llevan bien? —pregunta Jalber.

—Para nada. Es que hay tres casinos, y como apostar en Tierra Santa se considera pecado, mucha gente viene aquí a gastarse el dinero, y eso les hace felices a todos —aclara Eran, que se erige en anfitrión del año invitándonos a su casa en Jerusalén—. Bueno, chicos, estamos en plena Janucá, así que esta noche toca visitar a la familia y encender las luces.

—Ah, sí, que los viernes son sagrados… —apunta Jalber.

—No, eso es el *sabbat.* Todo está cerrado hasta mañana —explica Eran, refiriéndose a la tradición judía de descansar los viernes por la tarde y los sábados por la mañana—. La Janucá conmemora la derrota helena y la recuperación de la independencia judía a manos de los macabeos sobre los griegos seléucidas —describe él, a lo que nosotros asentimos con la cabeza, fingiendo saber de lo que habla—. La tradición dice que durante la batalla el candelabro del templo de Salomón se mantuvo encendido durante ocho días consecutivos, ¡y sin aceite! Por eso ahora lo celebramos encendiendo una vela cada día de la semana —concluye, sin obtener ninguna respuesta.

Frente a nosotros, en el desván del desierto se divisan las luces de la ciudad de Jerusalén bajo el monte de los Olivos.

La Navidad engalana todo el valle durante estas últimas semanas del año, aunque si los judíos consideran que Cristo aún está por venir, y los musulmanes creen que solo fue un profeta, lo de festejar la Nochebuena debe resultarles confuso.

La consigna es clara: jugar dentro de las murallas de Jerusalén, y con Jalber sobran las palabras. Nada más cruzar la llamada Puerta de los Leones, que da acceso a la ciudad por su parte oriental y marca el inicio de la Vía Dolorosa, por donde dicen los escritos que Jesús cargó la cruz hasta el Calvario, él ya ha sacado el balón de la mochila. A Eran no se le ve muy convencido, pero le vamos tirando paredes entre grutas y recovecos, y el colega no puede resistirse a chutar haciendo rebotar la bola contra las tropecientas mil historias que guarda cada adoquín del terreno. En realidad, yo creo que Eran sigue picado desde su derrota contra el militar ruso en los andenes de Kazán y, quizás por eso, nos reta a jugar en la zona cero del monoteísmo:

—¿A que no montáis una pachanga en el Muro de las Lamentaciones?

Jalber levanta la mirada, sorprendido, y solo sabe decir:

—¿Por dónde se llega antes?

A pases en corto, atravesamos el barrio de los armenios, cristianos irreductibles que dicen tener por aquí la cabeza de Santiago, patrón de España, desmembrado por medio mundo cual Mister Potato. Llegamos frente a la Explanada de las Mezquitas, esperando que el espíritu de Saladino[27] no arruine nuestra táctica desacomplejada.

—¡Esperad! —nos frena Eran, justo antes de pasar el torno de la entrada—. Es obligatorio ponerse la kipá. Si me ve mi

[27] Sultán que en su defensa del islam ortodoxo puso de acuerdo a casi todo Oriente Próximo para luchar contra los cristianos cruzados y así recuperar Tierra Santa.

padre con un balón, me dirá que está mal; pero si me ve sin kipá, me mata —confiesa, poniéndose el trozo de tela en la coronilla, como manda el protocolo. Hay una caja llena de ellas, de acceso libre para quien las quiera, y la verdad es que estoy encantado con la eficacia de esta cosa a la hora de tapar el cartón.

—Creo que voy a hacerme judío —aviso a Jalber, que se ríe con condescendencia porque el cabrón tiene un pelazo de fábula. Una vez dentro, observamos a cientos de ortodoxos de ultra negro, vistiendo distintos sombreros, cada cual en función de la rama clerical a la que pertenece, y por cuyas alas se derraman tirabuzones de cabello como jardines colgantes de Babilonia.

—¿Y eso de las patillas? —pregunta Jalber a Eran.

—¿Los *peiots*? Pues, en la Torá[28] se dice que para diferenciarse de otros grupos, los judíos no debían cortarse nunca los pelos de los costados, pero luego alguien lo interpretó así, ¿qué te puedo decir? —sostiene él en referencia a los rizos.

—¿Os consideráis cristianos? ¿Creéis en algún dios?

—Por supuesto —confieso—. Yo le llamo Benzema.

Eran sonríe, niega con la cabeza, y se marcha al lavabo mientras Jalber y yo aprovechamos la ocasión:

—Bueno, venga, vamos a armar una cosa rapidita —sugiere Jalber, con el balón ya en los pies—. ¿Jugamos a pasárnosla sin que toque el suelo?

—Dale —replico—. Mientras la pelota no toque el Muro de las Lamentaciones, no debería haber problema.

—¿Sabes lo que vamos a durar, no? —presagia Jalber.

—¿Lo dices por los de seguridad o por nuestra falta de habilidad?

[28] Texto que contiene la ley y el patrimonio identitario del pueblo judío; llamada Pentateuco en el cristianismo y Al-Tawrat en el islam, constituye la base y el fundamento del judaísmo.

—Anda, calla —me ordena Jalber, chutando el esférico con precisión de orfebre. Un grupo de religiosos se gira y nos mira con curiosidad. Otro tipo, local o turista, nunca lo sabremos, nos sonríe y nos dice que se la pasemos:

—¡Toma! —le suelto, templando una asistencia picadita.

—¡Ahí lo llevas! —contesta él, en inglés, tras controlarla con el pecho y pegar una volea furiosa que supera a Jalber por arriba y acaba en la fuente donde unos se lavan y otros se refrescan. Eran, volviendo del baño, nos mira con sorpresa.

—¡Pero, ¿qué hacéis?! —clama, exaltado, y negando con la cabeza.

—Pues un rondito, para calentar —explica Jalber—, pero ese tío ha mandado el balón a Gaza.

—No me lo puedo creer…

—Mira que eres tú el que ha propuesto jugar aquí —argumento, recolocándome la kipá con la mano derecha, para canalizar esta especie de vergüenza que me invade.

—¡Pero lo decía en broma, tarados! —replica, algo ofendido, y atajando la bola con las manos ante la atónita mirada de unos barbudos que en cuanto dan por acabado nuestro espectáculo vuelven a su rutina de plegarias frente al muro sagrado, con un autómata e incesante movimiento pendular que, sinceramente, resulta más inquietante que echar una pachanga.

*

La casa de Eran está situada fuera de las murallas, en la zona más moderna de Jerusalén, y la cena está salvaje, de sabrosa y variada, con hummus, falafel, y *marak kubbeh*, una sopa roja con bolas de sémola, típica de la Janucá, que quita el sentido. Además, estando en familia, la sobremesa nos regala un mundo de posibilidades:

—Si esta es la tierra designada por Yahvé para los judíos, ¿por qué se fueron de aquí cuando todavía podían quedarse? —pregunto, sin medir las consecuencias, provocando un amago de atragantamiento a Eran con el postre.

Él no sabe la respuesta, y su padre tampoco, lo que resulta preocupante teniendo en cuenta que es un rabino retornado desde Minnesota un par de décadas atrás. Si él no sabe de legitimidades sobre Tierra Santa, estamos apañados. El rabino decide cambiar de tema, con torpeza y astucia por igual, y tira de viejas historias familiares para sacar los álbumes de fotos a pasear:

—Mirad, este de aquí es Eran —revela, apuntando con su dedo índice sobre una fotografía a doble página incluida en un libro titulado *Brigadas*—. Es la publicación anual del Ejército israelí para conmemorar cada nueva promoción en la Academia Militar —explica su padre, orgulloso. Eran se sonroja. A él le gustan la agricultura y el yoga, no el combate, pero en Israel pocas opciones hay para los objetores de conciencia. Cuando la madre recoge la mesa y el padre se proyecta sobre el sofá, aprovecho para interpelar a Eran:

—Oye, ¿tuviste que entrar alguna vez en Cisjordania?

—¿Cisjor qué? —replica él, arqueando una ceja.

—¿Cómo llamáis a todo lo que está al otro lado del muro? ¿Palestina?

—Ah, el *West Bank* —aclara Eran, bajando la voz hasta alcanzar un tono secretista—; entré muchas veces, claro. Al principio solo hacíamos simulaciones en campos de entrenamiento, que eran recreaciones de pueblos árabes, con casas árabes, mezquitas, etcétera —detalla él, sin perder de vista a su padre con el rabillo del ojo—. Después, te acostumbras tanto a simular redadas que cuando llega el momento de reventar una puerta a patadas y despertar a una familia para detener a su hijo, ya no te sorprendes ni a ti mismo.

—¿No pasabas miedo? —pregunta Jalber.

—¿De qué?, ¿de un chiquillo tirándome piedras? Qué va. Miedo me da la situación que les tocará vivir a mis hijos —confiesa Eran—. He vivido en primera persona muchas atrocidades, y aunque me odie por ello, eso no va a cambiar la necesidad que tiene Israel de sentir miedo. La ocupación vive de él, ¿entendéis? El miedo es nuestra fuerza.

—¿Lo dices como víctima o como verdugo? —indago.

—Como ambas cosas. Aquí la posesión lo es todo. Como en el fútbol, lo importante es mantener el balón en tu poder. Si tienes la posesión, no puedes perder, e Israel necesita dominar el partido. Si perdemos la posesión y permitimos que los palestinos jueguen, dejamos de existir.

—En el Transiberiano nos dijiste que la solución pasa por reconocer ambos estados, pero… —intento formular la pregunta, cuando Eran me interrumpe poniéndome la mano sobre la boca y torciendo su cabeza hacia atrás para señalar a su padre, que está viendo la tele desde el sofá.

—De eso mejor no hablar ahora —susurra, señalando de nuevo a su padre con la cabeza, quien, a todo esto, se considera un rabino moderno y enrollado, más allá de tener seis hijos, un retrato de Ben Gurion en el salón y la kipá puesta incluso dentro de casa.

Cuando reaparece la madre anunciando que van a encender las velas, deducimos que es buen momento para irnos, sobre todo a juzgar por cómo se encarga de coger nuestros abrigos y llevarlos hasta la puerta de entrada a la casa. Además, no se pueden alargar más los minutos. El momento ha llegado: en la banda, el cuarto árbitro muestra la tablilla con el dorsal de Jalber, anunciando que debe abandonar el campo. Mañana será su última jugada, y ya no hay marcha atrás.

OVACIÓN

Sobrevuela en cada funeral la irresoluble duda entre celebrar lo vivido o yacer en el luto por lo que ya no se vivirá. En esa incertidumbre estamos nosotros ahora, aquí, cenando un par de *shawarmas* de despedida en las escaleras de un parque del barrio Montefiore de Tel Aviv.

—Y tú, ¿ahora qué? ¿Navidad palestina? —me pregunta Jalber, quitando la chapa de un botellín de cerveza con su mechero.

—Ese es el plan. No creo que haga falta ser Rey Mago para llegar hasta Belén —replico—. De hecho, puede caer una buena pachanga con Baltasar, el buey y la mula —bromeo, tan comprometido como él por ignorar la tristeza del momento. La marcha de Jalber es el desmarque más doloroso del partido, pues ambos sabemos que nunca viviremos nada igual. Vendrán los trabajos, las novias, los hijos, la cobardía y la vejez. Echaremos la vista atrás y sonreiremos. Solo quedará eso.

Comprometido en hacer de este momento algo especial, Jalber amasa el envoltorio de nuestra cena póstuma, añade unas piedrecillas para otorgarle más peso a la recién creada pelota de papel y proclama:

—¿Listo para la última tanda de penaltis?

—¡Claro! Pero esta vez podría ser un poco diferente —aviso, levantándome para configurar la portería con dos botellas vacías de Goldstar, una birra israelí a la que aún le están buscando la malta.

—¿Qué propones?

—¿Te acuerdas cuando éramos críos y antes de cada lanzamiento había que pedirse al jugador que, supuestamente, iba a chutar?

—De críos, nada, chato, que eso lo hemos hecho tú y yo hace dos días —Jalber rompe la magia del planteamiento a base de realismo gratuito, pero se implica en la causa, que es lo importante.

—Vale, lo que sea. La diferencia es que esta vez, en vez de pedirnos *cracks* famosos, tenemos que pedirnos peña que haya jugado nuestro partido. En plan: tira Melschoi, el patriarca de la yurta en Mongolia que veía porno como si fueran dibujos animados…

—¡Va! Me gusta. Empiezo de portero —anuncia Jalber, moviéndose entre los vidrios con descoordinación forzada para despistarme.

—Pues empieza chutando… ¡Lawrence! El psicópata, el dueño del hostal en Mumbai que nos espiaba por las noches —anuncio, pegándole a la bola con la puntera de mi zapatilla izquierda.

—¡Ay, qué pena! —se lamenta Jalber—. Por poquito…

—¡Vaya chicho, niño! Te ha pasado entre las piernas —digo, celebrando el primero de la noche con el puño al cielo para darle cierta épica.

—Uno de uno. Venga, me toca —Jalber recoge la bola, que empieza a perder su esfericidad original, y se acomoda para el disparo—: Tirará Mihail, el psicotraller ruso que te haría un traje de madera sin despeinarse…

—No, coño, que me revientas…

—Pues venga, me pido otro, ¡Jimmy! El guía tibetano del chándal eterno que disparaba verdades como yo enchufo goles *¡bum!*… —grita, eufórico, pero sin acierto—. ¡Mierda, al palo! —se queja Jalber, viendo cómo la bola se autodestruye y el botellín golpeado cae rodando por el impacto. Un señor que anda paseando a su perro da un respingo y cambia de dirección espantado por el susto, o quizás sea por el grupo de jipilonguis sentados a nuestra espalda que llevan un buen rato tocando la guitarra y cantando temitas de Nirvana.

Las luces de las farolas tiritan, a punto de jubilar sus filamentos. Por la mente nos viajan escenas a la velocidad del trueno: la estepa del Gobi, inyectando sol al horizonte; las gotas de cera derritiéndose junto al Panchen Lama secuestrado por China; la lluvia torrencial sobre el velo refugiado de Shams y su familia en el borde greco-turco…

Jalber me para dos penaltis seguidos. Yo recuerdo su preocupación y sus cuidados cuando más me flaqueaban las fuerzas. Veo mil imágenes, las montañas himalayas que tanto nos unieron, las vigilias custodiando mochilas para que el otro pudiese dormir; oigo las risas de chavales haciendo carreras en carretilla, con sus tobillos entre nuestras manos, por descampados de India y Nepal; recuerdo los hoyuelos birmanos de Layla y los ojos de búfala vietnamita de Huong, con ese brillo crepitante en sus pupilas de fuego contra el viento…

—No me puedo creer que te vayas —confieso, pasándole mi brazo por encima de sus hombros.

—Lo que te jode es que te haya remontado en los penaltis.

—Eso, y que no haya tiempo para la revancha.

Reímos entre lágrimas.

Nos vemos pronto, hermano.

A TRALLÓN NO VALE

Las nasas son jaulas que los pescadores sueltan en el mar para cazar peces y crustáceos. Tienen forma de embudo invertido, la boca es ancha pero se va estrechando longitudinalmente de forma que, una vez dentro del conducto, al pez le es imposible salir a menos que alguien le saque, normalmente para acabar siendo frito en una plancha. Palestina es una nasa. Cuando uno se mete en ella, atraído por el magnético cebo de su historia, queda abocado a enredarse en una espiral de anzuelos sin claro final. Por eso, al salir del minibús que me traslada desde el barrio árabe de Jerusalén hasta Ramala, capital de Cisjordania, me siento un pez.

Los militares israelíes no piden ningún tipo de identificación a la salida; no les importa quién se va, solo quién entra. Es Navidad, viernes, sol radiante y brisa fría. En casa, en Santander, estarán comiendo en familia. Jalber ya se fue. Valentina, la milanesa que conocí en Beirut, y, quizás algún día, madre de mis hijos, lleva tiempo sin responder a mis mensajes. Pocos entienden por qué he decidido seguir jugando, y especialmente aquí. Haga lo que haga, hoy es un día para sentirme solo. Escribir es mi consuelo, me hace sentir más solo, pero me reconecta conmigo mismo, así que, apoyado sobre la mesa de la cocina del Hostal Ramala, agarro papel y boli y anoto: «Las nasas son jaulas que los pescadores sueltan en el mar…».

Al poco me interrumpe el sonido de la puerta abriéndose, por donde asoma una cabeza:

—Ey, ¿tú vienes a la protesta? —me pregunta Bubu, uno de los chicos que gestiona el hostal.

—Eh… —vacilo, asomando mis ojos por encima del cuaderno, y sin saber de qué me habla.

—¡Dale! Habrá que repartir los regalos de Navidad, ¿no? —contesta él, zarandeando un gorro de Papá Noel sucio y polvoriento.

Tanta contradicción me convence de subir en una furgoneta camino de Bil'in, un pueblo a diecisiete kilómetros de Ramala donde cada viernes hay manifestación contra la construcción del muro, el establecimiento de colonias judías en suelo palestino y la violación de derechos fundamentales, como el acceso a agua potable.

Tras llegar al lugar, Bubu coge el altavoz y se pone serio:

—En primer lugar, decir que ojalá no hiciera falta todo esto —comienza—. Sé que no parece peligroso, pero lo es. —Bubu, que en realidad se llama Iyad Burnat, nos advierte de lo que puede pasar durante la protesta, y de cómo protegernos ante una posible respuesta—: Estas son bombas de gas lacrimógeno. Si lanzan algunas, olvidaos de ellas; ni las chutéis ni las cojáis; mirad hacia dónde va el humo y cuál es la dirección del viento, y corred en sentido contrario —advierte, mostrando el tipo de arsenal utilizado por los soldados israelíes—. En todo caso, habrá una ambulancia detrás de la colina por si hace falta evacuar a alguien.

De mano en mano, van pasando pelotas de goma y de acero reforzado, balas de diferentes calibres, casquillos, granadas, botes de gas pimienta, clavos y morteros de corta distancia. Todo esto ha sido recogido por los habitantes de Bil'in para documentar las agresiones sufridas y poder prevenir a quienes venimos aquí por primera vez.

—Bubu, ¿cuánto tiempo lleváis organizando esto?

—Pues, más de diez años…

—¿Y no os cansáis?

—¿Nosotros? ¿Cómo nos vamos a cansar de dar regalos? ¡Jo-jo-jó! —contesta Bubu con sarcasmo, mientras se enfunda el pantalón, la chaqueta, el gorro, la barba blanca y el zurrón de Papá Noel. No está solo; más chicos se han disfrazado como él para llevar unos presentes a Israel en esta fecha tan señalada. Seremos unas setenta personas; hay de todo: algunas extranjeras, varios periodistas, enfermeros, policías, niñas, mayores y ancianas. Por encima de nuestras cabezas sobresalen las pancartas que reclaman justicia, tierra y paz. Un grupo de mujeres judías israelíes sostienen una lona con un mensaje escrito en hebreo pidiendo el fin del holocausto palestino. Caminamos colina arriba con más decisión que orden. La gente entona cánticos pacifistas. Nos rodean pedruscos, campos de olivos sin flor y casas de adobe semiderruidas. Bil'in está partido en dos mitades, una que va desde la entrada del pueblo hasta lo alto de la colina central, y otra que va desde la cima del cerro hasta un muro de hormigón de ocho metros de altura construido por el Gobierno de Israel. La mayoría de las familias tienen miembros repartidos en ambas zonas del pueblo, pero casi ninguna puede cruzar de un lado al otro porque los soldados les cortan el paso; los mismos soldados que ahora nos observan, a unos doscientos metros de distancia, apostados entre rocas y carros blindados en la cara este de la montaña. Son decenas de armados, casi acorazados, que pese a su apariencia de robots se mueven con agilidad. Nuestro grupo se deforma, los Papás Noeles salen disparados y se camuflan entre la maleza. Algunas personas se quedan paradas, creyendo estar lo suficientemente lejos de los soldados como para protestar sin sufrir daños, y el resto, los de en medio, una mezcla de novatos, tontos y valientes, seguimos andando.

—Se supone que estamos en suelo palestino —digo, mirando a Abu Rahma, que lleva la voz cantante en los gritos de arenga—. Entonces, ¿por qué deberíamos detenernos?

—No quieren que nos acerquemos al muro; no vayamos a romperlo de una patada —bromea él, seguramente habituado a camuflar la pena. Es un tipo tan lleno de energía que convierte la lucha en carnaval. Anda cojeando desde que unas esquirlas de bala le atravesaron el talón de Aquiles hace años, pero mantiene la zancada digna de quien vive en paz consigo mismo—. Hoy seguro que nos dejan pasar. Es Navidad —anuncia, con coña, para tranquilizar a las personas que pisan con mayor inquietud.

Es sencillo reconocer a los nuevos, por la incertidumbre, y a los que ya han estado aquí, por el trauma, la rabia y las venas de sus cuellos a punto de ebullición. Desde aquí se ven las expresiones de preocupación en las caras de los soldados, que ajustan sus posiciones. Recuerdo a Eran, en Tel Aviv, cuando hablaba de cómo la sociedad israelí y la mayoría de actores internacionales han normalizado el conflicto para justificar los abusos. Aquí, esto de andar por una calle de tu pueblo mientras te apuntan es normal.

De pronto, y sin razón aparente, un militar da un codazo a otro y este se agacha para cargar el tubo de un mortero en el cañón y lanzar la munición. ¡¡Psfiuuu!!, suena el disparo. Un machetazo de brisa que taja el cielo. La gente empieza a gritar corriendo despavorida.

—¡Rápido, fuera de aquí! —grita Abu Rahma, exhortando al grupo.

—Va, tranqui —me digo a mí mismo— solo son tiros al aire para asustar…, pero, no, joder, no lo son, son botes de gas pimienta, ¡mierda!

¡¡Psfiuuu!!, suenan más cañonazos, más botes. Miro alrededor, el apocalipsis espontáneo: gente que derrapa y resbala, un vociferio atroz, señoras mayores implorándole clemencia a Alá, y todos huyendo, como pollos sin cabeza, hacia atrás, hacia los matorrales del terraplén, o hacia las rocas, trepando para protegerse de las mirillas israelíes.

Sigo la estela del resto, y en mi pánico acabo saltando sobre unas zarzamoras que desinflan mi miedo con sus pinchos. «¡Mecagüenla…!» clamo, aturdido. A unos diez metros, veo a Joe, un corresponsal británico al que he conocido en el bus y que ahora está tumbado junto a su intérprete con cara de desembarco en Normandía:

—Oye, no van a disparar al cuerpo, ¿verdad? —pregunto, jadeando.

—Eh… —balbucea Joe, sin saber qué respuesta darme. Eso me inquieta un poco, sabiendo que ellos ya han estado aquí otras veces—. Tú, por si acaso, cúbrete —añade.

Hace cinco minutos caminábamos tranquilamente por un camino de piedras y ahora unos soldados sincronizan sus disparos para rodearnos en un círculo de humo tóxico sin salidas de emergencia. Por entre las ramas del olivo que me sirve de parapeto veo, no lejos de aquí, a Bubu y a otro Papá Noel lanzando piedras a los soldados. Por delante de ellos, a apenas treinta metros de un tanque israelí, un adolescente en pantalones vaqueros y sin camiseta, maneja una honda con increíble destreza. Carga la piedra, carga la goma, y girando la cuerda cual aspas de ventilador, suelta el proyectil con determinación. ¡¡Crash!! La piedra impacta en un jeep, y aunque el vehículo va protegido por una red metálica y la única consecuencia del golpe es el ruido, los palestinos lo celebran vitoreando al héroe como aplaudirían a David dejando tuerto a Goliat. Alboroto, gritos desgañitados pidiendo calma, ancianos zarandeando bastones, y nuevas maniobras de los israelíes que ven en la piedra lanzada un motivo suficiente para cambiar de artillería.

¡Pum-pum!, suenan las explosiones del gas comprimido al disparar pelotas de goma. Tirotean de dos en dos por si una falla, o por si acierta, para rematarlo.

¡Fiusss!, silba el viento, abierto de par en par por dos proyectiles que impactan en un adolescente y un anciano. Caen a tierra. Alaridos. Ambos estaban lejos, no habían hecho nada a nadie, pero una persona de otro lugar ha entrado en su pueblo y les ha disparado al centro de la vida, donde apuntar es delito, pecado y traición.

Clonc, clonc, rebota una pelota, que baja rodando por el pedregal cerquita de donde estoy. Salgo a cogerla, instintivamente y sin pensarlo demasiado. La cojo y pesa cual demonio. Se las llama pelotas de goma, pero, en realidad, tienen un núcleo de acero, disfrazado de caucho para camuflar un sistema de antidisturbios que en vez de proteger asusta. ¡¡Psfiu!! Una pelota, una bala o un lo que sea, acaba de pasar por al lado de mi cabeza, a centímetros, y aún puedo notar las ondas de su surco en el aire chocando contra mi sien derecha.

Me paralizo.

Luego corro. Paro. Corro de nuevo y bufo asustado sin que ningún lugar me parezca seguro. Les miro, me miro y recapitulo: mi abrigo es rojo, mis zapatillas son rojas y en la cabeza, a modo de gorro, llevo puesta una braga de cuello que también es roja; solo me falta una muleta de torero para convencerles de que yo también pertenezco al comando Papá Noel. Estupendo.

Las pelotas rasean en todas las direcciones y mucha gente ha retrocedido hasta la entrada del pueblo, fuera del campo visual de los soldados. Algunos chicos siguen lanzando piedras, pero ninguno llega al altozano, pues estando tan lejos resultan demasiado previsibles, pero los botes de gas lacrimógeno continúan sobrevolando el espacio aéreo de Bil'in.

—¡Venid, el viento ha cambiado de dirección! —grita Bubu, que se ha quitado el gorro y la chaqueta de Papá Noel, dejándose solo el pantalón con los tirantes colgando por fuera. La brisa sopla ahora en sentido noreste, haciendo que el humo vaya en dirección al centro poblado, a la ambulancia, y a esa salvación en la que hoy no se salva ni Dios. Toca elegir: comer gas o correr hacia los soldados. Así que comemos humo, todos, asfixiados por la pimienta; esprinto aguantando la respiración, pero no llego; cuando intento inspirar, no puedo, la garganta se cierra, no veo, me mareo, no llega el aire, palpitaciones… caigo.

Falta peligrosa y al borde del área. Que luego el Consejo de Seguridad de la ONU dirá que ha sido carga legal y que me levante, pero, diga lo que diga el VAR, esto es de tarjeta. Lo pienso desde el suelo, inmóvil. Hay un casquillo de bala a quince centímetros de mi nariz. Lo cojo, está frío. Sin ser experto en balística, asumo que los casquillos deberían estar calientes y cerca de los israelíes que los disparan, así que este será de otro día, lo cual revela hasta dónde llegan a acercarse y qué tipo de munición usan. Desvarío por falta de oxígeno. Si respiro, me muero por picor, y si no respiro, ni lo cuento. Me propongo filtrar el aire obturando mi boca con la tela de la braga a modo de mascarilla, y aunque no funciona, me sirve de placebo para conseguir levantarme y seguir a la carrera, escondiendo mi cazadora roja bajo el jersey para tratar de ocultar la diana a quienes disparan. Al girar la mirada, veo a varios soldados bajando la cuesta, decididos y amenazantes. Saben que acojonan. Tres chavalines me adelantan, y un joven con una máscara antigás en su rostro me coge por debajo del hombro y me ayuda a pillar ritmo. El humo asciende lentamente, permitiéndonos poco a poco ver la realidad más clara, por dentro y por fuera.

Cuando vuelvo al punto de salida, la ambulancia está repleta de heridos, algunas mujeres lloran, y si algún joven no escupe sangre es por educación. Una pelota ha impactado en el pecho de Abu Rahma, que está inconsciente sobre una camilla. Se lo llevan urgentemente hacia el hospital de Ramala. Los soldados israelíes recogen sus bártulos, siguiendo el guion de una rutina bochornosa y llena de miseria.

—¿Todos los viernes es así de *heavy*? —pregunto a Bubu.

—A veces es peor. A Abu Rahma le tuvieron preso cuatro años por posesión de armas israelíes.

—¿Cómo? ¿Les robaba las armas?

—No, qué va. Fue por recoger unos explosivos lanzados por los israelíes pero que no llegaron a explotar —aclara él—. Digamos que su delito fue desminar el pueblo.

—Joder, qué panorama, Bubu. Estáis protestando, os lanzan gases, tiráis piedras, os disparan, y entonces, reculáis, y ahí se acaba todo. Es como si estuviera ensayado.

—Siempre hay sorpresas. Algún viernes mandan soldados de incógnito, que se hacen pasar por palestinos, para que lancen ellos las primeras piedras y así poder empezar a dispararnos.

—¡¿En serio?! Pero a esos les reconoceréis muy rápido…

—No te creas, ¿quién me dice que tú no eres uno de ellos?

—Ya, es verdad —reconozco—, pues, ándate con ojo, nene —le vacilo, riéndonos ambos de la barbaridad que es estar aquí, a carcajada limpia, después de lo que ha pasado y de lo que va a seguir pasando. Junto a Bubu y el resto de manifestantes, recojo macutos y basura. A pocos metros, un chavalín flacucho, con abrigo de plumas, vaquero ajustado y chanclas en los pies, chuta una pelota de goma contra la puerta de un garaje, acompañado por otro adolescente listo para coger el rebote.

—¡Dale, pasa! —le digo, palmeándome los muslos con ambas manos para hacerle saber que la quiero al pie y no al pecho. Él, mezclando sorpresa y sospecha en su mirar, me tira la bola pisándola con la suela de su sandalia en un alarde de técnica para no destrozarse los dedos del pie. La bola, que también es bala, pesa que jode. Ismail se llama el chaval, chapurrea inglés y se ventila el flequillo de los ojos con un soplido cuando habla. Brahim es su colega; lleva puesta una camiseta con el retrato de Eminem serigrafiado. Ambos van en chanclas pese al frío; no se puede ser más árabe. Tampoco juegan por jugar; se podría decir que el disparo de su rival se ha ido fuera, y ahora les toca sacar de puerta.

Cuando controlo la esfera de caucho con el interior de mi zapatilla finjo que no me duele, pero creo que me he provocado una hemorragia interna. Mientras Ismail espera que se la pase de vuelta, Brahim, que va por libre, se me acerca en postura defensiva y trata de arrebatarme la bola entremezclando sus ganas con mis gemelos.

—Ah, ¿qué quieres quitármela? —le reto, pasándome la munición entre los pies con escasa soltura.

—¡Eh, aquí! ¡Dámela! —implora Ismail, desmarcándose por detrás de Brahim para hacerme entender que estamos jugando un dos contra uno, y que él va conmigo. Se la paso, o al menos lo intento, porque mi uña del dedo gordo se ha ido para siempre, y el proyectil se queda a medio camino entre su deseo y mi intención.

—¡Auh! —exclama Ismail, quejándose del pisotón que le ha clavado Brahim al tratar de interceptar el pase. Después de lo vivido hoy, tampoco vamos a pitar falta por esto.

A mi espalda queda la puerta del garaje, y Brahim, cuya persistencia le ha permitido finalmente hacerse con la pelota, me mira con cara de francotirador. Si cree que va a probar mis habilidades como portero, va listo.

—De eso nada, chato —le digo, indicándole con el dedo índice que ni se le ocurra chutar. Se ríe. Ismail también, como aceptando el desafío, así que cambio de tema como maniobra de distracción—: ¿Vosotros no tenéis zapatos o qué pasa?

—Sí, pero solo nos los ponemos para ir al colegio —acierta a decir Ismail, antes de meterle el codo a su amigo en la cadera con la intención de robarle una pelota que hace media hora podría haberles destrozado un ojo o un testículo. Se acoplan Bubu, dos neerlandeses torpes como ellos solos, Joe, el periodista inglés, y su intérprete, Mohamed, que tarda medio segundo en entrar en juego:

—*What the fuck!* —suelta, lleno de dolor, al comprobar en sus propias carnes el calibre de la artillería israelí. Siendo ocho jugadores podríamos sacar algo decente, pero lo pongo en duda en cuanto uno de los neerlandeses, probable fanático de la petanca, coge la pelota con la mano y se la pasa a su compañero, quien intenta chutar de volea, y por Dios que venga ya esa ambulancia que este chico se acaba de inmolar de rodilla para abajo. La puerta del garaje, que hace las veces de portería, recibe varios impactos, y las tres viejas que siguen la escena se tronchan de risa, haciéndome pensar que conocen al propietario y que no les cae demasiado bien. Bubu dice que protestar es como jugar contra un equipo grande:

—Sabes que probablemente vas a perder el partido, pero no por ello dejas de presentarte; porque al final, llega ese día en el que todas las patadas, los codazos y las humillaciones tienen su recompensa —teoriza él, vestido aún con el andrajoso pantalón de Papá Noel—. Sabemos que Israel tiene más armas, más soldados, más dinero, más todo… y aunque una piedra no puede parar un tanque, ¿qué debemos hacer?, ¿quedarnos quietos viendo cómo destruyen nuestras casas y secan nuestros pozos?, ¿viendo cómo nuestros hijos no pueden visitar a sus abuelos o cómo les detienen en cárceles secretas?

—No lo sé, Bubu, pero lanzar piedras tampoco va a hacer que eso deje de pasar.

—Quizás no, pero luchar es lo único que nos permite seguir sintiéndonos vivos.

En el cerro solo quedan un jeep y dos soldados controlando el paso al oeste de Bil'in. Joe, que lleva buenas botas de montaña, dice que ha metido gol mientras Ismail se caga en sus muertos buscando la bola que Joe ha tirado entre las zarzas. Ya nos puede faltar pomada esta noche para curar los moratones en el empeine de nuestros pies, que aquí nadie abandona la pachanga hasta que empatemos. Y la verdad, no sé qué dirán esta noche los tertulianos de la Fox o de la BBC, pero ocho desconocidos jugando al fútbol con la munición que les acaban de disparar, seguramente sea eso que los grandes analistas geopolíticos llevan décadas denominando la *normalización* del conflicto árabe-israelí.

BARRERA DE TRES

Calculo tiempos y estrategias para llevarme el partido. Quizás no lo haya dicho antes pero, para mí, ganar significa jugar en cada lugar por el que paso y, hasta ahora, solo el rechazo de los rusos se ha interpuesto en el camino. Hay otra cosa: mi padre sufrió un ictus pocas semanas atrás. Volé de urgencia hasta Madrid, Jalber se quedó en Estambul con las mochilas y el balón; tras comprobar que mi padre ya no me reconocía, di un portazo al dolor y regresé al campo para jugar nuevas historias. Si no dije nada hasta ahora fue porque a mi ego le parecía un fracaso coger otro avión. Si lo digo ahora es porque me avergüenza no estar a su lado y necesito compartirlo. Cada pachanga lleva parte de su alma. Él, exfutbolista, me metió en esto, y ahora que ya no puede leer mis crónicas, todo ha perdido una parte de su sentido. Aparte, esto de querer confesarme debe de ser porque estoy escribiendo frente al pórtico de la iglesia de Belén, adonde llegaron los Reyes Magos de Oriente para adorar al recién nacido. No veo mula ni buey, pero a pocos kilómetros de aquí, en el campo de refugiados de Deheishe, por las noches oigo a niños llorar ante las embestidas de los buldóceres israelíes.

—Desde los últimos ataques, muchas agencias de turismo han tenido que cerrar. La gente tiene pavor de venir aquí —cuenta Mustafi, que regenta una tienda de *souvenirs* al lado de la gruta donde supuestamente derramó una gota de leche la Virgen María—. Antes había poco turismo, pero desde agosto, nada de nada —añade, refiriéndose a los últimos combates, en los que murieron un turista tailandés, cinco civiles israelíes y dos mil palestinos.

—Mustafi, ¿tú sabes dónde está el campo del Bet Sahur? —inquiero, apelando a su ayuda.

—¡Uh, está lejos! Pero es fácil llegar. Tú baja la montaña, sin desviarte, y mientras veas que hay olivos, es que vas bien —asegura él, cuyo consejo sería más útil si el valle de Judea no estuviera todo repleto de olivos, pero, en todo caso, tengo claro lo que busco y cómo encontrarlo.

La carretera que antes unía Belén con Jerusalén ahora es un dique. A mi izquierda, el muro. Lo mean, lo escupen, lo maldicen. Él calla, bloquea y aguanta. Hay pintadas de todos los colores: mensajes que piden paz, mensajes que piden guerra, grafitis mediáticos y cámaras de vigilancia que oscilan de un lado al otro para seguir a quienes se acercan, aunque viendo la poca distancia respecto al campo de fútbol de Bet Sahur, mucho trabajo deben tener para captar cada desmarque.

—Mi abuela dice que es por llevarle la contraria a los demás, pero no; si juego es porque amo este deporte, y punto —manifiesta Nadeen, que tiene veintidós años y juega al fútbol desde los siete—. Mi padre era jugador, así que me apoya, pero mi madre y mi abuela, ¡uy, no! Ellas no pueden entenderlo. Creen que el fútbol es cosa de hombres. Normal, los chicos al principio tampoco querían jugar conmigo, decían que me faltaba músculo, ¡qué tontería!, ¡faltarme músculo a mí! —clama ella, mostrando un bíceps muy justito como para presumir de ello, pero sabedora de que al balón no hace falta darle puñetazos. Sentada entre balones, Nadeen comparte pensares en un lateral del campo, mientras sus compañeras empiezan la práctica.

—Cuando tenía trece años vino desde Ramala un observador de la Federación, y tras verme jugar me llamaron para ir con la selección nacional, ¡creía estar soñando! Desde entonces juego en la selección, o mejor dicho, entreno con la selección, porque ahora Israel no nos autoriza a salir para jugar con otras selecciones. Va por rachas, ya sabes, todo depende de lo bien que nos portemos.

Nadeen ha jugado en Bahréin, en Qatar y en París, donde ganaron un torneo frente a selecciones tan fuertes como Alemania o Japón. «Soy zurda, como Messi» pregona antes de volver al campo donde el entrenador Barakat quiere ensayar algunos movimientos con ella y el resto de delanteras. Según llega, Nadeen pega un zambombazo y estalla el balón contra la pared provocando un eco eterno.

Unas juegan de maravilla, y otras de regular, la vida es así de heterogénea, pero todas luchan, se tiran, se agarran, se sudan y se exprimen sin dejar un gramo de esfuerzo en el almacén.

—El sábado jugamos la final de la Copa contra el Ramallah United —me cuenta Ahlem, que juega de extremo izquierda y se queja cuando no le pasan el balón—. ¿Por qué no vienes a animarnos?

El sábado, en el autobús del Bet Sahur, se viaja con la alegría por castigo. Cantan, dan palmadas y danzan vientres de carnaval. No hay asientos para todas, pero se apañan convirtiendo el pasillo en un bailódromo. El de hoy es el partido de su vida. Las chicas del Ramallah United, sus contrincantes, han ganado los tres últimos campeonatos y vienen de vencer 24-0 al Nablus.

—¡Es que tienen doce jugadoras de la selección nacional! —avisa Nadeen, interrumpida por un brusco frenazo.

—¡Oh, no! ¡Joder! —brama el conductor, ante la aparición de un puesto de control en mitad de la carretera. Ahlem abre la ventana y saca su móvil del bolsillo para grabar la escena.

—¡¿Pero vosotros quiénes sois para decidir si puedo viajar por mi país, eh?! —grita por la ventanilla, enfurecida—: ¡Esta es mi tierra! ¡Palestina!

Las otras chicas ríen sin esconder su nerviosismo ante la inspección israelí, el salivar de los perros, la rabia contenida y el atasco que retrasa la llegada a un estadio que sería la envidia de muchos equipos *amateur* europeos.

Parece que la FIFA ha invertido jugosos billetes en Palestina, tratando de ofrecer una imagen solidaria y poco congruente con la aceptación de Israel en sus torneos. Nada de esto desconcentra a las jugadoras, que bajan del autobús con inesperada profesionalidad: musulmanas mandando señales al cielo, cristianas santiguándose, y la mayoría con los auriculares puestos.

El túnel de vestuarios es una romería. Las jugadoras de ambos equipos se celebran mutuamente, felices de verse, de jugarse, y de saber que patear la bola aquí es más que hacer deporte.

—Jugando me siento libre —confiesa Naela, tímida frente a mi cámara de vídeo. El resto de las chicas aplauden sus palabras, sin evitar el llanto.

—¡Ahora entiendo por qué eres la más rápida de todas! —bromeo, recordando sus carreras por la banda derecha durante el entrenamiento, y Naela, que es chiquita y tiene la cadera de cemento armado para aguantar choques y recortar defensas en zigzag, se parte de risa:

—Serán las alas —responde, batiendo sus brazos en el aire. Naela aún va al instituto, pero este año acaba. Después quiere estudiar Educación Física en la Universidad Al Quds, y algún día ser entrenadora de fútbol. Atadas las botas, se pone una cinta elástica de color rojo, a juego con el uniforme del equipo, para frenar la cascada de pelo rizado que inunda su frente—. Jugar en Palestina es como escapar de las cárceles.

—¿Qué cárceles? —pregunto— ¿El muro?

—Las tres cárceles: primero, ser mujer; porque las mujeres debemos jugar con muñecas y el fútbol es cosa de hombres. Cuando juegas y la gente se ríe, te sientes humillada, y te dan ganas de dejarlo y quedarte en casa, pero nosotras no nos quedamos, salimos, y nos encontramos con la segunda cárcel, que es ser musulmana en esta sociedad donde desde pequeña te preparan para cocinar, para coser, para buscar marido y cuidar de él y de sus padres. ¡Aún hoy se escandalizan por vernos en pantalón corto! —sostiene Naela, ante la afirmación de sus compañeras con la cabeza—. Tú pregunta y verás. Dicen que es una vergüenza ir mostrando así nuestras piernas y nuestros brazos —cuenta mientras se masajea la rodilla izquierda con bálsamo de tigre.

—¿Y la tercera cárcel?

—La ocupación, claro —salta Nadeen, ignorando la charla del entrenador Barakat, quien lleva una hora pintando movidas en la pizarra sin que nadie le haga ni caso—. Vivir aquí es vivir en una cárcel a cielo abierto. Aquí los niños oyen disparos todos los días y no saben hacia dónde correr. Palestina es una prisión donde las reclusas nacemos condenadas sin haber juicio —concluye, cuando ya todas las jugadoras están listas, con las botas de tacos sobre los azulejos para convertir el vestuario en escenario de claqué.

Ya sobre el terreno de juego, calientan subiendo las rodillas hasta la altura de las caderas, haciendo giros con los tobillos en ambos sentidos, y saltando con los brazos en alto para aplaudir al unísono. Gritan, se colocan en fila, se pasan el balón y ensayan tiros a puerta. El árbitro, en el centro del campo junto a los linieres, sopla el silbato llamando a las capitanas para el sorteo de campos. Antes de acudir, Nadeen reúne a todas en corro y suelta la arenga: «¡*Bet-Sa-Hur!* ¡*Yallah!*». El árbitro tira la moneda de cinco séqueles israelíes, pues a Palestina no se le permite emitir moneda propia, y resuelven que sacará el Ramallah United. Nadeen decide quedarse en el lado donde han calentado, aunque eso suponga tener el sol de cara. Extraña decisión para su portera, que juega sin gorra y frunce su ceño ante el deslumbre. Tal vez les guste jugar mirando al sol, para agarrarse a él y brillar. ¡Piiii!, suena el silbato y comienza el partido. Naela coge la bola y corre rompiendo las rejas de todas las cárceles, y con ella, Nadeen, Ahlem y Huda, la defensa central que ha llegado tarde y a quien apodan la Buldócer por su corpulencia, o Rania, la portera, que viste de amarillo chillón bajo los rayos del mediodía, y Fátima y Amina y todas las chicas de Bet Sahur con un pueblo que las empuja en esta fuga masiva donde jugar es un motín en el penal. Motín de ellas y de millones de personas más que, durante los vis a vis, les pasan limas de acero para que puedan lijar sus penas y colarse entre los barrotes hacia ese sitio llamado libertad; lugar que nadie sabe dónde está, pero que todas parecen decididas a encontrar.

FUERA DE JUEGO

Prontito por la mañana, el 15 de septiembre de 1982, las tropas israelíes dirigidas por el ministro de Defensa, Ariel Sharon, rodearon el campo de refugiados palestinos de Shatila, al sur de Beirut. Tras el desplome del sol, permitieron la entrada de milicianos falangistas cristianos libaneses con palos, cuchillos y pistolas. Se oyeron gritos pidiendo clemencia. Nadie la pudo dar, quizás nadie la tenía. Más de dos mil personas, ancianas y niños, indefensas todas, fueron asesinadas entre vejaciones, violaciones y dolor. Durante la carnicería, los israelíes dispararon bengalas al cielo para iluminar el camino a los agresores, pero como dijo el primer ministro israelí, Menahen Begin, «Eran no judíos contra no judíos. ¿Qué teníamos nosotros que ver?».

Hoy Shatila es una ciudad-refugio para miles de almas. Algunas llevan sesenta años bajo el plástico, otras, las llegadas de Siria, son novatas en esto de escapar de la guerra y confían en volver a casa tras el invierno. En Líbano, una de cada cuatro personas es refugiada, y en Shatila no cabe una más. El Gobierno dice que hay diez mil residentes, pero no lo reconoce como campo de refugiados porque así evita la responsabilidad de brindar una mínima protección. Quienes residen en Shatila aseguran que son veintidós mil, sin acceso a suficiente agua, luz ni comida. Tampoco la escuela está garantizada en este país donde el Gobierno exige a los colegios una cuota mínima de estudiantes libaneses en cada aula, lo que deja sin educación formal a los críos de Shatila y de cualquier otro lugar poblado mayoritariamente por refugiados sirios o palestinos. El resultado de esta política es Nasri Puyol, el chiquito sirio que vendía flores por la calle aquella noche en que conocí a Valentina.

A contracorriente, algunas asociaciones como B&Z se resisten al boicot de la Administración libanesa y montan su propia escuela, informal y sin diploma homologado, para impartir lecciones en el aula y organizar actividades lúdicas que den de sonreír a sus estudiantes. Por ello, me han invitado a Shatila.

Abu, el director de B&Z, me da instrucciones sobre cómo llegar a la escuela, aconsejándome llamarle en caso de tener problemas en la entrada. Coser y jugar. A la libanesa: un minibús tras otro me van desechando pese a mis aspavientos para que frenen y abran sus puertas. Cuando logro subirme a uno, en marcha, pregunto al conductor hacia dónde va, pero mi nivel de árabe me constriñe a asumir el riesgo de estar yendo para Dahiye, donde nos detuvo Hezbolá; a Alepo, donde bombardea Al-Assad, o a Logroño, donde ni siquiera tengo conocidos. Indescriptible tráfico beirutiano después, el conductor se gira con desdén y grita:

—¡Shatila!

No veo muros ni verjas ni nada que delinee el perímetro de un posible campo, pero al final de la calle vislumbro un puesto de control militar, nada raro en esta ciudad, y me acerco a preguntar.

—¡Alto! —me grita un soldado desde la garita antes de que pueda acercarme—. ¿Adónde vas?

—Al campo de Shatila.

—¿A qué?

—Pues voy a hacer unas actividades en una de las escuelas que… —muestro el balón que llevo en la mano.

—¡Documentación! —solicita él, hablando más alto de lo cívico. Todo camuflaje: pantalón, chaleco, kaláshnikov, gorro y botas. Le falta un matojo de hierba en la boca para ser marine en arrozal vietnamita, pero sus labios ya están ocupados por el cigarro que le acaba de encender su compañero de guardia. Este segundo es más corpulento, y se dedica a controlar los coches que pasan junto al puesto de control.

—No jodas, tronco —murmuro para mis adentros, mientras busco en la mochila el pasaporte que a estas alturas de la búsqueda ya estoy seguro de haber olvidado en casa.

—¡Venga! —dice el soldado grande, acercándose intimidatoriamente—. ¡Documentación!

—Eh… pues mira, creo que se me ha olvidado, pero bueno, puedo ir a casa a cogerla y ya está, luego vuelvo —justifico, con ojos de cordero degollado.

—¡¿Cómo?!

—A ver, otra opción es llamar a los de la escuela y que vengan a buscarme. ¿Qué os parece?

—¿Quiénes son?

—Los de B&Z. Es una organización siria… —respondo, mientras hurgo en mi riñonera para pillar el teléfono que me ha dejado Gavin para situaciones críticas como, por ejemplo, esta—. Pero, vaya, que mejor me voy…

—¡Alto ahí!

—¿Perdona?

—¡Que no te muevas! ¡Espera ahí! —esputa el soldado, señalándome con la punta de su fusil el tanque aparcado en la barricada de enfrente. Por contextualizar, en Beirut, donde no hay alambres de espino, hay bolardos o sacos de tierra haciendo trinchera. El soldado menos gigante está haciendo una llamada desde la garita. Imagino que en dos telefonazos contactan con los de la escuela y me dejan pasar. El otro no me quita ojo, pero siendo español seguro que puedo ganarme su confianza:

—Y tú, ¿qué?, ¿del Real Madrid o del Barcelona? —le pregunto, en tono de colegueo.

—No me gusta el fútbol —sentencia.

Pues nada. Giro por detrás de las concertinas que rodean todo el perímetro y me siento en la acera junto al tanque, contrariado por mi despiste. La puerta del tanque está abierta. El panel de control tiene miles de botones diseñados para apuntar y disparar, y los asientos parecen incómodos, tipo escuela de posguerra. El soldado chiquito sigue sin quitarme ojo. Se oye un barullo de vehículos llegando en convoy.

—¡Ahí está! —grita el soldado, entrando en la garita para coger su casco mientras los armatostes frenan junto al puesto de control.

—¿Quién es? —pregunto, dándome por aludido.

—El capitán —responde, y respiro aliviado, mientras me levanto, cruzo la carretera y me dispongo a saludar al tipo que, con un poco de suerte, me permitirá pasar el control.

—Hola, buenos días —saludo, extendiendo simpáticamente mi mano derecha para estrechar la suya. El capitán, un hombre inmenso, me mira con recelo y, en vez de darme su mano, coge las mías por las muñecas y las aferra con firmeza.

—¡Pero, ¿qué hace?! —exclamo, mientras uno de los soldados me esposa las manos por detrás de la espalda y me cubre la cabeza con un saco de esparto—. ¡¿Qué diablos?! —refunfuño, en shock, y seguro de que todo esto es un malentendido que va a durar minuto y medio como máximo.

Pero no.

—¡Hostia! —grito, al ser vertido dentro del jeep blindado en el que venía el capitán. Me arrojan de forma tan virulenta que mi pantalón se engancha con las aristas del banco metálico en el que me quieren sentar, y cuando logro erguirme tengo la ropa hecha jirones y los calzoncillos al aire. Indefenso, asustado y enrabietado, veo cómo dos soldados se apostan en mis flancos y un señor con barba y dientes mellados enciende el vehículo y arranca. Ni siquiera me he podido despedir del balón, que se queda ahí, abandonado junto al tanque. Nunca te olvidaré, amigo mío.

El capitán, en el asiento del copiloto, hace gestos a los soldados para que comprueben si veo algo a través del saco que tapa mis ojos. Me muestran una mano y la mueven de un lado al otro, estilo hipnosis, esperando mi reacción.

—¡¿Qué ves?! —gritan.

—Nada —respondo, aunque tanto surrealismo me deja con las ganas de decirles que lo veo todo, que así no se detiene a nadie, y que hagan el favor de ponerme un antifaz como Dios manda.

Conducimos a toda pastilla; parece una persecución, pero el perseguido ya está aquí. El capitán, calvo en la cima del cráneo, lleva el rodapié capilar rapado al cero, y eso le confiere dignidad. Tiene malos humos, malos gestos, mal día. Pasamos por un puesto de control sin detenernos. Después, aparcamos en una especie de base militar y me sacan del coche como se descargan los sacos de patatas en el puerto de Kaliningrado. De un edificio a otro, subo y bajo escalones, me guían como a un ciego porque creen que voy ciego, tampoco me hablan, quizás porque creen que soy idiota, y en eso algo de razón tienen. En un tramo del pasillo se oyen gritos desgarradores, me agarran del cuello por la nuca y me fuerzan a agacharme y andar a cuclillas para evitar que vea o intuya algo que no debo ver o intuir. Oigo gritos. Por cuestiones religiosas, descarto que sea una matanza de cerdos para hacer chorizos y morcillas, así que, o están torturando a alguien, o siempre que llega un detenido reproducen una cinta de casete con sonidos desgarradores para acojonarle.

Paramos, abren la puerta, entramos, me sueltan, me quitan la bolsa de la cabeza y estoy en medio de un despacho lleno de gente, medallas, armas y gritos.

—¿De dónde vienes? —es la primera pregunta que me hacen.

—De España.

—¿Qué hacías en Shatila?

—Nada, no he llegado a entrar. Me han parado en la entrada porque no tenía pasaporte.

—¿Por qué no tienes pasaporte?

—Se me ha olvidado en casa, pero puedo ir en un momen…

—¡¿Pero tú crees que somos tontos?! —brama el tipo que maneja el cotarro—. Espero que sepas rezar, aunque de poco te va a servir… ¡Registradle! —ordena, desfigurando su semblante enrojecido por la explosión de capilares.

—Ya le hemos registrado —dice el capitán que me detuvo—. Es sirio.

—Que no, que soy español.

—Shhh… —me silencia el capitán, acercando su dedo índice a los labios.

Sobre la mesa, uno de los soldados que me ha escoltado expone todo lo que había en mi mochila: una kufiya, el tradicional pañuelo palestino blanquinegro y muy útil para protegerme el cuello después de una pachanga a media tarde; un monedero cosido a mano por mujeres palestinas que conocí en Bet Sahur, adornado con los colores de la bandera palestina y en cuyo interior chocan libras libanesas, séqueles israelíes, liras turcas, euros y dólares, y una cámara fotográfica con la tarjeta SD llena de fotos curiosas, como yo jugando al fútbol en el templo de Baalbek en la frontera sirio-libanesa, yo con un balón junto a banderas de Hezbolá, yo con Valentina vestida, yo con Valentina desnuda, yo pintando un grafiti en el muro de Abu Dis en Cisjordania, o yo junto a un tanque del Ejército libanés que estaba aparcado frente a la garita donde me han detenido. Esta última, sin duda, me la podía haber ahorrado.

Revisado el macuto, vuelcan mi riñonera sobre la mesa y cae rodando el casquillo de una bala israelí que recogí durante las protestas con los Papá Noeles en Bil'in. Sus caras son un poema. Si no fuera porque ha estado conmigo todo este tiempo, yo también pensaría que esta mochila es jodidamente sospechosa.

—¿Hablas árabe? —pregunta un tipo que entra y sale compulsivamente de la sala con las manos en la cabeza y unas gafas de sol a medio camino entre chuloputas y estrella del rock.

—Lo justo para decir que hablo lo justo —respondo, en árabe, diciendo la mierda de frase que mejor sé decir. Pensaba que les haría gracia mi acento de guiri, pero varios de los presentes arquean una ceja.

Comienza la ronda de preguntas en bucle: nombre, apellidos, edad, fecha de nacimiento, lugar de nacimiento, nacionalidad, dirección, nombre del padre, de la madre, hermanos, hijos, estado civil, motivo de estancia en Líbano, fecha de entrada, dirección en Líbano, motivo de entrada en Shatila, países visitados recientemente, motivos que me llevaron a hacerlo, y… vuelta a empezar desde el principio: nombre, apellidos, edad, etcétera.

Muy tedioso todo. Deberían intercalar alguna pregunta con gracia, rollo cuál es tu signo del zodiaco, a qué hora naciste, espera, que te calculo el ascendente, o cuál es tu comida favorita y qué objeto te llevarías a una isla desierta. Pero nada, ni gracia ni prisa, porque además el mecanógrafo teclea la máquina de escribir solo y exclusivamente con el dedo índice de su mano izquierda, así que suave, suave, como una palmera, y cuando se confunde, cada poco rato, le toca cambiar el papel y comenzar de nuevo. Creo que en realidad su mano buena es la diestra, pero justo hoy ha decidido practicar con la otra para coger soltura. Cuando por fin terminan con el interrogatorio, el hombre saca el folio de la máquina con virulencia, le echa un vistazo de arriba abajo y, tras unos segundos de duda, lo jode rasgándolo por la mitad. Dale, máquina, a empezar de nuevo, que yo prisa no tengo.

Repiten las preguntas buscando incongruencias entre mis respuestas. Me sacan fuera, al balcón que hace de pasillo entre oficinas, y por la línea del mar en el horizonte veo que estamos al noroeste de Beirut. En la sala contigua, los gerifaltes discuten qué hacer conmigo. Oigo decir «Siria» e «Israel» en varias ocasiones, y esto tiene su miga, ya que en Líbano, generalmente, no te permiten entrar si has estado previamente en el país hebreo, y por eso, cuando llegué allí le pedí a la agente de frontera israelí que no estampase ningún sello en mi pasaporte. En ese momento parecía un plan infalible para poder volver a bucear en las caderas de Valentina, pero ahora, el casquillo de bala y las monedas me delatan. Dos soldados imberbes me vigilan con esmero. Sus fusiles pesan tanto o más que ellos, y me apuntan indirectamente, sin ojo en la mirilla pero con dedo en el gatillo. Cuando se abre la puerta, el capitán se asoma y ordena a los soldados que me metan para dentro. Me ponen de nuevo la bolsa en la cabeza y me gritan cosas que no entiendo. Me zarandean y me empujan escaleras abajo, arrastrándome hacia un vehículo todoterreno, estrangulándome el pescuezo de nuevo para asegurarse de que no veo nada al pasar por según qué zonas.

Ni siento ni padezco. Es como si todo esto no estuviera pasando, o mejor dicho, como si le estuviera pasando a otra persona y yo fuera un espectador más. Mecanismos de defensa, le dicen. Ni mi cuerpo ni mi mente estaban preparados para la escalada de tensión de las últimas semanas que ha convertido el terreno de juego en el tambor de una pipa jugando a la ruleta rusa.

El martes pasado estaba frente a un cartel que decía Al Quds, junto a la Puerta de Damasco, una de las ocho entradas bíblicas que dan acceso a las murallas de Jerusalén. Sobre mi cabeza había redes colocadas por los residentes árabes para evitar que la basura lanzada por sus vecinos judíos les cayera encima de la cabeza. Tras comprar té negro, jabón de Alepo y dátiles de Bagdad, me monté, junto al balón, en un taxi compartido con dirección al aeropuerto de Amán. El partido se complicaba. Contra todo pronóstico, decidí volver a Líbano para decirle a esa chica italiana que no tiene mucho sentido seguir viviendo sin ella. Un perfecto guion de cine romántico si fuera porque la chica no sabía nada de lo que estaba por ocurrir. Amor o tragedia. Con el pecho a reventar, también siento cómo, desde que mi padre sufrió aquel ictus, hay una angustia anidando en mí. Quizás porque fue él quien, un día, en la playa del Sardinero, me dijo por primera vez «chuta», y aquel tiro ha llegado hasta hoy. El ictus ha hecho perder la cabeza a quien siempre ha sido mi jugador favorito, y ahora que no es consciente de cómo su hijo juega pachangas por medio mundo, ya nada es lo mismo; ya ninguno de los dos sabe a quién contarle el qué. Quizás por eso decidí intentar una jugada tan rocambolesca, darme la vuelta esperando que la rosca permita a la bola descifrar su rumbo final.

Dos días después, caminaba por las calles del distrito Fürn-el-Chebbak sin más ramo de rosas que una pelota mal cosida y la inconsciencia necesaria para llamar al telefonillo automático de una casa en Beirut a las dos de la mañana de un miércoles donde nadie te espera.

Tras picar, sonaron varias persianas levantándose al unísono. Por una de las ventanas se asomó una maraña de pelos rizados lanzando una tenue exclamación «*oh, mio dio*», y unos segundos después «sube», dijo ella, petrificada, al otro lado del altavoz.

Hoy, sábado, y ya subido en un todoterreno blindado del Ejército libanés, el capitán habla por *walkie-talkie* y escucho cómo dice las palabras «aeropuerto» y «sirio». Yo soy español y no tengo previsto volar próximamente; de hecho, he quedado con Valentina a las siete para cenar, aunque me da que no llego. A través del esparto que cubre mi rostro observo el recorrido que hacemos entre la mezquita de Mohammed Al Amin y la plaza de los Mártires. De ahí tomamos la primera salida a la izquierda, la que conecta con la carretera que va al aeropuerto Rafik Hariri, y junto al polígono industrial damos un giro de 180 grados antes de llegar a otra base militar.

No.

No puede ser.

Esta es la base a la que nos evacuaron a Jalber, a Gavin y a mí tras sacarnos del cuartel de Hezbolá en Dahiye. La posibilidad de que me reconozcan y descubran que estuve aquí hace dos meses hace esto más inquietante aún.

Pasamos la garita de control y, sorteada la zona de alambradas y hangares de helicópteros, vamos hasta el mismo último edificio, entro por la misma puerta y, en la misma habitación que la otra vez, me sueltan con un desdén que ya empieza a ser tradición. Arrinconado por varios oficiales en una esquina de la sala, me empiezan a gritar nada más quitarme la bolsa de la cabeza:

—¡¿Qué diablos haces aquí?! —vocifera una voz masculina en buen inglés—. ¡¿Eres de Siria?, ¿de Israel?! ¡Habla, hijo de puta! ¡Será mejor que hables! Oh, sí, habla, porque si no hablas ahora, hablarás luego, lo juro, ¡pero háblame árabe, hijo de puta! —El tipo, con barba recortada, jersey de pico y pantalones vaqueros, está descosido. Fuerte, agresivo y pegadito a mi cara, escupe al hablar, regalándome unas gotas de saliva que no deseo a nadie y que no puedo limpiarme con la manga del jersey porque tengo las manos esposadas y si las muevo quizás me peguen un tiro. Hago de tripas corazón mientras él lanza otro mix de chillidos en árabe e inglés—: ¡Dilo! ¡¿Qué querías hacer, hijo de puta?! —Está fuera de sí y enloquecido por las circunstancias, pero habla tan bien en inglés que le designo oficialmente mi interlocutor para todo lo que vienen siendo asuntos relacionados con el Ejército libanés. Por desgracia, mis respuestas (España, viajero y fútbol) son tan simples y verdaderas que no convencen a nadie, así que optan por mandarme al calabozo. A veces, la vida.

Celda húmeda y sucia. Hambre que no deja pensar con claridad. Echo de menos unos barrotes entre los que corra la brisa como en las películas del Viejo Oeste, pero aquí no hay *sheriffs* ni caballos; nadie sabe quién soy y nadie ofrece recompensa. Sobra decir que jamás esperé estar aquí encerrado. No es que tuviera un planazo, pero ciertos detalles, como la posibilidad de ser confundido con un terrorista sirio, no recuerdo que fueran contemplados al inicio del partido. Lo que no olvido es aquella conversación inicial con Huong, cuando puso en duda la capacidad de una pachanga para unir almas, ni tampoco la reacción de mi amigo Diego, el modisto gallego, cuando le conté el plan. Era un lunes de noche hundida, veníamos de jugar una pachanga en la cancha de Đặng Thai Mai, sudábamos ríos, y en Hanói solo quedaban ratas o ronquidos.

—¿Cómo te suena *Distrito Pachanga*? —le dije, y sus ojos se iluminaron hasta convertir el fútbol callejero en el mejor motivo para atarme las botas. 15 000 kilómetros de goles y segadas después, encarcelado en una prisión sin llamada ni abogado, siento que he caído en claro fuera de juego. Me pregunto cuánto hay de azar en todo esto. Puede que sea yo, a través del subconsciente, mi mayor contrincante; el defensor empeñado en que ocurran aquellas cosas que nuestro cuerpo necesita que ocurran. Dicho de otro modo, quizás olvidé mi pasaporte adrede, pero sin saberlo, para poner freno a todo esto, porque no es normal querer jugar en el Muro de las Lamentaciones ni en Dahiye, ni tampoco lo es que te secuestren o te detengan, pero bueno, si algo está claro es que hay que ver cómo deriva la mente cuando a uno le falta glucosa.

Tic-tac, tic-tac. Aparece un soldado. Trae un plátano y agua. Me quita las esposas y me las vuelve a poner, pero esta vez con los brazos por delante. Un sol. Su nombre es Kalim, fanático del Atlético de Madrid y conocedor del Racing de Santander. Su hermano, por lo que entiendo, regenta una pizzería en Alicante. El plátano está blandurrio y ennegrecido, pero me sabe a gloria. Poquito después me llevan a un despacho en cuya puerta pone «General Ahmoud». Levanto la vista y en la silla veo al mismo hombre que nos interrogó cuando nos liberaron de Hezbolá. Inconfundible, con su chaqueta de chándal abierta hasta el esternón y unos ojitos azules incrustados sobre dos grandes mofletes rojos como las franjas de la bandera de Líbano que resultan imposibles de olvidar. Me mira extrañado; de primeras no me reconoce, y no tengo ni idea de si eso es bueno o malo, porque si se entera de quién soy, tal vez piense que algo escondo. Por otro lado, recordarle que formo parte de la banda de los tarados que jugaban al fútbol en el barrio de Dahiye y que no tengo nada que ocultar, salvo la inconsciencia, quizás me saque de esta.

El general Ahmoud lee el informe que le pasan con mis datos, me mira y, retorciendo un poco el cuello, veo la inercia de sus ojos queriendo reconocer algo familiar en mi rostro. Le tiro una media sonrisa a ver qué pasa, pero no. Por ahora, prefiere masticar la sospecha a morderla, y por si ya se echaban de menos las preguntitas de rigor, inician una nueva ronda: nombre, edad, padres, procedencia, países visitados, etc. Este trivial me lo llevo de calle. Además, esta vez se centran en la dirección de la casa de Valentina, tras insistirle a mi interlocutor en que pueden coger las llaves e ir a por mis documentos, o que, mejor aún, me lleven a mí con ellos. Se niegan, quizás pensando que tengo una bomba preparada en el salón para ser accionada con el simple girar del picaporte. Ojalá tuviera una mente tan compleja, pero la verdad es que ni siquiera recuerdo dónde he dejado el pasaporte. Siguiendo sus instrucciones, dibujo el plano del barrio donde vive Valentina, tratando de explicarles dónde está la casa, pero sin tener una dirección exacta y con la destreza de un jabalí pintando al óleo, les llevo a la desesperación.

Vuelvo a la celda. Pasan las horas. Sonrío pensando en la cara de Gavin y Jalber cuando les cuente todo esto, si es que salgo de aquí para contárselo antes de que se enteren por la CNN. Ahora son tres soldados los que me custodian, Kalim, el del Atlético, con el que ya estaba antes; Nuri, que es del Barça, y Hamid, que dice ser del Manchester City, aunque lleva una pegatina con el escudo del Arsenal en la carcasa del móvil. Poliamor *hooligan*. Ya debe ser madrugada, se huele el cansancio, y comparado con el nivel de agresividad de sus compañeros, estos son unas madres. Bajan las defensas, Nuri me habla de sus hijos, y yo les cuento de mis aventuras jugando al fútbol por las calles del mundo, con los monjes espías, los *basijs* iraníes y los yaks tibetanos. Se meten tanto en el tema que acabamos viendo vídeos de mis pachangas publicados en YouTube. Surrealismo absoluto. ¿Hola? ¿Estoy preso? Cuando ven mi cara en un reportaje que me hizo Al-Jazeera ya están dentrísimo, y yo me vengo arriba: relleno la botellita, sin agua ya, con las cáscaras del plátano y cierro el tapón con toda la fuerza que puedo teniendo en cuenta que sigo esposado. No hace falta más. Kalim me mira extrañado, pero tranquilo, mientras dejo caer la botella al suelo y pongo un pie sobre ella:

—¿Jugamos?

Los tres dudan, mirándose entre ellos para ver quién se anima a chutar, o a darme una hostia. Hamid, el más joven y el único soltero, sabe que es ahora o nunca, así que da dos pasos para atrás y, con gestos, nos pide al resto que nos preparemos. ¡Pam!, su tiro se cuela entre las piernas de Nuri, el del Barça, y que ha decidido jugar con el fusil en la mano. «¡Voy, voy!» llega Kalim, de piel caoba, avisando con su mirada de que no ha venido a perder, y dispuesto al zambombazo, engancha la botella con la zurda. Yo, con las muñecas atadas, no sé cómo protegerme la cara, así que decido girarme cuando chuta. «¡Gol! ¡Uno a cero!» exclama el muy sinvergüenza pese a haber estrellado la botella contra la pared lateral.

Propongo que las porterías sean desde la esquina de la celda hasta donde acaban los bancos, usando los propios asientos como largueros. Hamid, que de inglés ni una palabra, me señala con el dedo índice para hacerme entender que vamos juntos.

—OK —contesto, sonriéndole— ¡pero tócala, tío! —le exijo, cuando saca de portería y decide pasársela a sí mismo—. Tú me la das y yo te la devuelvo —le insisto, pedagógico, a ver si reflexiona. Nuri y Kalim tampoco se sincronizan bien. Nuri, el único de nosotros sin barba, le explica a Kalim que estamos jugando un partido, ellos dos contra nosotros dos, pero Kalim está convencido de que estamos echando unos penaltis, o unos tiros libres, o vete tú a saber qué le pasará por la cabeza a un soldado que ha dejado apoyado su AK-47 contra el muro para poder jugar más cómodo contra el terrorista sirio al que supuestamente tiene que custodiar.

—*¡Yaib al sharmuta*[29]*!* —grita Nuri, mentando a la madre de Kalim, después de que este le pegue un botellazo en la huevada.

—¡Dos a cero! —celebra Kalim, que, ocurra lo que ocurra, ha decidido irse a casa con una victoria bajo el brazo. Yo no me puedo creer que esto esté pasando, pero eso es lo de menos cuando tienes una botella entre los pies. Salimos a la contra, busco un tuya-mía con Hamid, quien finalmente expía sus pecados y me la pasa de vuelta, quiebro a Nuri con la cintura y, envolviendo el tapón de plástico con el interior de mi zapatilla, regalo un pase a Hamid para que este supere a Kalim y la empuje al fondo de la portería de cemento alicatado.

—¡Tres a cero! —anuncia, con dos cojones, el bueno de Kalim, que al estar de espaldas no se ha enterado de la llegada de un hombre con aspecto de oficial de alto rango y cuya atónita mirada nos paraliza:

—¡¿Pero qué cojones…? —dice, con furia, recriminando a los soldados su actitud—. ¡Y tú, ven! —me señala—. Hemos llamado a tu embajada.

Hamid y Kalim me enganchan de los antebrazos y me llevan de vuelta al despacho del general Ahmoud, quien me espera con el auricular del teléfono descolgado.

[29] Traducible como «tu puta madre» o «hijo de puta».

—¿Sí? ¿Hola? —pregunto.

—Buenas noches. Soy el sargento Jiménez, de la misión española en Tiro para la Fuerza Interina de Naciones Unidas para el Mantenimiento de la Paz en Líbano —se presenta un señor de la UNIFIL, muy educadamente, al otro lado de la línea—. Le informo de que vamos a activar los protocolos pertinentes para poner en marcha los procedimientos de seguridad adecuados para lograr una resolución de la mejor manera posible.

—Muy bien, gracias —respondo, agradeciendo su trampantojo de honestidad envuelto en diplomacia para reconocer que no sabe nada de mí y que en todo caso es el Ejército libanés quien tiene la sartén por el mango para decidir si me libera o no.

—¿Y si mejor llamamos a la Embajada de España? Es que estos eran de UNIFIL —sugiero al oficial, que accede a mi propuesta, busca el número en internet y llama al teléfono de emergencia de la embajada. Primero hablan entre ellos y luego me pasa el auricular.

—¡¿Pero qué ha pasado?! —me inquiere un tal Gaspar, cónsul en funciones, al que le ha tocado llevar el teléfono de emergencia justo esta noche.

—Pues nada, que iba para Shatila a organizar unas actividades con una ONG y…

—Perdona, es que no te oigo muy bien —se lamenta Gaspar—, ¿puedes hablar más alto?

—Nada, que se me ha olvidado el pasaporte en casa y…

—A ver, que se escucha entrecortado…

—¡Que me han detenido, no sé por qué, y llevo esposado desde ayer!

—¿Pero tú vives en Líbano?

—No, no, estoy de paso. He venido a ver a una amiga de Italia.

—¡¿Italia?! —clama alguien a mi espalda— ¡¿Tú Itaaalia?! —repite, sobresaltado, el general Ahmoud, poniéndose de pie para empezar a dar vueltas por la habitación.

—Italia, sí, bueno, y España… pero Italia también —responden mis últimas neuronas funcionales en una demostración de apoplejía verbal sin precedentes.

—¡Claro! ¡Tú, Italia! ¡Itaaalia! —grita, ríe, se emociona por, finalmente, haberme reconocido, y yo, abrumado, le sonrío con timidez, asintiendo con la cabeza para confirmarle que sí, que seguramente soy yo el de la otra vez, pero que solo lo soy, si serlo es algo bueno.

Silencio.

No sé qué pensar.

Me imagino a Kalim jugando solo en la celda y celebrando el 10-0 a su favor.

El general planta sus dos manazas contra la mesa de su escritorio y, haciendo volar algunos papeles, exclama: «¡Tú, Dahiye! Jajá», y el viejito se derrumba de alegría, y me agarra por los hombros, exultante, pirotécnico, y me zarandea para expresar el alivio de poder soltarme.

—¿Hola? ¿Hay alguien ahí? —se oye una voz de fondo, la de Gaspar, buscando cariño aunque nadie le haga caso. El general Ahmoud da órdenes a los oficiales y estos comienzan a subir y bajar las escaleras repetidamente, trayendo unos archivadores llenos de polvo de los que sacan varios expedientes y entre los cuales aparecen varias fotocopias de pasaportes, y por supuesto, antes de localizar el mío, me confunden con Jalber y después con Gavin, porque tres occidentales con gafas y barbita somos así de intercambiables.

Vuelvo a la celda con el deber cumplido. Hamid, el soldado con el que formaba equipo hace un rato, se encarga ahora de mi custodia. Me prepara un café y enciende la televisión, haciéndome entender que no debo preocuparme y que es solo cuestión de tiempo. Supongo que necesitarán alguna autorización desde arriba para dejarme ir sin correr riesgos. La botellita con la que jugábamos, abollada por los puntapiés, descansa entre el polvo de una esquina. Hamid también la está mirando. Mirada cómplice para aguantarnos la risa y las ganas de seguir jugando. En la tele retransmiten el partido Fiorentina-Milán de la Copa de Italia, ¡de Italia!, y el universo sigue siendo una gran coincidencia.

La siguiente luna me ve salir por la garita de entrada de la base militar. Tirado en la autovía, entre barricadas y sin viento que me empuje, camino con los muslos al aire por las rajas en mi pantalón. Lento, mochila al hombro, pañuelo palestino al cuello y bala israelí en la riñonera. En las balizas de la mediana hay pintadas que piden justicia para unos y muerte para otros. Una columna de humo negro en el aire retrata este estado hobbesiano del todos contra todos, tan lleno de brasas y ceniza. Líbano, la macedonia político-religiosa donde toda fruta es sospechosa de traición.

EL DESCUENTO

—¡Largo de aquí, cabrones! —clama Roulis, sosteniendo el balón con las dos manos sin perder detalle del furgón policial que hay aparcado en segunda fila junto al City Plaza, un centro social okupado donde migrantes y anarquistas creen sobrevivir al devenir capitalista. Ahí vive Papi, llegado de Eritrea, con sus pómulos hundidos en la miseria y una camiseta del AEK de Atenas dos tallas más grande de lo razonable. Papi grita en inglés «¡Déjalo, Roulis!», esperando reanudar el envite, y eso pese a ser seguramente el peor portero encontrado hasta la fecha. Me da que Papi se flipa con una posible remontada de nuestro equipo, ignorando la superioridad de nuestros rivales: Roulis, Nikos y Sokratis, quienes van ganando por dos goles de ventaja y, sobre todo, juegan de memoria. Conocen cada baldosa de la plaza central de Exarcheia como si fuera su casa, lo que tiene todo el sentido sabiendo que los tres viven justo enfrente, en la llamada Lelas Karagianni, una de las okupas[30] más antiguas de Europa, según me ha dicho Nikos, con su cresta de iguana punki, su camiseta negra con las mangas recortadas a mordiscos y un par de ideas muy claramente expresadas: la primera, que su colega Sokratis es un chupón de mierda, y la segunda, que si la policía sigue metiendo sus pies en la plaza, se arrepentirán.

[30] En esta crónica se refiere a un inmueble abandonado por sus propietarios que ha sido rehabilitado por terceros para darle una utilidad como alojamiento y/o centro social autogestionado.

Afroditi, la supuesta delantera de mi equipo, sigue a su rollo: «¡Que sí, joder, que ya voy!» se disculpa, volviendo al juego tras guardarse en el bolsillo un billete de veinte euros recibido en contraprestación por la bolsita con marihuana que le ha pasado a un chavalín con cara de no saber fumar sin ponerse amarillo. El barrio de Exarcheia es muchas cosas, pero también es esto: un inmigrante africano pidiendo ser guardameta pese a ser incapaz de parar un taxi y una delantera griega ejerciendo de camella entre una jugada y otra.

La portería del otro equipo, defendida por Roulis, está delimitada por los dos metros escasos que hay entre un árbol flacucho y una farola. Si Afroditi se centra un poco, quizás dejemos de encajar goles en tropel y metamos alguno. «Toma, a ver si haces algo» me desafía Papi, pasándome el balón. Enfilo la portería, compruebo cómo me ignora Afroditi. Me sale al paso Nikos, que huele a cerrado y lleva toda la tarde dándome la chapa sobre cómo los activistas de un centro social llamado «Nosotros» se han vendido al sistema porque ahora pagan un alquiler en vez de okupar el edificio. Le hago una faja divina, amagando con irme a la derecha para picar la pelota y salir por la izquierda, que es mi pierna menos mala, y me veo solo, sin defensa que superar. Miro a mi alrededor: terrazas, tabernas y altavoces de botellón lanzando sus ondas sonoras contra los muros de Exarcheia, tatuados hasta arriba de grafitis reivindicativos: «que le follen a la policía», «larga vida al caos», o «pienso, luego soy feminista», creando un radical ambiente de revolución pasional. La falta de defensa se explica porque Sokratis, estudiante en la Universidad Politécnica, se ha quedado arriba y está de *whatsappeo*, lo cual me deja solito frente a Roulis, el guardameta punki, que no es que me intimide, pero antes me ha enseñado el puñal que lleva guardado en la caña del calcetín por si, y transcribo literalmente, «hay cerdos que matar». Yo a lo mío, cargo la pierna con la furia de los últimos tiempos y me dispongo a rematar cuando… ¡Joder, un perro! Uno de esos carlinos que son muy monos, pero parecen bulldogs de *low cost*, se aproxima al árbol que hace las veces de poste, y no solo mea el tronco, sino que también se casca una buena lluvia dorada sobre la lata de cerveza Alpha que Roulis tenía apoyada en el suelo.

—¡Dale, pasmarote! —me grita Afroditi— ¡chuta! —aunque con la fumada que lleva no creo que sea consciente de lo que está pasando en la portería.

—¡Hijos de puta! ¡Fuera de aquí! —grita Roulis, en lo que a mi juicio es un ataque exagerado al pobre perro que parecía desesperado por descargar. Y que, joder, cuántas birras medio meadas se habrá bebido este en su vida, como para quejarse ahora… pero, que no, que no va a ser el pis por lo que Roulis sale disparado corriendo hacia la acera de enfrente.

—¡Fuera, fascistas! —exclaman dos chavales, que pasan por mi lado con la capucha puesta y a toda prisa. Se enciende el estadio. La gente rodea poco a poco la lechera de la policía que está frente al City Plaza y ¡catapum!, primer contenedor volcado para ir calentando.

—¡Van a ver esos nazis! —alerta Nikos, recuperado del regate con el que le he mandado al Peloponeso, y viniendo hacia mi posición a lo búfalo. Yo me aparto un poco, desbordado por su ímpetu, y ¡zas!, Nikos revienta la bola con un pepinazo lleno de rabia y colocación que se estrella contra el tumulto creado junto al furgón—. ¡Que os jodan! —grita Nikos, ante decenas de personas que levantan sus brazos para celebrar que la pelota, tras varios rebotes y lanzamientos manuales, ha acabado estampada contra las rejillas metálicas que protegen la luna delantera del furgón. Eso levanta a la grada y cae otro contenedor al suelo. Una papelera ardiendo, un viejo sin camiseta en pleno invierno sostiene una bengala que suelta chispas rojas y humo gris. Papi, el eritreo, fijo en su sitio, disfrutando de un ratito sin tener que encajar más goles.

—¡Aquí no entran esos bastardos! —aúlla Afroditi—. ¡Esto es Exarcheia!

Vale, ahora rebobinemos un instante: hace dos semanas, a esta misma hora, estaba en el puerto de Trípoli, al norte de Líbano, tratando de convencer al armador de un buque llamado Batrum King, dedicado a transportar mercancías entre Egipto, Chipre y Grecia, para que me dejase embarcar como grumete en su nave. El armador, que nunca me dijo su nombre, debió pensar que lo de echar una pachanga en la cubierta era un disparate, y rechazó mi petición alegando que es un peligro llevar tripulantes sin permiso ni seguro en caso de ser interceptados por las autoridades israelíes que patrullan en alta mar frente a la costa de Siria.

Gaspar, el cónsul en funciones de la Embajada española en Beirut, había logrado localizarme, y tras enterarse de que yo seguía sin encontrar el dichoso pasaporte, me ofreció un salvoconducto para volar hasta Madrid sin documentos en un claro afán por sacarme del país cuanto antes. Yo le conté que mi plan era seguir hacia El Cairo, pero que estaba buscando la ruta más segura para evitar los campos de entrenamiento de Al Qaeda en la península del Sinaí. Gaspar se quedó con la boca abierta unos diez segundos. Entonces, Valentina recibió una oferta laboral para irse a Irak, que es lo que ella quería, y, afortunadamente, mi pasaporte apareció doblado dentro de una zapatilla y sin una clara explicación. Por encima de todo esto, mi padre recayó de salud, y según mi madre, que es un pelín exagerada, estaba debatiéndose entre la vida y la muerte. Así que, con las fuerzas bajo mínimos y cicatrices en las muñecas por culpa de las esposas, decidí acelerar, y aquí estoy, en el distrito más anarcomacarra de Atenas, oliendo a orín, solidaridad y resistencia, mientras pierdo 4-1 contra tres tipos envueltos en una espontánea farra de hostias con la policía.

—¡Pero no te quedes ahí parado! ¡Corre, coño! —me propone Afroditi, dándome un empujón para que la siga.

¡Fush!, la policía lanza un bote de gas lacrimógeno, y la peña, en vez de huir, se emociona al ver el eclipse de humo y fuego; será la costumbre. En Exarcheia, quien no tiene mascarilla antigás es un mártir. Veo a dos policías arrastrando a un hombre por el suelo mientras la gente trata de cortarles el paso a base de empujones y patadas. Alrededor del enjambre, Nikos recupera el balón y lo chuta de nuevo, esta vez contra la puerta trasera del furgón, por la que han descendido cuatro o cinco uniformados más para cargar a los protestantes.

¡Pum!, suena otro petardazo, haciendo enmudecer la plaza por un milisegundo, lo que tardan en reanudarse los gritos, los golpes y la rotura de cristales, que ya no sé si son las lunas de los coches o coctelitos molotov lanzados para aderezar la noche.

Afroditi, que maneja el cotarro como emperatriz exarquiana, me aconseja salir por patas, y a trote cochinero llegamos hasta lo alto de Strefi, una colina con increíbles vistas a la batalla.

—Esos asquerosos estaban deteniendo a unos traficantes —revela ella, una vez sentados sobre el césped.

—¿Y qué pasa?, ¿que protegéis a los traficantes? —pregunto.

—¡Al contrario! —responde, sorprendida—. Pero Exarcheia tiene sus propias reglas: ni policía ni mafia ni nadie que se crea con autoridad para decirnos cómo gestionar nuestro barrio.

—A ver, que me pierdo. ¿No queréis mafias, pero os jode que detengan a traficantes?

—Es que esos policías no están luchando contra la mafia, sino que detienen a unos camellos para así proteger a otros con los que ellos mismos hacen negocios.

—¿En la misma Exarcheia?

—Desde que la policía dejó de patrullar el barrio, muchas bandas han intentado aprovecharse y establecer su negocio en Exarcheia, pero aquí somos la gente del barrio quienes nos encargamos de parar esas cosas, no la puta policía —sentencia Afroditi, que es morena pero tiene mechas moradas y naranjas, lleva en el labio y la nariz sus *piercings* anarquistas de rigor y, aunque esté hablando en inglés, siempre se refiere a la policía en griego, *astynomia*. Aparte, estudia filosofía y es cocinera voluntaria en City Plaza, la okupa donde encuentran refugio muchas personas migrantes, incluido Papi, nuestro portero.

Tras mandarle un mensaje avisándole de dónde estamos, llega Sokratis con vino y soda para convencerme de que el kalimotxo es un invento heleno. Nos cuenta que Roulis y Nikos siguen en la plaza. Uno sangrando por el labio y otro recogiendo basura y colocando contenedores en su sitio. Autogestión integral: si lo jodo, lo reparo.

Al fondo, a lo lejos, al mar; un estadio y más bengalas.

—Es el campo del Olimpiakos —apunta Sokratis—. Juegan el derbi contra el Panathinaikos, y seguro que hay jaleo a la salida.

—Eso es el puerto del Pireo, ¿sí?

—Sí, pero mira, todo lo que ves ahí, es China —revela Afroditi, rulándose un canutazo.

—¡Bueno! —rebato—, mucho tendríamos que fumar para ver China desde aquí.

—Cállate. Papandréu lo privatizó cuando era primer ministro y los chinos obtuvieron la concesión de gestión del puerto por noventa y nueve años, así que lo manejan como quieren —añade, haciéndome pensar en el chasco que se llevaría mi padre si se enterase, ya que vino aquí de luna de miel y siempre habla de lo auténtico que es el Pireo para demostrar que está viajado. La pena es que no, no se enterará, ni de lo del Pireo ni de que he jugado una pachanga en Exarcheia mientras la policía recibía balonazos de unos anarquistas. Tampoco de los golazos en Palestina ni del fuera de juego libanés. Durante los últimos meses me he esforzado por ignorar su ictus, nuestro drama, mi dolor, dejando el miedo en el vestuario para salir a jugar como si nada pasara, pero ya no; ahora siento cómo mis piernas pierden impulso a medida que él se apaga, y pienso que tenía razón Huong al inicio del partido cuando dijo que era imposible jugar con todo el mundo. También dijo que me esperaban un peligro, un amor y un gran dolor. Entre el tren indio y los militares libaneses, no sabría escoger, pero Valentina y mi padre se llevan el resto. En todo caso, y por mucho que lo intente, siempre quedarán campos por pisar, así que esta es la hora de asumir que todo juego, incluido este, tiene un final.

Vasito de kalimotxo griego en mano, miro al horizonte, allá entre Creta y la luna, y sonrío para mis adentros al entender que, si esto se acaba, solo hay un lugar en el mundo, uno solo, donde deba jugar la última pachanga de esta odisea.

¡ÁRBITRO, PITA YA!

El mar se lo queda todo. Las olas embisten el muelle sin piedad, celebrando con espuma mi arrepentimiento por haber intentado colocar la pelota en la escuadra con un chut tan ajustado que ha acabado con la bola rebotando en la cepa del poste y cayendo al mar.

—¿La coges tú o tengo que ir yo? —me pregunta Stavros, uno de los cinco melenudos mazados del equipo rival, y más concretamente, el portero. A mi espalda, el campanario de la iglesia haciéndome sombra, y a la izquierda, Ulises, que me mira en plan: «dale, tírate al agua». Pero claro, él es una estatua de bronce e ignora que, aparte del temporal que está arrasando la isla, no tengo ropa de cambio para después. Así que ahí me quedo, observando el balón, a unos quince metros del embarcadero, flotando ligero y cautivador, sabiendo que en sus cantos de sirena está la última prueba de esta odisea, la que nos ha llevado a jugar por medio mundo, desde Hanói hasta Ítaca, enfrentándonos a dioses, miedos y lesiones, como Ulises, sobreviviendo a mi particular isla de los Muertos en aquel tren indio que tantas almas estrelló, o jugando con los irreductibles hmong vietnamitas, un pueblo tan mitológico, saqueado y oprimido como los cícones de la *Odisea*, o como los nómadas siberianos, que tanto me enseñaron en su cotidiana lucha por el inframundo, donde también habitan las ancianas dalits, kurdas o rohinyás, enfrentándose cada día a gigantes cíclopes contemporáneos, Polifemos llenitos de miedo a perder su poder. Jugadas del partido que no fueron sino pruebas superadas gracias a los vientos regalados por Eolo para empujar el balón entre el Himalaya y el Cáucaso, hasta poder sentir el amor calabrés de mi ninfa Calipso allá en una escalinata de Beirut, sin poder olvidar la furia de Poseidón, quien me tuvo al borde del naufragio ante las mirillas de los kaláshnikov birmanos y los tanques israelíes, aunque finalmente el destino tuviera conmigo la misma compasión que tuvo el rey Alcínoo con Ulises, y me permitiera continuar el viaje para llegar hasta aquí, Ítaca, en la jugada final de un partido que solo Homero pudo imaginar.

—Bueno, ¿te tiras o no? —me irrumpe Stavros, cortando la epopeya mental para devolverme a la realidad de un partido empatado a cinco y lleno de emoción por ver quién marca el último gol y se va contento para casa antes de que anochezca.

A chuparla: ropa fuera, zambullida al agua, hipotermia de grado III y pezones para tirar. «Yo, contigo, al fin del mundo» susurro al balón, tras rescatarlo y agradecerle que ahora me toque jugar lo que queda de partido en comando.

A veces, el campo de fútbol es un espejo de la realidad. La escuadra adversaria está formada por estibadores isleños con tremendos músculos y pelazos al viento que a uno le hacen sentir que va perdiendo 3-0 desde antes que se inicie la batalla. Sin embargo, los egos de los *macho men* conjugan fatal, y todos quieren ser la figura del partido. De eso se aprovecha nuestro equipo, al que he denominado popurrí, porque parece hecho de retales y jugadores descartados. Con todo, nos sobreponemos, y defendiendo juntos, con fe e intensidad, arrinconamos a los rivales hasta cortar el pelo a cada Sansón en su egoísta intento por marcar gol en solitario.

Vamos, chavales, así, unidos, solo sabiéndonos necesarios los unos a los otros podemos olvidarnos de resistir y acordarnos de vencer. A poquitos, ganamos confianza y precisión suficientes para lanzar un contraataque relámpago: Yorgos saca en largo con la mano, controlo y busco a Panagiotis, el único médico de la isla, que me devuelve la pared a trompicones para dejarme solito frente a Stavros, el cancerbero adversario que hace un rato me hacia *bullying* para que me lanzase al agua y ahora está rezando a san Manoplas para que yo no tire a trallón.

Detrás de la portería, y desde su pedestal, la efigie de Ulises sigue atentamente la jugada sabiendo que solo él puede entender por qué quiero llorar incluso antes de marcar el gol.

—¡Chuta! —exclama nuestro portero, de la que alzo mi pierna izquierda y remato con sutileza a la cepa del poste izquierdo, poniendo el seis a cinco en el marcador y a Stavros camino de su keli.

Yo también me voy; vuelvo para contarle a mi padre que si fue él quien me metió en esto del balón, también debía ser él quien me sacara; me voy a decir a mi madre que no está sola, a decir a mi tío Mari que esa quimioterapia nos la zampamos juntos, a tirar desmarques en los partidillos de mi barrio y a confesarle a mi sobrina Lola cuánto sueño con que algún día lea estas crónicas y comprenda que, si una pachanga sirve para algo, es, sobre todo, para hablar de absolutamente todo lo demás.

*

Son las seis y diez de la mañana siguiente. Estoy esperando en la parada del autobús y empiezo a pensar que no debí fiarme del hombre que ayer por la noche me invitaba a beber chupitos de *ouzo* en una de las tabernas de Ítaca; mucho menos cuando prometió ayudarme en caso de tener problemas para llegar al barco. Aquí hemos fallado ambos: yo por no pedirle el teléfono, y él por permitirlo. Apagar la alarma de mi despertador tampoco ha ayudado, y mucho me temo que el bus de las seis ya ha pasado.

El tema es el siguiente: hoy sale el último ferry de pasajeros directo a Patras antes de que se cierre la temporada, y yo tengo cuarenta horas para completar la ruta Ítaca-Patras-Atenas-Madrid-Santander si quiero poder abrazar a mi padre antes de que entre en un quirófano que puede ser su adiós.

Por aquí no se ve un alma. Activamos protocolo de emergencia y pasamos a modo autoestopista, determinado a asaltar el primer vehículo que pase. El mismo que no pasa. Las seis y media. No me lo quiero creer. Otra vez empeñado en ganar una carrera al tiempo que retraso tras retraso me mira con condescendencia y me pide que cambie, que así no puedo continuar. Me siento en la acera. Ulises sigue ahí, queriendo llevarse las manos a la cabeza por mi falta de previsión. «Se jodió la odisea» parece decir, mientras oigo a lo lejos un rumor. Sí, alguien viene, ¡es un motor!, ya lo veo, es una furgoneta Renault Kangoo, la mítica, la que nunca falla, o eso me digo a mí mismo para ganar motivación. Es la furgoneta del panadero, que va de reparto, y aún no sabe que mi futuro está en sus manos.

—Por favor, necesito llegar al puerto —imploro—. Si pudiera llevarme…

—Lo siento mucho, chico, pero tengo trabajo que hacer. Mira cómo voy de cargado —responde el corpulento itaqués, abriendo la doble puerta trasera para mostrarme cómo rebosan barras de pan y bollos por todo el balde—. Además no hay tiempo, el barco sale a las siete y el muelle queda lejos de aquí —añade, señalando su reloj, cuyas agujas marcan ya las seis y cuarenta y siete.

—¿Y si le compro todo el pan? ¡Por favor! Es el último ferry…

—Pero si es que es imposible, hay que subir y bajar la montaña —se disculpa el hombre, aturdido por una situación en la que a buen seguro no querría estar.

No sé qué más decirle. Pienso en robarle las llaves de la furgo, que siguen puestas, pero no, ni me atrevo ni saldría bien. La desolación es absoluta. Quizás sea el momento de asentarme y buscar curro en la isla; quedan pocos meses para el verano y de paso aprenderé griego.

Como si me estuviese leyendo el pensamiento y necesitara cortar el flujo de chorradas que rondan por mi cabeza, el panadero se acerca y me mira condescendiente, antes de exclamar:

—¡Qué diablos! ¡Venga, sube! —montándose en el vehículo con determinación. Flipando, salto al asiento del copiloto y ¡brrrm!, en su primera acelerada el panadero me pone el cuello en órbita. ¡Vamos, que nos vamos! Curva a la izquierda, curva a la derecha, baja a segunda, sube a tercera, a cuarta, a quinta, pisa a fondo, derrapitos, acantilados, casi volcamos, pero no hay tiempo para eso, subimos el monte, lo bajamos, vamos seguros, muy seguros de morir en el intento y no tener a quién contárselo. A lo lejos, en la boca del golfo, asoma ya el contorno del barco levando anclas y diciendo adiós.

—¡Dale, que llegamos! —trato de arengar al grupo, que somos el panadero, yo y los brioches volando por los aires.

—¡Se está yendo! —avisa el conductor, regalando bajona cuando menos falta hace.

Va, no me fastidies, aguanta un poco más, pienso entre dientes, observando cómo el mar se hace burbuja por la fuerza de las turbinas en movimiento. Mierda, se pira, ¡no!, no se va, o sí, ¡espérame, te lo ruego!

¡Gññiii!, derrapa la Kangoo y frena en seco a escasos centímetros del noray donde estaban atados los cabos. Me tiro del coche en marcha y corro hacia la rampa de entrada que ya está ascendiendo para no volver jamás cuando oigo un grito a mi espalda y veo al panadero con mi mochila en su mano; sin palabras, vuelvo, la recojo y lo amo con locura; de un brinco entro al barco en el último segundo, sin billete y sin aliento ante la atónita mirada de dos tripulantes en estado de shock tras ver toda la escena.

—¡Lo logramos, amigo! *¡Efjaristó!* —grito desde la popa, agradeciéndole al panadero, que ha decidido no cobrarme más que la adrenalina de tanta tensión. Su cara de satisfacción, desbordante, contrasta con la posible mala leche de los habitantes de Ítaca cuando se enteren de que hoy les va a tocar desayunar con pan de molde. Me sonríe. Qué increíble. Qué partido habría podido yo jugar sin la bondad de otras personas echándome una mano en cada rincón. Esa es la magia: la pachanga nunca requirió de más elementos que la empatía de los demás.

El viento egeo hiela mi garganta, obturada e incapaz de tragar más emociones, y yo saco el balón de la mochila para abrazarlo con la suela de mi zurda y mirar juntos al sol, que va trepando de nube en nube convencido de llegar a ser luz. Por la punta de mi nariz, una lágrima se tira al vacío negándose a asumir que esto sea el final, pero lo es.

—¡Oiga, usted! Haga el favor de entrar a la cabina; ahí no se puede quedar —me reclama uno de los chicos de la tripulación, al que no se le puede exigir el nivel de sensibilidad que este momento requiere; pero tiene razón, y es que si algo pretende ser una verdadera pachanga, no puede acabarse de otra forma que así, cuando a uno le llaman desde la ventana de su casa para que se deje de regatitos y suba a cenar.